ZHONGGUO CHENGSHI JIATING DUOTAO ZHUZHAI
XINGCHENGJIZHI、XIAOYING HE ZHENGCE

中国城市家庭多套住宅形成机制、效应和政策

易成栋 著

WUHAN UNIVERSITY PRESS
武汉大学出版社

图书在版编目(CIP)数据

中国城市家庭多套住宅形成机制、效应和政策/易成栋著.—武汉:武汉大学出版社,2019.11

ISBN 978-7-307-21171-1

Ⅰ.中…　Ⅱ.易…　Ⅲ.住宅产业—研究—中国　Ⅳ.F299.233

中国版本图书馆 CIP 数据核字(2019)第 203954 号

责任编辑:郭　静　　责任校对:汪欣怡　　整体设计:马　佳

出版发行:**武汉大学出版社**　(430072　武昌　珞珈山)

(电子邮箱:cbs22@whu.edu.cn　网址:www.wdp.com.cn)

印刷:北京虎彩文化传播有限公司

开本:720×1000　1/16　印张:18.25　字数:252 千字　插页:1

版次:2019 年 11 月第 1 版　2019 年 11 月第 1 次印刷

ISBN 978-7-307-21171-1　定价:50.00 元

致谢：感谢教育部人文社会科学基金、北京大学-林肯土地政策研究院城市发展与土地政策研究中心研究基金资助。感谢 CGSS、CFPS、UHS、CHFS、CHIP 调查中心允许利用该数据研究，感谢调查和访谈中很多人的支持和帮助。感谢黄友琴教授合作申报相关课题，并且将研究成果合作发表于国际期刊和国内期刊，本书部分内容来自于课题研究报告和共同发表的论文。文中可能存在的错误由作者负责。

自　序

2005年笔者博士毕业后来到中央财经大学工作。在京期间，经常陪家人和亲戚朋友去参观故宫和颐和园，深感皇帝的正宅之富丽堂皇和别墅的山水秀丽。而在日常生活中，则为自己唯一的住宅还贷而奔波，以及感受到众多的老百姓为租房、买房和房价不断上涨带来的酸甜苦辣。2008年，笔者受到国家留学基金委的资助，去美国纽约州立大学奥本尼分校(Albany)访问并和黄友琴教授开展合作研究。在纽约州首府奥本尼附近游览时候，看到了美国中产阶级在郊区的独栋别墅，还参观了Lake George附近的休闲度假型别墅，发现这是一个国际普遍的现象。而在国内，一些家庭也开始拥有多套住宅，对此的争论也非常多。因此产生了研究此问题的想法。

于是笔者根据2005年中国综合社会调查(CGSS)数据分析了中国城市家庭持有多套住宅的现状及其影响因素，结果发现持有多套住宅的中国城市家庭占比较高，和一些贫困家庭居无定所形成鲜明的对比。另一方面，在和黄友琴教授讨论的时候，发现需要从国际比较的视角，挖掘转型中国多套住宅的独特形成机制，从而对该领域贡献新的知识。为此，我们二人合作，花了将近一年的时间，完成了中国城市家庭多套住宅的研究，并在本领域的国际知名期刊 *Housing Studies* 和 *International Journal of Housing Policy* 发表了两篇论文。这是国际期刊该领域第一次公开发表的中国方面研究的论文，并受到了很多关注和引用。在为这个小的战果感到欣喜的同时，又深感到我们的研究还存在很多的不足。为此，出国访学归国后，又开始申请课题，希望对此问题进一步深入研究，并得到了北京大学-林肯土地政策研究院城市发展与土地政策研究中心的研究项目资助，后又得到了教育部人文社科基金的资助，开展了一系列深度调研，并且完成了研究报告、发表了一系列论文。

随后笔者产生了出版一本专著的想法，却发现时过境迁，很多内容需要更新，需要进行大量的修改，需要投入大量的时间。2016 年，笔者再次得到了国家留学基金委的资助，去美国访学一年。因此利用这段黄金时间笔者将此著作修改完成，准备 2017 年出版。然而回国后，众多琐事缠绕，而笔者又不愿意草草交稿，因此拖到 2018 年春节再次赶工完成。

本书的研究问题是：(1)中国城市家庭的多套住宅是如何形成的？内在动因和影响因素是什么？(2)中国城市家庭的多套住宅是如何获得和使用的？(3)中国城市家庭的多套住宅对发生地产生了怎样的经济、社会、环境影响？(4)如何借鉴国际经验来完善中国的多套住房政策？

多套住宅的界定和规模测度是一个难题。这里首先借鉴 Paris (2008)的思路，将中国城市家庭多套住宅分为首要居所、非商业目的自住用途的第二住宅、投资型第二住宅。然后，又根据自住用途可以进一步细分为休闲度假用途、上班工作便利用途、安置老人和子女用途等类型。根据投资动机分为转卖型和出租型。然而这些用途之间可能会相互转换。然后根据中国的几大调查数据，例如中国家庭综合调查(CGSS)、中国家庭跟踪调查(CFPS)、中国家庭金融调查(CHFS)、中国人口普查、中国居民收入调查(CHIP)和国家统计局中国家庭收支调查(UHS)等数据分析了多套住宅的测度方法，以及做了规模的测算。发现中国城市家庭多套住宅规模较高，增长较快。

中国城市家庭多套住宅的形成内在动机有自住动机和投资动机，自住动机有休闲度假、工作便利、安置老人和子女等，投资动机有通过出租或者出售获得投资收益。制度性因素和市场性因素都对中国城市家庭多套住宅的形成有重要的影响。和西方一样，它受到了市场性因素的影响，例如收入等支付能力、家庭生命周期等的影响。它还受到了制度性因素的影响，例如中国的住房制度改革、户口制度、单位，以及中国特色的代际互助文化、权力变现等因素的影响。

第二住宅获得模式有市场渠道和非市场渠道，前者主要是通过市场购买，后者是房改和继承等方式。第二住宅的使用模式和持有住宅的目的、位置和周边的便利性有密切关系。与首要居所比较，第二住宅从市场渠道获得比重低，非市场渠道比重高，继承、自建、公房比例高，自有比例更高；空间分布为市区比例低，郊区比例最高，外地比例也高；住房较老，设施齐全度低，社区为普通商品房比例低，经济适用房、单位社区比例高；面积小，市场价值低；一年内使用天数少。

不同类型的第二住宅获得和使用模式也存在明显的差异。(1)投资型第二住宅从市场渠道获得比重居中，非市场渠道比重居中，继承比例高，公房比例高，自有比例高，达97%；利用中介买房占比10%；空间分布市区高，郊区和外地低；和首要居所距离短，交通方式开车比例居中，地铁20%和步行19%，私家车数量差别不大；住房较新，设施齐全度高，社区为普通商品房比例高，老街坊和单位社区比例高；面积小，市场价值低；一年内主要住宅使用天数多，出租和空置比例高。(2)休假型住宅从市场渠道获得比重最高，非市场渠道比重低，继承和公房比例低，自有比例最高；利用中介买房占比8%；空间分布市区比例低，郊区比例最高，外地比例也高于其他类别；和首要居所的距离最长，交通方式开车比例高，地铁和步行比例低，火车等比例比其他类高；住房新，设施齐全度高，社区为普通商品房比例中，单位社区比例低和别墅比例比其他类别最高；面积大，一年内住宅使用天数多，与其他类相比最少，偶住比例高，出租和空置比例高。(3)便利型住宅从市场渠道获得比重居中，为53%，非市场渠道比重高，达43%，公房和经济适用房等比例高，自有比例高，达90%，比其他类最低；利用中介买房占比11%；空间分布市区高，郊区和外地低；和首要居所距离短，交通方式开车比例居中，地铁和步行比例高；住房较老，设施齐全度低，社区为普通商品房比例高，街坊、单位社会区和经济适用房比例高；面积小，市场价值中；一年内主要住宅使用天数多，与他类相比为中，其他住宅自住和偶住、亲属居住比例高，出租比例高。(4)安置亲属型住宅从市场渠道获得比重居中，为52%；非市场渠道比重高，公房、继承、经济适用房比例高，自有比例高，达97%；利用中介买房占比11%；空间分布市区比例低，郊区比例最高和外地比例低；和首要居所距离长，交通方式开车比例低，地铁和步行比例高；住房较老，设施齐全度高，社区为普通商品房、街坊、单位社区、经济适用房比例高；面积居中，市场价值居中；一年内住宅使用天数中，亲属居住和出租比例高。(5)市场障碍型住宅从市场渠道获得比重低，为37%；非市场渠道比重最高，公房和经济适用房比例高，自有比例高，达100%；利用中介买房比例低，为5%；空间分布市区高，郊区次之，外地最少；距离居中，交通方式开车比例居中，地铁比例高，步行比例低，火车等比例高；住房较老，设施齐全度低，社区为普通商品房比例低，经济适用房、单位社区、村转居高；面积居中，市场价值居中；一年内主要住宅使用天数多，闲置和出租比例高。

第二住宅对发生地的经济社会环境影响可能会因地而异。这里以北京为案例进行了说明。以北京市和郊区小汤山镇为例发现第二住宅对社区有一定的社会经济环境影响，带来了房地产价格上升和居住隔离，环境影响并不明显，本地居民对它的影响认知和多套住宅住户有所不同，拆迁户和中低收入家庭态度也不一样。

最后结合福利国家和住房政策国际比较框架分析了不同国家的多套住房政策的制度背景、作用机制和政策效果的差异；在评估了中国多套住房政策的基础上，借鉴国际政策经验提出中国的第二住宅政策，主要有财税政策征收物业税，金融政策通过利率和首付比例、信贷规模和信贷门槛控制风险，城市规划加强多套住宅规划，加强中低收入家庭的保障性住房建设，以及将住房问题纳入环境保护和区域发展政策。

此书得以完成，需要感谢教育部人文社科基金、北京大学-林肯土地政策研究院城市发展与土地政策研究中心研究项目和满燕云主任的支持，还要感谢纽约州立大学黄友琴教授长期以来的合作和支持。在调研过程中还得到了北京市住房和城乡建设委员会城建研究中心及倪娜主任的支持。我的博士研究生任建宇、李玉瑶，硕士生张举、冯杰、高璇和刘威在调研和数据分析方面做了有效的工作。

由于笔者学识有限，书中还存在不足之处，请读者批评指正。

本书可以作为房地产、城市与区域发展、公共政策等领域的教师、学者、研究生和高年级的本科生阅读。

目　　录

第一章　导　　言

第一节　研究背景

人类的生存，离不开“衣、食、住、行”四大条件的基本保障。住房作为不可或缺的基本需要，承担着满足人们的生理生活和精神生活需要的功能。广为人知的杜甫《茅屋为秋风所破歌》中云：“安得广厦千万间，大庇天下寒士俱欢颜，风雨不动安如山。”他指出了住宅作为庇护场所的重要功能。许多重要的国际组织文件明确规定人人有权享有适当的住房(the right to adequate housing)。从联合国 1948 年的《世界人权宣言》到 1996 年联合国第二届人类住区大会都明确指出这一基本权利。可见，住房权是基本人权的重要组成部分。

住宅不仅影响到住户的身心健康，还会影响邻里关系和社会稳定。中国的俗话“有恒产者有恒心”和“成家立业”即是指自有住宅是成家的基础，并且有利于家庭稳定和事业发展。而西方的研究则表明，自有住宅的社区业主邻里关系更稳定，更加关注社区发展和积极参与到社区公共事务(如 Aaronson，2000)。

住房作为家庭最大的财富，影响到居民的财富积累和社会财富的再分配。中国国家统计局 2002 年城市居民财产调查指出房产占家庭财产的 47.9%，占财产比例居第一位。全国城镇居民房产净值占总财产净值的比重从 1995 年的 43.7%上升到 2002 年的 64.4%，2006 年期间房产价值所占比重进一步上升。中国居民财产积累额的大幅度上升，除居民的高储蓄率和缺少财产税政策外，城镇公有住房的私有化以及企业改制带来的国有资产转移也不无关系（李实和罗楚亮，2009）。美国一项研究估算 1990 年居住物业的价值为 6.1 万亿美元，占 GDP 的比例为 69.8%，占净资产估算额 15.6 万亿美元的 39.2%（迪帕斯奎尔等，2002）。而 Zhu（2007）研究表明，美国的住房财产分配加剧了总财产的分配不平等。

从古到今，一些家庭除了主要居住的首要居所，还有偶尔居住的第二住宅及其他住宅等多套住宅。学术界将主要居住的住宅称为第一住宅（primary home），非主要居住的其他自住用途的住宅统称为第二住宅（second homes），也有学者认为多套住宅（multiple residences）比较准确（McIntyre et al.，2006；Paris 2008），因为有些家庭实际上除了第一住宅之外有多套住宅，而不仅仅是一个。除此之外，还有些家庭拥有投资用途的多套住宅（investment properties），用于出租或者转售牟利。而在现实生活中，自住用途的多套住宅和投资用途的多套住宅可能不是完全分开。例如某人购买海边度假的自住用途的第二住宅，在某一段时间用来出租，则变成了投资用途的第二住宅。某人在城市购买的投资出租的第二住宅，在若干年后收回作为安置子女的住房，则从投资用途的第二住宅变成了自住用途的第二住宅。因此，本书将第二住宅和多套住宅混用，同时用自住用途的第二住宅和投资用途的第二住宅来区分二者在某一时点用途的差异。

即使是在住房短缺的古代社会，自住用途的第二住宅也比比皆是。例如在古埃及和古罗马时期，富裕的罗马人建造的休闲度假型别墅、英国维多利亚时代的狩猎小屋、美国农场主在附近城市购买的第二住宅。而在社会经济发展水平逐渐提高的现代社会，自住用途的第二住宅成为了社会的潮流，它的规模逐渐扩大和市场比重逐渐提高，不仅从少数富人群体扩大到中产阶级，从少数国家和地区扩展到多数国家和地区。它作为一个日益突出的现象在学术界引起了极大的关注。

在西方一些国家经济快速发展、城市化加速过程中出现了房价快速上涨。投资用途的多套住宅成为很多投资者投资牟利的工具。在全球股市低迷的时候，很多人转而投资房地产，有些人专门投资多套住宅。由于房地产泡沫破灭通常和金融危机密切相关，例如日本的房地产泡沫和美国的次贷危机，因此如何看待投资用途的多套住宅成为政府和学术界关注的问题。

在社会上还存在一些住房贫困群体的情况下，自住用途的第二住宅和投资用途的多套住宅的快速发展也成为人们关注的焦点。第二住宅的发展是否会导致房价上涨，是否会导致流入地区的住房困难群体增加，是否会破坏资源和环境，是否会改变流入地的社会结构和价值？政策如何应对？第二住宅的出现对特定国家、地区和社区有较强的社会经济影响，引起了政府的关注，并采取了政策进行规制。最早的研究可以追溯到 Ljungdahl(1938)对斯德哥尔摩群岛城市郊区的第二住宅分析。随后，西方学术界从 20 世纪 60 年代开始，掀起了第一次研究高峰(如 Coppock，1977)和第二次高峰(如 Müller，2004)，从经济学、社会学、地理学、行为科学、政策科学等多学科的角度相继开展了大量研究，对第二住宅的定义和度量方法、动因和影响因素、发展历史和规模、空间特征、社会经济影响和政策控制等都进行了深入的研究。并认为不同国家的制度环境和住房市场不一样，因此第二住宅的规模和发展趋势，以及规制政策不同(如 Gallent 等，2000)。

中国自住用途的第二住宅和投资用途的多套住宅则经历了一个曲折的发展历程。事实上，中国很早就出现了居住用途的第二住宅。在《礼记·礼运》中就记载了中国古代的王室在冬季和夏季居住在不同的住宅中。史书中记载了王公贵族、富裕商人在郊区修建的乡村别墅，普通农民在田地中设置的工作休息用途的临时棚户等。然而从中华人民共和国成立之后到住房制度改革之前，城镇将很多私房收归公有，城镇住房建设由国家统一安排，以国家和国有企业投入为主，并无偿或低租金租给职工使用，并实行与职位、工龄等相联系的实物福利分配制度。在此阶段，住房短缺成为常见的问题，除了少数政府官员可以享用国家所有的休闲度假用途的别墅，第二住宅从现实中消失。从 20 世纪 80 年代住房制度改革以来，中国城市家庭住房来源和产权发生了巨大变化，已经从计划经济时期的租赁公房为主转变成了多样化的住房来源和产权，并且以私有为主。一方面，很多城市居民有了休闲度假方面的需求，在郊区、旅游热点城市购买一些休闲度假用途的第二住宅。在进行中国百富排行榜的胡润(新华网，2010)眼中，北京的一个亿万富豪之家往往包括三套自住房产，一幢北京郊区别墅、一套市区高级公寓和一套四合院。一些开发商敏锐地意识到第二住宅成为时尚，有很大的商机，专门进行大规模的第二住宅开发，在一些海滨和乡村风景区设立的专门的第二住宅，并成为了和本地居民截然不同的门禁社区(段枚焱等，2009)。另一方面，中国经济的快速增长，城市化进程加速，一些大城市、特大城市的房价飞涨，很多人购买了投资用途的多套住房，例如报纸上屡屡披露的温州炒房团、山西煤老板炒房团等。而且，在住房依然短缺的背景下，中国城市家庭的多套住宅规模呈扩大趋势。

在西方广为关注的问题：它如何产生？它的发展是否会导致房价上涨？是否会导致流入地区的住房困难群体增加？是否会破坏资源和环境？是否会改变流入地的社会结构和价值？如何借鉴西方的政策进行应对？在中国也越来越受到了社会和学术界的热切关注。然而这方面的研究很少。

一、中国城市家庭多套住宅的规模庞大，增长较快，引人注目

多套住宅作为中国早就有之的现实的消费和投资现象，现在不仅存在，而且规模不断扩大，已是不争的事实。例如早在 2002 年国家统计局初步统计表明目前我国有 6.6%的人拥有第二套住房，但中房协负责人指出实际上这个数字要达到 15%(仇志群，2003)。而实际的规模由于基础数据的缺乏而众说纷纭。

为了测算中国家庭多套住宅的规模，需要较好的基础数据。事实

上，中国的几大调查数据，例如中国家庭综合调查(CGSS)、中国家庭跟踪调查(CFPS)、中国家庭金融调查(CHFS)、中国人口普查和国家统计局中国家庭收支调查(UHS)等数据都尝试分析这个问题。

这里以中国人民大学中国综合社会调查（CGSS)为例。中国综合社会调查始于2003年，是我国最早的全国性、综合性、连续性学术调查项目。该调查系统、全面地收集社会、社区、家庭、个人多个层次的数据，总结社会变迁的趋势。自2003年以来，CGSS使用了三套不同的抽样方案：2003—2006抽样方案、2008实验性抽样方案、2010抽样方案。这三套抽样方案从原则上都采用多阶分层PPS随机抽样，但在所基于的抽样框、分层变量、抽样阶段上有所不同，以求最有效地代表中国社会的各方面情况。这里根据2003—2015年CGSS数据分析多套住房的发展趋势。2003年CGSS调查中提出了以下问题：您家现在居住的房子是租赁还是自有？除了现住房外，您家在别处是否还拥有具有部分或全部产权的住房？如果还有，共__处？根据家庭自有现住房还另外拥有部分产权或者全部产权住房作为自有多套住宅。在2005年CGSS问卷提出了以下问题："您家现在居住的房子是租赁还是自有？""您家在别处是否还有住房？""您家在其他各处住房共有几套？"根据家庭自有现住房还另外拥有部分产权或者全部产权住房作为自有多套住宅。2010—2015年，CGSS调查的问题为：您家现拥有几处房产？实际上自有两套住宅占了自有多套住宅的绝大多数，而3套及以上的比例要小得多。即使扣除了多次调查统计方面的差异，还是可以看出自有多套住宅规模较大，从无到有实现了快速增长(见表1-1)。

表1-1　**2003—2015年中国自有多套住宅家庭占总家庭比例(%)**

	2003年	2005年	2010年	2011年	2012年	2013年	2015年
自有多套住房家庭占比	9.6	6.7	14.4	13.0	14.6	13.5	13.8

续表

	2003 年	2005 年	2010 年	2011 年	2012 年	2013 年	2015 年
城镇	9.7	6.4	15.6	13.6	16.6	15.4	15.5
农村	8.1	7.2	12.4	12.2	11.6	10.7	11.5
东部	10.7	8.7	18.9	14.8	18.4	17.2	18.0
中部	7.5	5.1	10.4	11.4	12.5	11.2	12.1
西部	9.6	5.3	12.5	12.8	11.6	11.1	9.8

资料来源：根据 2003—2015 年 CGSS 数据计算。注：2005 年 CGSS 调查包括了中国大陆除西藏自治区外的省和直辖市；2006 年乡村部分的调查问卷没有该问题；2008 年问卷中没有该问题；2003 年缺少调查地数据，按被访者居住的社区类型划分城乡，将集镇社区的作为农村样本，其余均为城镇样本；2005 年及以后年份按调查地类型划分城乡。

更引人注目的是，中国家庭还开始走出国门，进行多套住房投资，引起了国际上一些城市的恐慌。2014 年 7 月 4 日的“搜狐财经”报道，美国全国房地产经纪人协会(NAR)的调查显示，截至今年 3 月的 12 个月中，中国人斥资 220 亿美元在美国购房，同比大增 72%。尽管从交易数量上，加拿大以 19%的份额排名最高。但最贵的房子，基本被中国人买下了。中国人购房价格中位数超过了 50 万美元，而加拿大、墨西哥买家的均价为 21.3 万、14.1 万美元，美国人自己的均价为 20 万美元。而在加拿大的温哥华，华人是温哥华少数族裔当中最大的族群。继 20 世纪 80 年代出现过一波来自中国香港地区的移民热之后，近年则出现中国内地人的购房热潮。为了应对房价暴涨，从 2016 年 8 月 2 日起，温哥华开始征收“外国人购房税”。根据这项新政，外国人或外国企业在当地购房时，需一次性加收 15%的房产转让税。9 月 14 日，温哥华市长称，温哥华计划明年 1 月起对空置房征税，税率最高可达房屋评估值的 2%。

根据 Direct Line(2005)的研究报告，在英国有 106 万个第二住宅所有者，大约占了总家庭数量的5.1%。而在所有第二住宅套数中，出租投资的第二住宅占了总数的60.7%。① 与这些国家相比，中国的第二住宅比例要高，考虑到中国庞大的家庭基数，中国的第二住宅市场规模不容忽视。

二、中国城市家庭多套住宅的社会经济影响凸显，需要应对

随着第二住宅的规模加大，它对所在地区的社会、经济和环境影响逐渐加强。在经济影响方面，它不仅有正的影响，例如增加住宅消费和投资，促进住宅产业及其配套产业的就业和增加对地方产品的需求；它还会有负的影响，可能会导致商品房价上升和地方产品服务价格上升，导致了本地低收入人群的住房需要可能无法在房价上涨的市场实现，生活成本上升，以及季节性的交通拥挤和生活物品价格上涨，本地居民消费水平和生活质量下降。它还带来社会结构和社区价值、社会文化传统发生了变化，尤其在郊区和农村。它可能造成本地居民的社会结构改变，越来越多的异文化和比较富有的外来第二住宅住户，并且二者对社区的价值存在明显的差异，例如外来第二住宅住户可能倾向低密度的豪宅开发，而本地人则倾向于可支付性住宅的建设，带来二者间的文化冲突，空间上出现居住隔离。本地居民和外来第二住宅住户在一些公共议题上也会有政治冲突。它还带来土地和其他资源的利用模式发生改变，增加的人类活动和车流带来了环境污染、噪声，改变自然景观和影响了野生动物的生活等。②

在个别热点地区，它造成了房价飞涨和中低收入阶层住房困难。例如北京，在房价飞涨的情况下，有很多本地人和外地人在北京持有第二住宅。《北京住房建设规划(2006—2010)》指出，2005年外省市人士和单位在京购房占全部成交量的35%。北京市场总体供应不足，又存在

① 英国的调查结果包括了投资目的和非商业自住目的的第二住宅，与本书基本可比。

② 见后面的章节文献综述。

着空置和闲置的第二住宅，加剧了市场供不应求的趋势，导致了房价上涨，造成了中低收入家庭的住房支付力不足。杨赞和易成栋(2010)采用“剩余收入法”对2004—2008年北京居民住房购买能力作了评估。发现中低收入、中等收入家庭都无法负担一个基准住房的消费，中高收入与高收入居民则有较强的住房可支付能力，但是在房价攀升的情况下，他们的支付能力也在减弱。在海南三亚等地，也出现了本地人抱怨买不起房的问题。

第二住宅还造成了部分地区的住房资源闲置和浪费。这里以海南为例。王存福(2010)在《人民日报》报道中指出：近年来海南超七成住房销往岛外，部分住宅小区空置率高达90%，存在严重的资源浪费现象，并且大多数业主购买住宅的目的是投资和度假。

第二住宅还造成了部分地区的土地资源不合理利用和环境破坏。海南将全力打造国际旅游岛。海南房地产业协会(2010)指出：在海南房地产业中，存在“糊里糊涂”开发的现象，不利于统筹规划发展，开发强度越大，对当地经济社会长远发展的副作用就会越大。部分市县盲目追求“快”，贱卖、浪费土地资源。在规划设计上盲目跟风所谓的“国际化”“现代化”，缺乏海南地方特色。没有根据海南各地区不同的地理环境、自然景观和社会状况来对项目、产品进行高水平的策划、规划和建设。在开发过程中动不动大拆大建，没有注意保护好环境。目前海南滨海和山区开发强度大，大多是粗放式开发，给环境资源保护带来困难。一些海岸线、风景区、热带雨林区被人打着各种幌子开发房地产，把优质资源变成企业赚钱的工具，变成少数人享用的后花园。这种开发更大的危害是对自然环境和稀缺资源造成难以估量的破坏。此外，有些地方忽视和损害了被征地农民、被拆迁居民的合理诉求和合法权益。更多的只是给予现金补偿，只是解决了个别人的就业问题，且就业岗位大多是短期性的，不能作为维持长久生活的工作，并未切实解决其长久的生产、就业问题。中央环保督查组(2017)狠批房地产业对海南生态的破坏，鼓了钱袋，毁了生态，指出“海南一些地市轻视环境保护，热衷搞

"短平快"的速效政绩，导致当地自然保护区、优质自然岸线、生态脆弱山体遭受破坏，成了当地生态环境难以抚平的伤痛。

第二住宅还造成了部分地区的社会文化冲突和公共资源配置的困难。2014 年 11 月 24 日，澎湃新闻网连发两篇报道：《东北人南下的人口迁徙之旅：三亚哈尔滨籍候鸟老人近 20 万》和《三亚市副市长李柏青：外地人口撤出，三亚一夜之间会变成空城》，讲述了三亚本地人和外来东北人之间的冲突。三亚是一个热点旅游城市，尤其是东北人口的季节性流入，导致有"东北省三亚市"的戏称。其最大的特征就是季节性的潮汐流动。三亚常住人口约 70 万，而春节黄金周接待游客也有 70 万。这些人也可能是短期的游客，也可能是候鸟（逗留时间较长的游客）。例如有些东北人半年住在三亚，半年住在东北。候鸟人群和本地人之间存在语言文化的差异，产生了一些冲突和争夺资源。为了平息本地人的怨言，三亚市副市长李柏青说，"外地人口撤出，三亚一夜之间会变成空城"。而在公共资源规划方面，也带来了一些困难。三亚的公共资源规划如果按照两倍于常住人口的规模来做，旅游淡季的大规模闲置会导致大量的亏损。但如果不这样，又必然激化本地人和外来族群之间的冲突。这其实是每一个旅游热点城市都面临的共同问题，不只三亚如此。

三、中国政府多套住宅的调控政策变化快，需要长效机制

中国的中央政府和地方政府也开始关注多套住宅对宏观经济、住宅市场和地方经济的影响，并采取了一些政策来调控，主要有财政税收政策、金融政策、土地和规划政策等。其中，以差别化的信贷政策和差别化的税收政策，以及限购政策为主。

为了调控房地产市场，中央政府提出了多套住宅的调控政策。自从 1998 年中国政府宣布停止实物分房，采取住房分配货币化和市场化的制度以来，我国房地产市场持续升温。尤其从 2003 年以来，房地产价格快速上涨，并带来了房地产投资和投机现象日益增加。为了抑制房价

的过快上涨，遏制“炒房”行为，使房地产市场平稳健康地发展，中央政府出台了一系列调控政策。从 2003 年开始，中国人民银行颁布了 121 号文件《关于进一步加强房地产信贷业务管理的通知》，其中规定要加强个人住房贷款管理，要求第二套以上的住房贷款提高首付和利率。2010 年 4 月 17 日，国务院发布了《关于坚决遏制部分城市房价过快上涨的通知》，即“新国十条”。“新国十条”明确表述“要严格限制各种名目的炒房和投机性购房。商品住房价格过高、上涨过快、供应紧张的地区，商业银行可根据风险状况，暂停发放购买第三套及以上住房贷款；对不能提供 1 年以上当地纳税证明或社会保险缴纳证明的非本地居民暂停发放购买住房贷款。”更重要的是，“新国十条”提到“地方人民政府可根据实际情况，采取临时性措施，在一定时期内限定购房套数”。这体现了中央政府抑制房价飞速上涨、抑制投机炒房的决心和力度，同时也为日后各地方政府出台限购政策提供了政策指导和文件依据。

在房地产市场持续升温的情况下，中央政府明确了多套住宅的调控政策的实施细则。在各城市相继出台相应限购政策后，2011 年 1 月 26 日国务院办公厅出台了《关于进一步做好房地产市场调控工作有关问题的通知》，简称“国八条”。该通知在“新国十条”的基础上进一步规定并明确了地方政府制定限购政策的细则，是“新国十条”的补充与加强。然而在 2012 年 10 月以后，很多城市房价又出现了大涨。因此，继 2013 年 2 月 20 日国务院常务会议提出五条调控措施后，2013 年 2 月 26 日，国务院办公厅下发了《关于继续做好房地产市场调控工作的通知》，“国五条”细则正式出台。细则着重对限购加强、限贷提高、税收加重等抑制需求的方面进行细化，其中提出“已实施限购措施的直辖市、计划单列市和省会城市，进一步完善现行住房限购措施。限购区域应覆盖城市全部行政区域；限购住房类型应包括所有新建商品住房和二手住房；购房资格审查环节应前移至签订购房合同(认购)前；住房供需矛盾突出、房价上涨压力较大的城市，要进一步从严调整限购措施；其他城市出现房价过快上涨情况的，要求其及时采取限购等措施。”限购和限贷政策在2013年进一步得到了强化。

在房地产市场下滑的情况下，中央和地方政府放松了多套住宅的调控政策。然而随着住房市场供求关系由供不应求走向了供求平衡，以及宏观经济的增速下滑，多套住房政策也出现了急剧的调整，并制定去库存的一系列政策。在2014年9月30日，中国人民银行、银监会《关于进一步做好住房进金融服务工作的通知》放松了贷款政策，认贷不认房，并且改善型住房享受首套房政策，还放松了限购政策，仅仅在北京、上海、广州、深圳、三亚五个城市依然执行限购政策，其他城市都取消了限购政策。实际上，在2014年上半年，各地在中央政府的默许下，都开始了放松限购和限贷政策的试点。例如3月份佛山、南宁、无锡、铜陵等多个城市微调限购政策。2014年6月27日，呼和浩特成为全国首个正式发文确定取消限购的城市。而且即使在这些执行限购政策的城市，住房限购政策也出现了微调。2015年7月5日，上海市委市政府出台《关于深化人才工作体制机制改革促进人才创新创业的实施意见》，对达到上海市居住证积分标准分值且缴纳个人所得税达到一定数额或职工社会保险缴费基数达到一定标准的非沪籍人员，定向微调住房限购政策。到了2016年上半年，随着房地产投资的下滑，和库存的上升，放宽信贷、降低税费、货币化补贴成各地去库存发力点。2月2日，中国人民银行、中国银行业监督管理委员会发布《关于调整个人住房贷款政策有关问题的通知》，在不实施"限购"措施的城市，首套房商贷低首付比例可向下浮动5个百分点至20%，二套房商贷首付比例降至30%。2月末，央行宣布普遍下调金融机构人民币存款准备金率0.5个百分点，为供给侧结构性改革营造适宜的货币金融环境。2月19日，财政部、国家税务总局、住房城乡建设部三部门联合发布《关于调整房地产交易环节契税营业税优惠政策的通知》，下调非一线城市房地产交易环节契税、营业税。针对新房，首套90平米以上的房屋契税下调至1.5%，同时二套房契税全面下调；针对二手房，个人将购买2年以上(含2年)的非普通住房对外销售的免征营业税。随着营改增的全面实施，营业税优惠政策平移，针对二手房增值税，仍保持原营业税优惠。中央明确深入推进新型城镇化，因城施策有序消化房地产库存。2月6日，国务院印发《关于深入推进新型城镇化建设的若干意见》，强调深入推进新型城镇化，要着力解决好"三个1亿人"城镇化问题，并提出了9方面36条具体措施。2016年两会政府工作报告明确今年深入推进新型城镇化的三项重点工作，以满足新市民需求为出发点，为"新市民"更好融入"新城镇"创造条件。对于房地产方面，提出完善支持居民住房合理消费的税收、信贷政策，适应住房刚性和改善性需求，因城施策化解房地产库存，促进房地产市场平稳运行。4月29日，中共中央政治局召开会议研究当前经济形势和经济工作，对于房地产方面，提出要按照加快提高户籍人口城镇化率和深化住房制度改革的要求，有序消化房地产库存，注重解决区域性、结构性问题，实行差别化的调控政策。多部委联合发布《关于促进消费带动转型升级的行动方案》中也提出，要给予地方调控自主权，分城施策化解房地产库存，建立租购并举的住房制度，满足居民改善性住房消费需求。国土资源部5月初出台国土资源"十三五"规划纲要，明确建设地总量将被有效控制，单位国内生产总值建设用地使用面积降低20%，对房地产库存较高的城市，减少直至停止住房用地供应。

随着去库存政策的实施，部分城市房价又开始上涨，中央和地方政府对特定热点城市加强了多套住宅的调控政策。随着去库存政策的实施，一些热点一线二线城市又开始出现了房价快速上涨和地王频出现象。一线城市限购加码，且政策收紧趋势向周边三四线蔓延。为控制房价涨幅，稳定市场预期，一线城市已率先出台调控收紧措施，3月25日上海将非沪籍居民家庭购房缴纳个人所得税或社保年限由2年提高到5年，购买二套普通住房商贷首付比例调整为不低于50%，非普通住房首付比例不低于70%。6月3日人民银行上海总部制定了上海市房地产金融宏观审慎管理框架，在全国率先实施房地产金融宏观审慎管理。深圳将非深户在深圳购房的社保缴满年限由此前的1年提高至3年。北京通州发布《关于加强通州区商务型公寓和商业、办公项目销售管理的通知》，针对通州区商务型公寓执行限购政策，暂停向已拥有1套及以上住房的本市户籍单身人士及非本市户籍居民家庭、已拥有2套及以上住房的本市户籍居民家庭无法提供在本市连续5年以上缴纳社会保险和个人所得税缴纳证明的非本市户籍居民家庭出售，新建商业、办公项目也仅能出售给企事业单位或社会组织。此外，位于一线城市周边的部分呈现过热发展的三线城市也开始加强楼市管控稳定房价。廊坊发布《关于完善住房保障体系促进房地产市场平稳健康发展的若干意见》，针对全市房地产市场快速“回暖”，尤其是环京县（市）房价涨幅较大的情况，出台九条措施，其中特别要求实行住房限购和差别化住房信贷政策，非本地户籍居民家庭限购1套住房且购房首付款比例不低于30%。惠州发布《关于严格规范商品房销售行为的通知》，强化监管，规范市场行为。此外，部分热点二线城市重新实施限贷、限价政策。上半年以来，合肥、厦门、苏州、南京等地楼市表现火热，房价地价均领涨全国，热点城市已出台收紧措施促进市场平稳发展。合肥严控地王现象，拍出地王的企业要求在1个月内一次性付清出让金，同时自7月1日起正式认房又认贷，首套房贷款已还清再购买二套首付比例提高至40%，首套购房贷款未还清再购买二套首付比例为50%，三套房的首付比例提高至60%并停止提供公积金贷款；苏州、南京控制房价涨幅，并对土地拍卖采用“熔断”机制；天津、武汉、青岛等地收紧公积金政策，下调公积金贷款高限额。未来若二线城市房价涨幅仍然过快，或将有更多城市效仿出台限购限贷等政策稳定市场。

2016年12月16日正式闭幕的中央经济工作会议提出了“房子是用来住的，不是用来炒的”的定位，还明确，综合运用金融、土地、财税、投资、立法等手段，加快研究建立符合国情、适应市场规律的基础性制度和长效机制，既抑制房地产泡沫，又防止出现大起大落。2017年12月8日，中共中央政治局召开会议，提出加快住房制度改革和长效机制建设。而中国家庭的多套住宅既有自住用途，又有投资和投机动机，因此可能蕴含了房地产泡沫风险，促进了市场的剧烈波动。而现有的调控政策变化之快，行政调控手段之强，以及调控效果的逐渐弱化，迫切需要研究房地产市场的长效机制。

第二节 现有研究的不足

国际上对于休闲度假型的第二住宅的研究具有很长的历史，并从该现象的规模、特征、空间分布，到形成机制，再到经济社会环境影响，再到规划与政策展开。20 世纪 30 年代斯德哥尔摩群岛(Stockholm Archipelago)城市郊区不断增长的第二住宅现象最早被研究(Ljungdahl，1938；Sund，1948)。而它在 20 世纪 40 年代和 50 年代的增长引起了学术界的广泛关注，并以 Coppock (1977)主编的著作《第二住宅：诅咒还是祝福》(*Second Homes*：*Curse or Blessing*)为里程碑，研究了英国、法国、加拿大、澳大利亚、美国等国第二住宅现象和问题。而在英语国家里，Wolfe(1951)最早研究了大量城市人群周末和夏季到加拿大安大略(Ontario)城市郊区的一些目的地休闲度假现象，分析了他们的空间模式及存在的问题。Hall & Müller (2004)主编的论文集《旅游、流动和第二住宅：精英的版图和公众共识》(*Tourism*，*mobility and second homes*：*Between Elite landscape and common ground*)则掀起了第二住宅研究的第二次高峰，在社区老龄化、常住居民与第二住宅居民文化社会冲突等问题日益突显的背景下，深入研究第二住宅的经济社会环境影响。而在经济全球化、去管制、人口流动加速的背景下，有更多的学者加入了对它的研究，并出版了一些新的研究成果，例如 Paris (2011)的著作《富裕、流动和第二住宅》(*Affluence*，*mobility and second home ownership*)分析了多国第二住宅现象产生的原因，并对它的全球化、绅士化、消费主义、投资和环境等问题进行了深入研究。

相对而言，投资用途的多套住房研究较少，并且主要研究了它对房价波动的影响。从 Henderson(1983)的论文探讨了业主自有自用住房既是消费也是投资，并且其中包含了自住消费和投资两部分开始，很多作者深入探讨了唯一的自住用途的住房投资，例如 Arrondel 和 Lefebvre (2001) 建立模型区分了买房自住消费和买房出租投资的区别。然而对于多套住房投资的研究很少。Kraft (2011) 建立模型说明了生命周期中收入的变化带来的住房消费和住房投资(唯一自住住房和多套住房用于出租)的变化。Haughwout 等(2014)区分了投资者和自住房购买者在 2007 年次贷危机中的角色，前者对于住房繁荣衰退周期更加敏感，并且隐瞒了个人住房状态信息以获得更好的住房贷款，在繁荣期更加激进。Chinco 和 Mayer (2016) 发现本地的第二住宅所有者和外来的投资者的差别，后者作为未知的投机者，推高了房价。Bayer 等(2015)则将住房投资者分为中间人和投机者，前者购买低于市场价的经过装修的住房，然后在市场上迅速转卖，后者则购买住房等待时机，到房价上涨之后再销售。后者的投机行为和房地产泡沫有因果关系。以前的研究多关注了旅游资源丰富的旅游地的多套住房投资行为，最新的研究则关注了高福祉的超级明星城市的多套住房投资行为，例如巴黎(Cvijanovic and Spaenjers, 2015)，伦敦(Badarinza and Ramadorai, 2015)，纽约(Suher, 2016)等。

随着中国城市家庭自住用途的第二住宅和投资用途的多套住宅的规模增加，和经济社会影响增大，社会各界对它的关注增加，学术界也加强了研究①。中国的第二住宅研究起步较晚，2000 年开始有研究成果出现，2003 年之后迎来第二住宅研究的高潮。近年来，随着国内房地产市场的快速发展，人们出于投资投机目的购买第二住宅不断升温，全社会对房地产泡沫的担心情绪愈演愈烈。因此，政府加强了住房市场的控制和管理，通过财政和金融政策等遏制多套住房。在此背景下，第二住宅问题引起了学术界的关注，主要在以下方面开展研究，包括第二住宅的发展历史、发展过程和空间分布、政策等。

① 国内外相关研究综述见本书相关章节。

总体来看，国内、国外第二住宅研究的视角选择、研究方法、理论建构方法等存在较大的不同。国外的研究已经从对第二住宅的发展描述阶段进入了多学科的综合分析阶段，采用了地理学、管理学、经济学、社会学、人类学等多元学科视角。比如，从经济学的角度对第二住宅的需求、经济效应而引起地价、税收等一系列变化进行研究；从城市规划角度对第二住宅的分布和对城市发展影响进行了研究；从社会学角度对第二住宅引起的社会效应进行了研究。而我国的第二住宅研究还处在起步阶段，大多数研究都只是停留在概括描述阶段，研究视角相对狭窄，理论的构建尚未成熟，未能从更广阔的背景下关注目前中国社会与住房供给体制、人口流动与社区管理中所呈现的深刻的矛盾和问题。

国外对第二住宅的研究借鉴了很多成熟的技术手段，结论具有较强的说服力和适用性。而国内对第二住宅的研究由于统计数据的缺失，很多的分析停留在泛泛的定性分析基础上，缺乏深入的理论分析和实证研究，分析方法不规范，结论说服力不足。除了少数实证研究外，大部分研究在度量方法方面缺乏规范的分析。具体而言，现有的国内外研究存在以下不足。

一、对中国城市家庭多套住宅的界定和规模研究不足

国际上对于休闲度假型的第二住宅的研究具有很长的历史，对于投资用途的多套住宅的研究在近期也得到了关注。然而如何界定和度量第二住宅或多套住宅是一个现实难题。这涉及什么样的房屋算第二住宅，例如西方研究讨论的房车、游艇、山间小木屋算不算？什么样的产权算第二住宅？例如租赁的住房、分时度假的酒店公寓算不算？有多套住房的家庭中，何为第一住宅和第二住宅？是按照居住目的来分还是按照居住时间来分？相应的是，多套住宅的规模有多大？还有自住用途的第二住宅和投资用途的第二住宅有什么关系？

中国作为一个发展中国家，城乡分割的二元土地制度和住房制度，以及住房制度改革带来的产权的多样化，都给上述分析带来了挑战，并

且产生了一些独特的现象。现有的国际研究很少关注中国的多套住宅问题，仅有少量的研究，例如 Wang（2006）对海口，Hui 等（2009）等对香港和广东，Huang 和 Yi（2010，2011）对全国，Coulson 等（2013）对全国的多套住房投资等进行了研究。

而且，国内的研究对第二住宅概念界定仍未形成清晰而统一的认识，存在称谓不统一、内涵不清、使用不一致等问题，概念混用、交叉使用的情况在多数研究中较为明显，特别是对西方众多第二住宅定义的借鉴不够；加大了第二住宅调查统计资料收集的难度，进而为第二住宅的进一步研究蒙上阴影，十分需要对此类相似的概念进行系统地梳理。除了少数实证研究外，大部分研究在度量方法方面缺乏规范的分析。

二、对中国城市家庭多套住宅的形成机制、获得和使用模式研究不足

更重要的是，如此大规模的第二住宅，持有人出于何种动机？受到了哪些因素的影响？作为中国的一个新生事物，虽然规模庞大和增长速度快，但是我们对它的形成机制还缺乏深入分析。中国独特的儒家文化，以及特有的户籍制度和土地制度将给多套住宅的形成机制带来什么样的影响，和其他国家有何不同？然而对中国的自住型多套住房投资研究很少。仅有 Wang（2006）研究了海口的多套住房投资的成因和影响，Hui 等（2009）分析了香港人跨边界到广东多套住房投资，Coulson（2013）研究了影响中国家庭多套住房投资的制度因素、个人因素，拥有更多资源的家庭更可能有多套房地产，更可能有地理上分散的投资。在第二住宅动因和影响因素方面，大多数国内研究多是泛泛地论述社会经济发展，缺乏深入的实证分析，需要结合中国的国情提出新的理论分析框架，提出不同于西方的假设和实证研究。在第二住宅的获得模式和使用模式方面研究基本是空白。

三、对中国城市家庭多套住宅的经济社会环境影响研究不足

第二住宅的影响因时因地而异，在不同的发展阶段影响有所不同。目前的研究视野多集中在欧美，对发展中国家研究甚少，对中国的研究更少。国际上 Wang (2006)分析了海南海口的第二住宅现象，认为休闲度假需求、购房入户和高考移民等是主要的原因，社会经济影响存在，但还不显著。Hui 等 (2009) 则分析了中年港人在熟悉的和房价相对低的中国内地购买第二住宅，而一国两制的两地差异阻止了年轻港人在内地购买第二住宅。然而，随着中国房地产快速发展，中国第二住宅规模如此庞大，并且迅速增加，对第二住宅的经济社会影响评价方法和影响效果评估的研究较少。

中国家庭持有多套住宅目的也是多种多样的，有转卖投资、出租投资、休闲度假、工作便利和安置亲属等多种用途。在一些投资热点城市，出租和出售投资的比重较大。在一些郊区和旅游景点地区休闲度假用途第二住宅比较多。现有的研究和媒体关注到了中国第二住宅引起的一些社会经济问题。在第二住宅规模逐渐扩大的情况下，它的社会经济环境影响逐渐凸现。这些多是零星的报道和分散的研究，迫切需要一个系统深入的研究。然而，现有的第二住宅的社会经济影响和政策方面的研究，多是粗略的分析，深度不够。

四、对中国城市家庭多套住宅的调控政策研究不足

多套住房既是住房消费行为，也是住房投资行为。住房消费(housing consumption)为住户出于消费目的在市场租赁住房和获得相应的住房服务。住房投资(housing investment)为住户出于赢利目的在市场购买住宅对外出租或者转卖。业主自有自住住房兼有住房消费和投资双重目的。休闲度假性多套住宅同样具有消费和投资双重目的。而用来出租和转卖的多套住宅则是纯粹的投资目的。因此在多套住房政策的研究方面，需要清楚地认识多套住房消费和投资的双重属性，认识到它对经济、

社会、环境既有正的影响，又有负的影响，而且在不同发展阶段、不同地区存在明显的差异，需要采取基于影响基础上的政策。现有的公共政策采取的一刀切的办法，以及多采用行政手段的方式，会有很多的弊端。

第三节 研究目的、意义和技术路线

作为一种业已普遍存在和规模不断壮大的社会经济现象，迫切需要对其形成机制、社会经济效应和政策管理深入研究，然而我国该领域的研究比较欠缺。

本书旨在研究中国城市家庭持有的第二住宅的定义和在中国的度量方法，分析它的形成机制，包括住户的内在动因、市场性和制度性影响因素，并比较中国和西方的差异，还将分析第二住宅获得模式和使用模式，以及对所在地社区和地方的社会、经济、环境影响，提出相关的财政政策、金融政策和规划、住房政策等。

本书的理论意义在于：对第二住宅这个已在中国城市中比较普遍的一个新兴现象做开创性的研究，提出新的理论框架分析第二住宅的动因和影响因素，深入研究第二住宅的获得模式和使用模式，测度它的社会经济环境影响，提出我国的第二住宅政策。这有助于我们对第二住宅有深入和全面的了解，弥补第二住宅研究的空白。也有助于我们更好地了解中国转型期间住房消费行为的变化，对中国住房和城市研究有重要的贡献。

一、提出中国城市家庭持有第二住宅动因和影响因素的理论假设

第二住宅动因（消费者的内在动机）是分析问题最基本的着眼点。转型中国的第二住宅和制度变迁、市场发展和中国居民的住房心理有密切的关系。一方面，城镇居民的第一住宅主要来自于租赁公房和购买单位公房，他们享受大量的住房补贴，这使他们可能很容易就获得了两套

住宅；另一方面，中国的户口制度虽然有了很大的变化，但依旧限制外来务工人员（城市移民或农村移民）获取福利性住房和医疗教育等服务，不利于他们在就业城市中长期安顿下来，他们“被迫”在家乡拥有第二住宅。这些中国特有的制度因素必然导致第二住宅的动因和影响因素与西方市场经济和不同的住房体系下不完全相同。同时在中国的代际互助文化下，父母会帮助子女获得住宅，并且将住宅作为财产赠与子女；父母也会为了让孩子更好的接受教育而购买离好学校近的住宅；有能力的子女也会就近购置住宅安置老人，这些因素也导致了第二住宅的大量出现。本书认为中国城市家庭持有第二住宅动因有类似于西方市场经济下的投资目的，休闲度假等效用补偿和作为一种生活方式目的，以及流动性增强造成的多就业地和多居住地目的。但在中国，家庭持有第二住宅还有一些独特的影响因素，例如公房分配权力变现持有多套住宅，住房制度改革导致的持有多套部分产权住房无法上市交易被迫持有多套住宅，以及住房市场发育滞后导致住房本身的高交易成本和长交易时间暂时无法变现被迫持有。课题尝试突破传统研究范式，以中国的制度转型为背景，以中国的住房制度改革、户口制度和住房市场发展为基础，外加中国的代际互助文化，研究第二住宅的动因和影响因素，比较与西方的相似和不同之处，这有助于丰富第二住宅动因和影响因素分析的视角，推动第二住宅研究的理论创新。

二、深入分析中国城市家庭第二住宅的获得模式和使用模式

作为住房研究的一个重要层面，我国第二住宅研究仍处在起步阶段，对第二住宅如何获得和如何使用的研究还很少。目前仅有的研究分析了第二住宅的空间分布，但是对市场和非市场渠道的第二住宅来源、产权、建筑结构特征、邻里特征缺乏深入分析；而对第二住宅使用模式，例如第二住宅现在的用途、使用频率、和邻里交往的模式、未来的目的都缺乏了解。而现有的高比例和高持有意愿要求进一步深化第二住宅的消费、供应和物业管理研究。

三、深入分析第二住宅的社会经济影响和政策，推动我国住房政策的发展

作为第二住宅研究的一个重要层面，我国第二住宅社会经济影响和政策研究仍处在起步阶段，仅停留在泛泛分析，提出的政策多为第二住宅信贷政策，并且具有多变性。随着第二住宅规模的扩大，对社会经济的影响加强，必然要求相应的政策加强管理。本课题对中国第二住宅进行的前沿性和交叉性研究，有助于推动我国住房政策的改革与发展，拓宽住房研究领域。

本书的应用价值在于：第二住宅是部分居民在市场经济里的现实需求，引导居民合理的消费和投资对社会经济可持续发展有重要的意义。深入研究第二住宅消费者的动因、影响因素、获得模式和使用模式，及其对地区的影响和政府的政策规制对开发商开发成功有很重要的参考价值。对政府制定政策来规范第二住宅市场发展和减少第二住宅的负面影响也有很重要的借鉴意义。

本书的研究内容和研究方法(见图 1-1)如下。

我们的研究遵循以下思路和采用如下方法：定义和度量方法→形成机制→获得模式和使用模式→社会经济环境影响→政策分析。根据国际文献整理和国内第二住宅的抽样调查资料界定中国城市第二住宅的定义和度量方法，确定家庭、第二住宅的产权、使用和建筑标准。然后根据新制度经济学和消费者行为理论分析中国城市家庭持有第二住宅的动因并将它分类(投资、休闲度假、流动性和便利、安置老人和子女)，及第二住宅选择行为的影响因素，市场性因素包括家庭生命周期、收入、房价、财产、居住环境差异和交通可达性，以及中国特有的制度性因素如住房制度、户口制度、代际互助文化，提出待检验假设，然后根据 CGSS 2005 年数据并以北京为案例城市，通过设计第二住宅调查问卷和深度访谈方法得到的第二住宅抽样调查数据和访谈资料采用描述统计分析和多元回归模型检验这些假设。在动因和影响因素的作用下，家庭搜

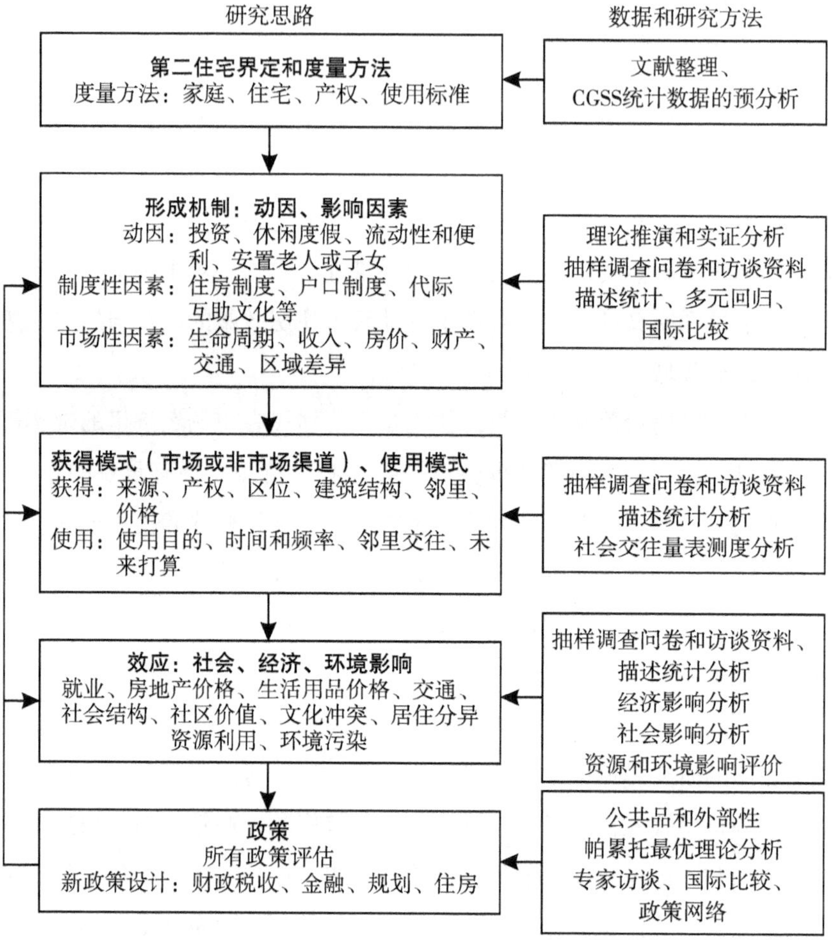

图 1-1　本书的研究技术路线

寻和选择第二住宅，根据不同的动因，所受的制度约束和资源约束(包括收入、财富和权力等)形成了不同的住房获得模式，并用描述统计方法分析所获得第二住宅来源、产权、区位、建筑结构、邻里和价格。而在不同的动因下，使用模式具有不同的内容和特征。而不同的获得模式和使用模式会对社区和地方其他居民有不同的经济、社会、环境影响。利用问卷调查、访谈资料，我们运用描述和统计分析估计对当地的就业、房地产价格、生活用品价格和交通等的经济性影响；运用深度访谈等分析第二住宅住户和当地人之间的社会不平等和隔离程度，比较他们对社区的认同感和邻里关系，以便我们理解第二住宅的社会影响；另外还通过资源和环境评价分析第二住宅的环境影响。还通过问卷调查和访谈比较本地唯一住宅住户和多套住宅住户对第二住宅的影响和政策认知的差异。根据公共产品、外部性和帕累托最优理论分析政府规范第二住宅政策的必要性，为了达到公共产品和服务的收支平衡和消除负的外部性，政府必须制定政策来规范第二住宅市场的发展。然后根据国际比较和政策网络分析法、专家访谈来分析我国第二住宅的政策目标、内容和手段，主要政策有财政税收、金融、住房、规划、交通政策等，以及政策的设计、实施和监控等。

第四节　研究数据和访谈资料

一是在第二住宅的概念界定和规模测度方面，本书根据中国的几大调查数据，例如中国家庭综合调查（CGSS）、中国家庭跟踪调查（CFPS）、中国家庭金融调查（CHFS）、中国人口普查、中国居民收入调查（CHIP）和国家统计局中国家庭收支调查（UHS）等数据进行分析和比较，以求得出比较准确的规模测算和发展趋势分析。这些数据可以在相应的网站找到介绍，除了国家统计局中国家庭收支调查（UHS）。后者是通过合作的方式由我方提出需求，国家统计局提供数据和计算得到。

二是在第二住宅的形成机制方面，本书根据中国综合社会调查2005年数据来分析它的影响因素，然后根据2009年10月课题组调研获取的北京家庭住房调查数据来分析它的内在动因和北京的影响因素。中国人民大学社会学系和香港科技大学调查研究中心从2003年开始共同推进中国内地的综合社会调查项目（简称CGSS）。它是一项具有连续性的中国基本社会状况调查的项目，主要目的是了解改革开放20多年来，中国城市居民的就业、教育、迁移、社会关系、生活方式和生活环境等方面的状况。目前全国综合社会调查已连续执行并完成了2003—2015年度的调查。它通过社会调查系统地监测社会结构和生活状况的互动与变化，收集和建立社会变迁趋势的追踪资料数据库，阐释具有理论和实践意义的相关问题，为国内外学术界提供研究资源。该调查基于第五次人口普查1%抽样数据，采用分层设计、PPS抽样方法建立了全国性抽样框，调查数据经过严格的清理和核验，并按照国际数据开放使用规范以电子格式存储(社会学研究，2007)。本书采用了中国综合社会调查2005年数据。该调查涵盖了住户成员、被访者个人情况、家庭情况、心理健康、经济态度和行为评价、社区生活和治理、农村治理等七个方面的信息。其中住房信息调查包括了住房产权、房产证、住房建成年代、住房建筑面积和使用面积、居室结构、房价或租金、其他套住房的数量、面积和价值。城市总样本数为6098。为了从2005年微观数据中得到城镇住户，本书采用了以下办法。首先将被访者视为户主，然后根据被访者信息，去掉户口在本地和居住在本地的农业户口的被访者，再次去掉行业为农业(包括农业、林业、牧业、渔业的大农业)的被访者，从而得到城镇家庭被访者子样本库，总样本数为5705。2005年城镇住户分类方法：2005年数据根据常住户口所在地A6分为本地人和移民。常住户口所在地为本地人，反之为移民。然后根据户口性质A5分类。本地人分为本地农民、本地市民；移民分为农业移民和非农业移民，以及户口待定的其他。这里将城镇常住户口和当地有效城镇户口合并为城镇户口。由于样本筛选去掉了农村居民，这样2005年城镇住户分类为：本地市民、农村移民、城镇移民、其他。

三是在第二住宅的获得和使用模式方面，本书采取了调查问卷和访谈资料。CGSS问卷问题仅包括第一住宅的信息和是否有第二住宅的信息。为了获得中国城市家庭第二住宅持有目的、如何获得、如何使用、对政策有何反应方面的信息，本项目以北京为案例设计调查问卷来获得以上问题信息和进行深度访谈来弥补CGSS的不足。

在北京大学-林肯城市发展与土地政策中心基金项目支持下，课题组在2009年10月到12月北京开展了北京家庭住房状况和住房政策意向问卷调查和访谈。该调查的目的是了解北京城市家庭住房状况和家庭社会经济特征，以及对第二住宅的影响评价还有住房政策的看法。北京城市分为：首都功能核心区，包括东城、西城、崇文、宣武四个老城区；城市功能扩展区，包括石景山、海淀、朝阳、丰台四新城区；城市发展新区，房山、通州、顺义、昌平、大兴；生态涵养发展区，门头沟、怀柔、密云、平谷、延庆。由于郊区休闲度假型住宅所有者通常在城区居住，我们抽样调查重点选择在城8区和5个城市发展新区，还重点选择了1个生态涵养发展区密云进行调查。被访问对象限定为北京本地家庭，至少家庭成员之一是北京本地人(北京市户籍居民)。家庭是同居住在同一套住房里面有血缘关系的人。样本里也包括了少量在北京自有两套住房以上的外地或者外国人家庭。具体抽样方法为选择每个行政区典型街道/乡镇和空间相邻社区进行随机抽样调查，依据北京社区网提供的社区、住户和住房信息，根据前期研究和预调查信息确定第二住宅和第二住宅住户空间集中地区：中高档商品房社区、好的单位公房社区。北京市中拥有(购买或租赁)二套及二套以上住房的业主，使用B问卷。北京市中只有唯一住房的业主(对比用)，使用A问卷。第一次调查采取典型社区随机抽样，在社区公共场所拦截访问。第二次调查采取重点中学班主任向学生发放问卷，家长填写回收。唯一住宅住户有效样本618份，多套住宅住户568份。

同时还开展了深度访谈。对政府官员(北京市建委、发改委、规委、国土局、环境保护局、地税局等机构)、房地产开发商(朝阳大地地产、君山别墅销售部、高教新城)、中介(小汤山鑫尊置地、通州果园中介、万柳中介)、物业管理人员(高教新城、太阳城、密云滨河园、君山物业)，还有多套住宅所有者21人和唯一住宅所有者23人，以及周边从业人员等18人进行了深度访谈。

四是在第二住宅的经济、社会和环境影响方面，本书采取了调查问卷和访谈资料。一是对北京和小汤山案例的调查和访谈。具体介绍如上。二是对海南案例的调查和访谈。这里采用了2017年笔者参与海南房地产课题，在暑假和寒假期间到海南调研的资料，主要是对海口、琼海、三亚等地实地考察和当地政府官员、出租车司机、本地居民和外来度假人群的访谈。

第二章　中国城市家庭多套住宅的界定和规模测度

第一节　世界其他国家多套住宅发展简介

一、世界其他国家多套住宅发展简介

多套住宅并非新事物，在西方和中国历史文献中都能找到大量关于其原型的记载。西方第二住宅的产生主要有两种形式，一是权贵阶层以休闲度假为目的的休闲别墅，二是出于某种事务功能需求购置的临时逗留住所。休闲性别墅的修建出于享受自然景观或用于季节性转换居住场所，主要位于风景优美的乡村地区，其历史可追溯到罗马时代富人在科摩湖(Lake Como)、台伯河(the Tiber River)畔等滨水地带建造的宽大乡村别墅，以及英国维多利亚时代的狩猎小屋(Shooting box)和美国大西洋沿岸的夏日别墅(Summer cottage)。以事务为目的的第二住宅的选址通常考虑事务活动的地点，如欧洲早期为季节性畜牧迁徙放养需要在南北方各置一处住宅，美国麦田农场主往往在附近城市购置临时住处。

这些住房已经具备了现代自住型第二住宅的主要特征，即在主要居住地以外拥有其他住所。然而与现代社会不同的是，它们的消费对象局限于非常有限的人群，并不是社会广泛存在的消费形式，因此在社会经济影响和消费方式上与当今存在很大的不同。

自20世纪开始，随着西方经济的繁荣，第二住宅成为普遍的大众消费。在20世纪60年代经济大繁荣之前，欧洲大部分国家第二住宅的需求一直处于低潮。从20世纪80年代早期开始，北欧居民普遍在地中海地区购置退休居住用房。在20世纪90年代它呈现大幅和快速增长趋势。北美第二住宅的大规模普及开始于20世纪中叶。美国由于用地规划控制较少，第二住宅从20世纪80年代中期开始呈加速增长趋势。在20世纪60年代以后在加拿大中产阶级中迅速普及第二住宅。在经历了1950—1960年的爆发增长期后，西方大部分国家和地区第二住宅发展都呈现平稳增长的态势。而在经济快速增长过程中，出现了房价的快速上涨，在一些热点城市也出现了投资用途的多套住宅。然而，由于第二住宅统计的困难，很少有国家有比较翔实的资料。而英国和美国的调查相对较多，因此这里列举英国和美国的多套住房调查说明其特征和发展趋势。

二、英国多套住宅发展简介

英国 Direct Line Insurance（2005）发布的第二住宅研究报告(Second Homes Report)指出英国第二住宅(即这些住房的业主另有主要居所)的总数从未被有效地统计过。因此该报告结合了“Direct Line”针对英国第二住宅业主的最新调查中的数据和大量的有代表性的国际调研资料进行了研究。这些国际调研包括英国家庭跟踪调查(British Household Panel Study（BHPS）)，英国住房调查(Survey of English Housing（SEH）)，英国住房状况调查(the English Housing Condition Survey（EHCS）)，未来基金会的生活变化调查(the Future Foundation’s Changing Lives research)，和英国的人口普查(UK Census data)。

该报告测算了根据持有目的分类的第二住宅规模。目前英国共有2,636,000套第二住宅，比2000年的2,298,000套上涨了15%。按照用途来分，“为出租而购置”的第二住宅占据了英国第二住宅市场的最大部分，目前有160万套由私人房东出租的第二住宅。自住用途的第二住宅包括：一是业主所有和由业主的受抚养者居住的第二住宅。据估计，英国目前有327,000套这样的第二住宅，其中83,000套是由学生（业主的受抚养者）居住。二是由并非受抚养者但不支付房租的承租人居住的第二住宅。这些承租人可能是房屋看管人、朋友或者大家庭中的成员。目前英国有293,000套这样的第二住宅。三是目前英国有253,000套休闲度假型第二住宅。四是作为业主的临时居所或者作为工作的基地。据估计目前英国有58,000套这样的第二住宅。五是不明原因空置的第二住宅，大约有100,000套。按照第二住宅业主的比例计算的规模和按照第二住宅用途的比例计算的规模通常差别很大。这是因为有些业主拥有多套房产。通常私人房东拥有 8 套房产，而普通的第二住宅业主只有一套第二住宅。总的来说，英国大约有1,060,000名第二住宅业主，其中私人房东只有 20 万名多一点。第二住宅的业主在 45~54 岁年龄组最多，而且出现了显著的社会分层，属于高等级（AB）的人比属于低等级（CDE）的人拥有第二住宅的可能性要大两倍多。

该报告分析了英国第二住宅市场增长的主要驱动因素。自 20 世纪 90 年代中期以来迅速上涨的房价刺激了购房出租的市场。“Right-to-buy”计划导致社会出租房的供给减少。父母为被抚养人购买居住用途的第二住宅增加，尤其是为在校大学生。远程工作、专业雇佣市场的全球化的增长以及由此带来的更多人远距离通勤而产生的工作用途的临时寓所的需求增长。

该报告分析了第二住宅的特征。从房型特征来看，最受欢迎的第二住宅大多为有两到三个卧室的小到中型房产。有略多于三分之一的第二住宅是公寓，排屋则更少。此外，大约有 13%的独立别墅和 5%的有 5 个或 5 个以上卧室的房产。从空间来看，几乎一半的第二住宅位于市中心或近郊，由此可见第二住宅是一种城市的现象。尽管有十分之一的休闲度假用途的第二住宅位于城市，它们更多地分布在郊区。

该报告分析了第二住宅的动因和影响因素。大约有三分之二的第二住宅业主将投资作为购买第二住宅的主要目的，40%的人认为这非常重要。投资潜力是业主购买第二住宅的十分重要的因素，70%的业主认为升值的前景是购买第二住宅中非常重要或中等重要的原因。这突显出了住房市场潜在的不稳定性，因为很多房东似乎是被房价上涨而带来的收益所驱使，而不是租金收入，这也导致他们可能因房价开始下跌而退出该行业。然而，将近一半的度假房的业主购买度假房时极少考虑或者没有考虑投资潜力。投资机遇和易于到达性是影响以出租为目的而购买的房产选址的主要因素。同时，自然风光、干净的空气、美丽的沙滩和文化名胜对这些休闲度假型第二住宅来讲尤为重要。对于其余所有类型的第二房产，易于从主要居所抵达和接近家人和朋友是最重要的影响因素。这暗示出这些房产的居住者很有可能是业主的被抚养人。为什么选择英国而不是国外的第二住宅？选择英国的而不是国外的第二住宅的主要原因有：前往英国的第二房产更方便(21%)；英国提供比国外更好的投资机会(20%)；该房产并不主要用作休闲度假型第二住宅(19%)；英国人更偏好英国文化(4%)和气候(3%)。

该报告分析了第二住宅的获得模式和使用模式。大多数第二住宅都是被购买的，然而，大约有小部分业主(13%)没有购买他们的第二住宅。这些人中的大多数通过继承(92%)获得，剩余的通过婚姻或其他方式获得。大多数人通过贷款或取出存款来为第二房产提供资金。所有拥有第二住宅的人中，将近三分之二的人从未居住过这些住宅。大约60%的人将第二住宅出租，同时，少数人(4%)将其空置。在第二住宅中住一周到两个月的人最多，第二多的是两个月到六个月。与其他房产一样，第二住宅也会产生维护费用，大多数人(73%)为这些房产支付一定形式的维护费用。休闲度假型的第二住宅的业主在维护费用上的支出比出租用途购房的业主高40%。有趣的是，那些将第二住宅用作其他用途，比如给被抚养人居住或作为工作基地的人在维护费上支出最多。

Anthony(2015)则总结了英国第二住宅的最新情况，根据2011年人口普查，英格兰和威尔士有157万人他们的第二住宅地址不在首要居所的行政区内，并且在那里每年逗留 30 天及以上。在苏格兰和北爱尔兰则有 4.8 万人有第二住址。还有 82 万人的第二住址在英国之外。其中，11%的第二住址目的是作为度假第二住宅，15%的目的是为学生居住或工作，还有 3/4 为其他原因。而有第二住宅地址的人也许作为一个家庭会有多个第二住宅地址。根据英国住房调查(English Housing Survey)，2013—2014 年，英国共有 2673 万家庭，其中 233.7 万家庭拥有第二套房(second property)，其中 68.6 万家庭拥有并不对外出租的第二住宅(second home)，但是也可能部分是租赁的。而在拥有第二住宅的原因当中(可以选择多个原因)，47.7%的原因为长期投资，59.9%的原因为度假，13.6%作为退休用途，19.9%作为家外的家，12.5%为以前的首要居所，11.8%为其他原因。一半左右有第二住宅的家庭的第二住宅在英国以外，主要是法国和西班牙。而在英国国内的第二住宅也集中在几个地方，例如 Cornwall 等。根据英国社区和地方政府部(Department for Communities and Local Government)英国大概有 2800 万套住房，因此第二住宅比例并不高。

三、美国多套住宅发展简介

美国的住房和城市发展部(HUD，2004)的文章《到底有多少第二住宅》(*How many second homes are there*)提出了美国有多少第二住宅问题，并进行了测算，具体结果见表 2-1。该文发现，在美国有几个相关的调查试图回答该问题。一是美国住房调查(American Housing Survey)，二是收入和项目参与调查(Survey of Income and Program Participation)，三是收入跟踪调查(Panel Study of Income Dynamics)。然而由于他们调查的问题和选项有所不同，因此得出的数量存在差异。一种计算方法是按照拥有多套住房的家庭占所有家庭比例来测算。1995 年的住房调查表明，大约有 910 万家庭(全国总共有 9770 万家庭，占比为 9.3%)有主要住宅外的其他住宅，其中 310 万家庭在过去的一年里在其他住宅至少呆了一晚上，190 万家庭将其作为休闲用途。另外一种做法是，按照住房用途分类来测算，将住房分为占有、被主要居所在别处的人暂时占用、空置。然后将空置住房分为等待出租、等待出售、季节性或偶尔使用。这样，根据美国住房调查(AHS)数据得到休闲度假用途的第二住宅有560万套；而根据住房和空置率调查(HVS)数据则为650万套(见表2-1)。

表2-1　**美国空置或被主要居住在别处的业主所有的单元的类型和数量**

	美国住房调查(AHS)		住房和空置率调查(HVS)	
	数量(千个)	百分比	数量(千个)	百分比
出　租	2743	21.3	3203	22.1
出租或销售	172	1.3		
销　售	1243	9.7	1301	9.0
租出但没有在使用	268	2.1	437	3.0
已售但没有在使用	463	3.6	445	3.1
其　他	2293	17.8	2579	17.8
迁移居住用	62	0.5	47	0.3
第二住宅	5610	43.6	6459	44.6
季节性使用——夏季	1051	8.2	1710	11.8
季节性使用——冬季	443	3.4	599	4.1
其他季节	733	5.7	789	5.5
偶尔使用	1541	12.0	1887	13.0
主要居住在别处的业主所有(URE)	1842	14.3	1474	10.2
小　计	12855		14470	

资料来源：根据2001年美国住房调查数据，以及2001年住房和空置率调查数据计算。

而在HVS其他用途的空置还有可能是休闲度假用途的第二住宅。根据表2-2，进一步分析他们的用途，则可以发现，该类还有1.2%作为偶尔使用。

表 2-2　　美国其他空置的住房单元的原因的开放式答案分类

	样本数量	加权后的总量	
		数量(千)	百分比
偶尔使用	9	32	1.2
业主长时间离开(如参军、在监狱、在海外)	12	64	2.5
业主死亡、或随孩子搬迁、或破产、或正在进行法庭诉讼	87	435	16.9
在售、或出租、或已出售但没有人在使用	6	36	1.4
在翻新或投放到市场上	89	493	19.1
军事、学生或宗教建筑，现在没有被使用	9	30	1.2
被遗弃或将要被拆除	56	314	12.2
以前的住宅	11	50	1.9
作为仓库使用	55	228	8.9
原因不明(如不知道、被推迟上市)	125	659	25.5
没有回答	41	238	9.2
总计	500	2579	100.0

资料来源：根据 2003 年 HVS 数据中的 500 个样本进行的分类测算。

而根据表 2-3，则说明休闲度假用途的第二住宅占了总体第二住宅的 53%，投资用途的第二住宅占比为 9.6%。

表 2-3　　美国第二住宅的类型和拥有的原因

		休闲	投资	以前常用的住宅	继承	待售	其他原因	总计
偶尔使用	(千)	664	97	286	66	14	413	1541
	(%)	43.1	6.3	18.6	4.3	0.9	26.8	100

续表

		休闲	投资	以前常用的住宅	继承	待售	其他原因	总计
季节性使用——夏季	(千)	791	52	31	29	4	143	1051
	(%)	75.3	5.0	3.0	2.8	0.4	13.6	100
季节性使用——冬季	(千)	288	23	12	0	9	112	443
	(%)	64.9	5.1	2.8	0.0	2.0	25.2	100
其他季节	(千)	311	49	96	50	4	222	733
	(%)	42.4	6.7	13.1	6.9	0.6	30.3	100
主要居住在别处的业主所有(URE)	(千)	920	317	172	76	6	350	1842
	(%)	50.0	17.2	9.4	4.1	0.4	19.0	100
总计	(千)	2974	538	599	222	38	1240	5610
	(%)	53.0	9.6	10.7	4.0	0.7	22.1	100

资料来源：根据 2001 年 AHS 数据测算。

除此之外，还有别的美国调查试图回答该问题。美国消费者金融调查(SCF)询问了以下问题，一是首要居所，二是其他房地产。问题为是否拥有投资性房地产、休闲度假性第二住宅(并且排除了由企业拥有的房地产)？首要居所包括农场或牧场的房屋、移动住宅、公寓、独栋别墅等永久性居所等。其他居住型地产包括第二住宅、分时度假公寓、1~4 户家庭居住的出租性房地产和其他类的居住型房地产。非居住型房地产包括商业房地产、五套以上的出租型居住型房地产、农场或牧场土地、未开发土地和其他类型的非居住房地产。

根据 SCF 发布的 2013 年图表(chartbook)，美国所有家庭中除了自有现住房外还有其他居住型房地产家庭占比呈波动式发展态势。从图 2-1 可以看出，自 1989 年到 1995 年，该占比呈下降趋势，从 1995 年到 1998 年，该占比回升，然后到 2001 年，该占比再次下降，随后到 2010 年再度回升，然后到 2013 年再次下降。在 2010 年，美国 14.3%的家庭除了有首要居所外，还有其他的居住型房地产；在 2013 年，美国 13.2%的家庭除了有首要居所外，还有其他的居住型房地产。

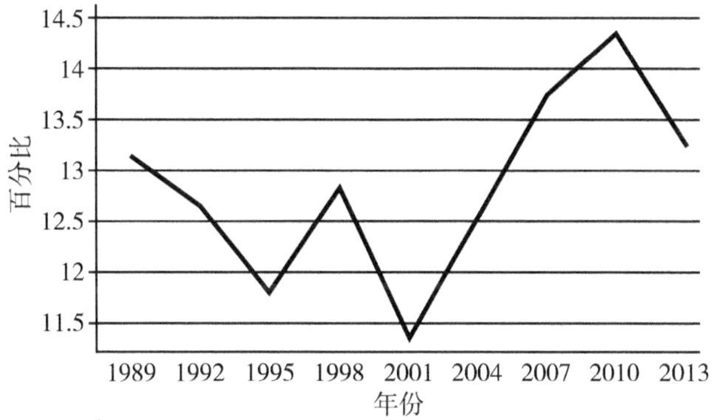

图 2-1　美国所有家庭中还有其他居住型房地产的家庭占比

从业主收入特征来看，中高收入家庭(五等份收入中 60%～100%)拥有更高比例的其他居住型房地产(见图 2-2)。

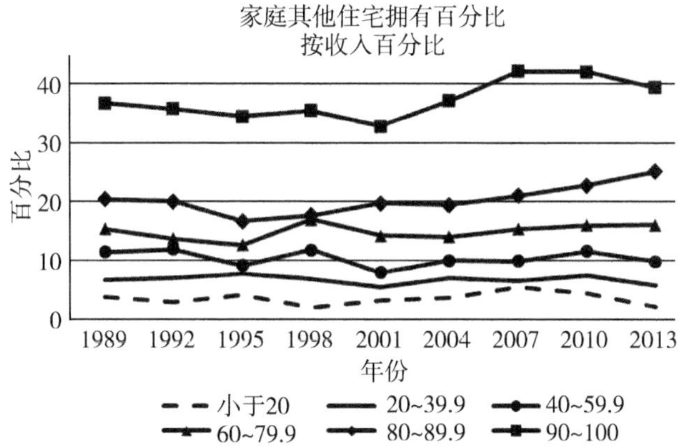

图 2-2　美国按照收入分位数计算的有其他居住型房地产的家庭占比

从业主年龄特征来看，55～64 岁户主的家庭拥有更高比例的多套居住型房地产，其次是 65～74 岁，再次是 45～54 岁，也就是中老年家庭拥有其他居住型房地产占比较高(见图 2-3)。

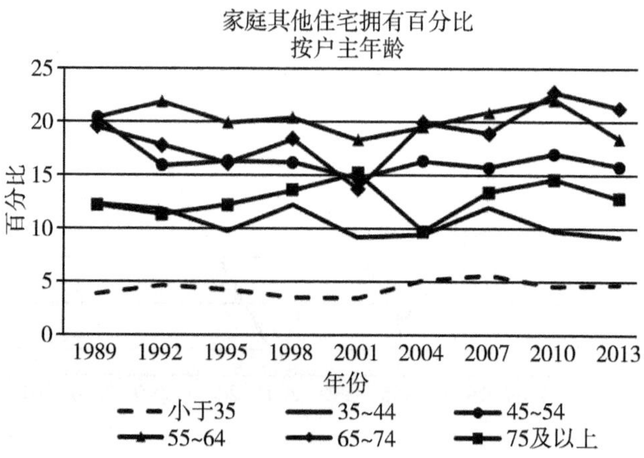

图 2-3　美国按照年龄分的有其他居住型房地产的家庭占比

从业主受教育程度来看，大学以上学历的户主拥有更高比例的多套居住型房地产(见图 2-4)。

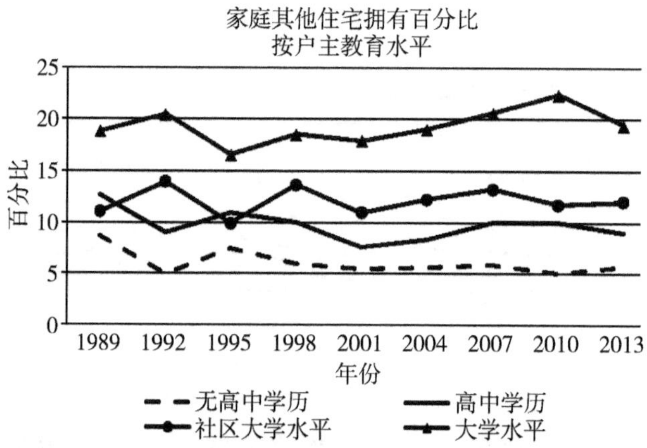

图 2-4　美国按照年龄分的有其他居住型房地产的家庭占比

从家庭类型来看，夫妇二人家庭拥有更高比例的多套居住型房地产，其次是夫妇有小孩的核心家庭(见图 2-5)。

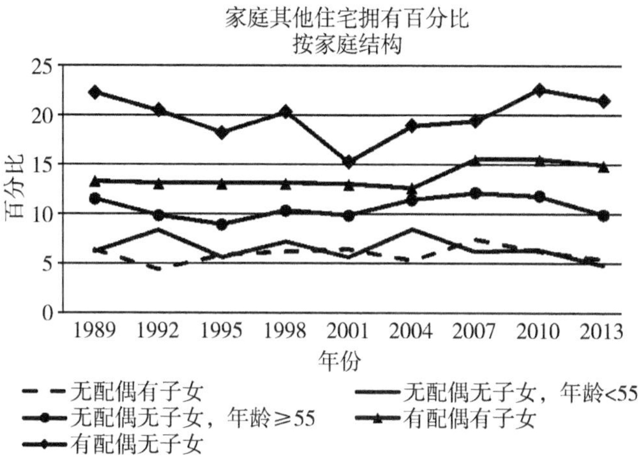

图 2-5 美国按照家庭类型分的有其他居住型房地产的家庭占比

从业主种族来看，非拉美白人家庭拥有更高比例的多套居住型房地产(见图 2-6)。

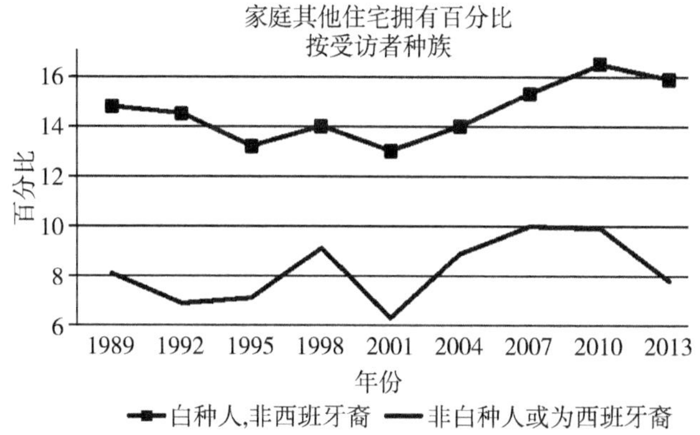

图 2-6 美国按照业主种族分的有其他居住型房地产的家庭占比

从业主工作状态来看，自己当老板的户主和退休家庭拥有更高比例的多套居住型房地产(见图 2-7)。

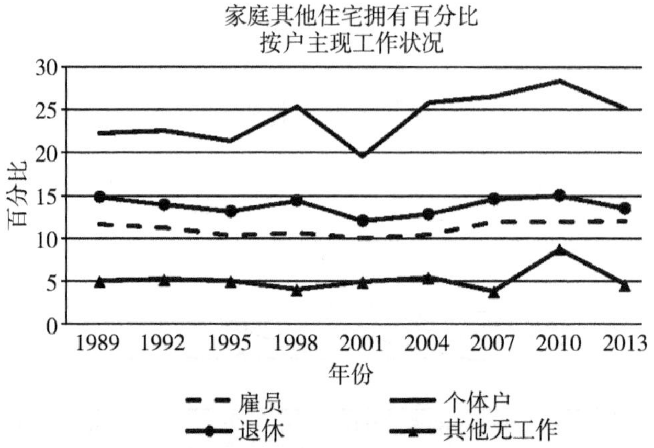

图 2-7　美国按照家庭户主现工作状态分的有其他居住型房地产的家庭占比

从业主工作类型来看，管理者或者专业技术人员的户主和退休家庭拥有更高比例的多套居住型房地产(见图 2-8)。

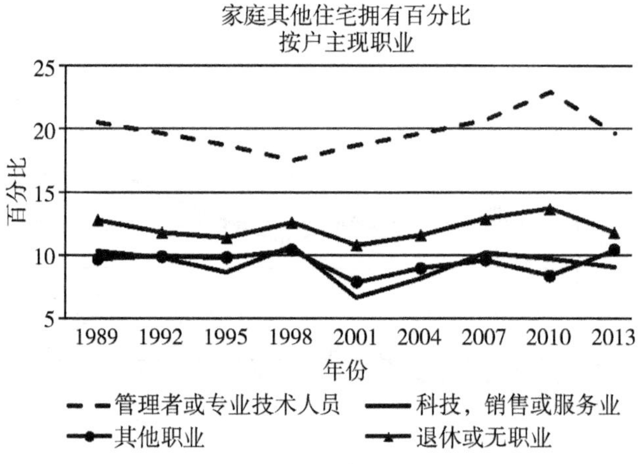

图 2-8　美国按照家庭户主现职业分的有其他居住型房地产的家庭占比

从地区分布来看，西部家庭拥有更高比例的居住型房地产，其次是东北部(见图 2-9)。

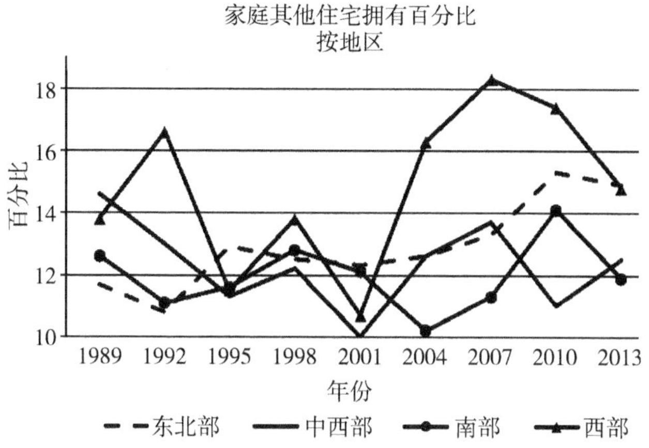

图 2-9　美国按照家庭常住地分的有其他居住型房地产的家庭占比

在城市类型中，都市区居民家庭比非都市区家庭拥有更高比例的居住型房地产(见图 2-10)。

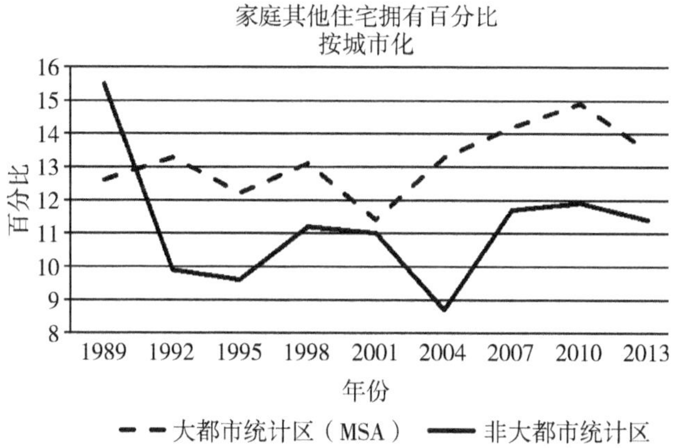

图 2-10　美国按照家庭城市类型分的有其他居住型房地产的家庭占比

从现常住住房产权来看，现居住住房为自有的家庭拥有更高比例的居住型房地产(见图 2-11)。

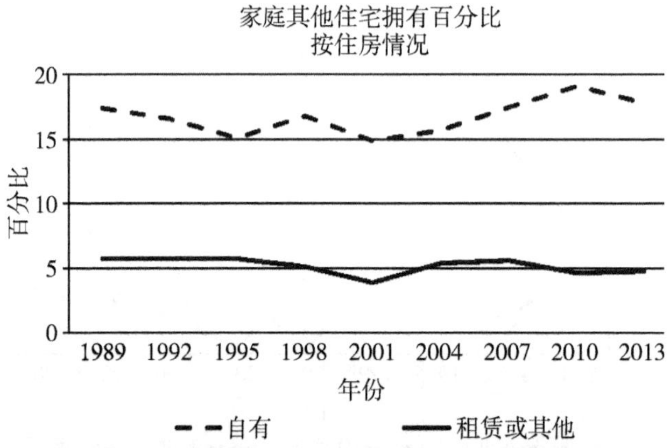

图 2-11　美国按照家庭常住住房产权分的有其他居住型房地产的家庭占比

第二节　中国多套住宅的发展简介

一、中国多套住宅发展简介

与西方古代的第二住宅产生根源一样，中国古代第二住宅的产生主要有两种类型，一类是皇室、贵族和富豪在郊野修建的乡村别墅，另一类是下层劳动者在劳动场所附近修建的简易临时房屋。第二住宅是中国古代政治生活非常重要的场所，表现为日常生活起居之外的别馆、别第、别宅等。劳动者的临时房屋主要用作田间休息、饮食和居住，以解决长距离工作的起居生活问题。可以看出，中国与西方的第二住宅都产生于两种不同的价值取向，一种是享受田园生活和自然环境而置办的乡野别墅，满足房主的休憩度假需求；另一种是为解决劳作地点与居住地点之间通勤距离过长问题而置办的多处住所，满足劳作者的工作憩息需要。

然而从中华人民共和国成立之后到住房制度改革之前，中国城镇将很多私房收归公有，城镇住房建设由国家统一安排，以国家和国有企业投入为主，并无偿或低租金租给职工使用，并实行与职位、工龄等相联系的实物福利分配制度。在此阶段，住房短缺成为常见的问题，除了少数政府官员可以享用国家所有的休闲度假用途的别墅，第二住宅从现实中消失。

从20世纪80年代住房制度改革以来，中国城市家庭住房来源和产权发生了巨大变化，已经从计划经济时期的租赁公房为主转变成了多样化的住房来源和产权，并且以私有为主。中国第二住宅的发展兴起于住房市场化改革之后。在住房制度改革进程中，很多家庭购买了房改公房。而这些房改公房通常毗邻工作单位，交通便利，公共服务可达性好，但是面积较小，社区设施较差。按照成本价和市场价购买的房改公房可以上市交易，除了一些单位设有限制之外，例如军队、政府机关、大学等。按照标准价购买的房改公房则需要获得单位的批准才能上市交易。在此过程中，一些家庭卖掉了房改公房到市场购买面积更大和更新的住房。还有一些家庭持有房改公房，同时到市场再购买商品房，成为多套住房的业主。尽管在1998年中央政府发文终止提供公有住房，但实际上一些单位(例如大学和部委等掌握资源的工作单位)，仍以租赁或拥有部分产权的方式继续向其职工提供补贴住房，一些职工(例如大学教授和政府雇员等)为了上班方便，一般会租住或者拥有其工作场所附近的补贴住房，同时还会在居住城市购置另一套住房，用于偶尔居住或投资。

对于那些“先富起来”的人们来说，已经感到拥有一套住房显得不够，需要拥有“第二套住房”来享受“5+2生活方式”。一套在市区，一套在郊区：周一至周五，住在市区住宅，便于上班、工作；周末、周日来到郊区住宅，以求过着休闲生活。除了新潮的“5+2生活方式”之外，又冒出了更加新潮的“11+1生活方式”。“11+1”，也就是说，一年之中“11”个月在一个城市工作，“1”个月在另一个城市休闲。为了适应“11+1生活方式”，有许多人在另一个城市买“第二套住房”。

由于户籍制度的存在，从农村或者其他城镇移居到大城市的移民家庭的家庭成员分别居住在流出地和流入地，通常在工作居住城市拥有或租赁第一住宅，而在老家拥有第二住宅。一些特大城市推出了按照所有房产和户籍就近入学的学区制度。为了让孩子上好的学校，部分家庭在重点学校附近购置第二住宅，便于子女上学，同时还在原有住宅居住。所有这些因素刺激了中国城市家庭第二住宅的快速发展。

而在房价快速上涨的过程中，很多人将购买住房出租或者转售作为投资工具。在中国，最引人注目的是温州炒房团，他们经常见诸于报端，“遥远的东方有一座城，它的名字就叫温州；古老的东方有一群人，他们全都是房的传人……”。根据百度词条“温州炒房团”介绍，“温州人炒房，最初是从自家门口的炒房开始。1998 年到 2001 年，温州的民间资本大量投入当地房地产，促使当地市区房价快速从 2000 元/平方米左右，飙升到 7000 元/平方米以上。从 2000 年开始温州人开始在上海、杭州、苏州、厦门、北京、宁波、金华等地置业”。除此之外，另一个广为人知的是山西煤老板炒房团，他们在北京大量购房。2007 年后又出现了深圳炒房团。那些在深圳打拼多年熬出头的财富新贵，先是在惠州、东莞、广州等周边城市狂买，接着返回各自家乡的省会城市豪购，既自住又孝敬父母，又有衣锦还乡的得意高调，所以被人们戏称为“还乡团”。2016 年，北京、深圳等地出现“众筹炒房团”，采用了移动互联网、平台跑路等新方式(熊剑辉，2016)。

二、中国家庭的多套住宅发展的研究述评

针对中国迅猛发展的第二住宅，国内学术界也开展了研究。

一是第二住宅的定义和测度研究。杨继瑞(2001) 认为第二住宅的定义是一个家庭在某一地点除了拥有作为第一住宅的一套房屋之外，还在另一地点拥有另外一套住宅。该定义的缺点是没有借鉴国外的定义，而且这里面的地点含义不清，是同一城市不同街道、不同小区还是不同城市？第二住宅是仅仅只有一套还是有多套？

二是第二住宅的发展特征研究。冯健和刘之浩(2000)指出了我国第二住宅发展的特征，并详细探讨了和西方国家的差异。他们认为中国第二住宅的发展具有以下几个特征："双向型"特征，即"城镇指向型"和"乡村指向型"，而西方国家的第二住宅发展仅仅是单向发展模式；另外中国第二住宅分布零散、规模小、尚处于初始阶段，在发展阶段上不同于西方国家；中国第二住宅发展的状况是与其郊区化阶段和特殊的城市发展背景相适应的，随着郊区化的进展和小城镇建设的高涨，第二住宅的数量和规模将有一定程度的增长；私人小汽车的普及率、传统观念、转型期政策对第二住宅的发展影响较大。上述研究认为西方的第二住宅是单向模式，而实际上西方的第二住宅也是双向模式。冯健等(2004)以北京为例对第二住宅的规模和购买意愿进行了测算，分析了住户特征、持有原因和用途、空间分布，如多用于商业出租，季节性郊区化特征明显。张仲伍等则是从三种不同的第二住宅类型对其空间分布进行了研究。他认为不同的第二住宅类型和其发展阶段是有密切联系的，大城市第二住宅政策严格控制阶段，第二住宅分布在城市中心区地段，政策开放时期则分布在环境好的区位，后期阶段由于城市环境恶化则会出现城市中心空心化现象。大城市郊县在大城市严格控制人口政策阶段、大城市政策放松阶段，第二住宅在空间分布上符合引力模式，在大城市环境恶化阶段和人们追求和谐自然环境的阶段，第二住宅主要分布在风景优美、距大城市 1～2h 轿车速距离内(张仲伍，孙桂平等，2005)。该文从定性角度描述了第二住宅的空间分布特征，但缺少深入的理论和实证研究。

基于贵阳和北京的调研数据对城镇指向型第二住宅空间特征进行定量分析(朱晨，2008)成为最早的第二住宅专项著作。朱晨(2006)等采用假设验证分析的方法认为中国大城市更可能有第二住宅。徐文雄等(2006)以佛山和三亚为例对度假型和郊区型第二住宅的空间分布特征进行了研究。就佛山而言，受近郊化和广州因素的影响，第二住宅空间结构呈"一核一弧"；受资源和环境因素的影响，呈"三足鼎立"的特征；

具有城市市场指向和“飞地”性质特征；前期行政割据和经济发展水平的差异导致了第二住宅集中在工业化程度较高的南海、顺德区；交通条件的改善决定了第二住宅分布的距离递增特征；用地条件和地价的因素决定了第二住宅的 4 个规模档次特征。就海南而言，第二住宅受级差地租影响，房价具有滨海指向性；受配套因素影响，第二住宅呈老城区导向性；受环境资源影响，呈现出市区、三亚湾和亚龙湾“三足鼎立”的地域结构，并且市区形成了养老聚集区；受气候和经济因素影响，表现出市场空间高度集中的特征。易成栋和黄友琴根据 2005 年 CGSS 数据分析了中国家庭持有多套住宅的数量，分析了它的空间模式及其影响因素(易成栋，黄友琴，2010，2011)。

此外，还有对第二住宅的开发研究。开发研究不同于发展研究，发展主要是指事物的变化趋势，由小到大、由简单到复杂、由低级到高级的变化，而开发是指在进行某种利用和使用前，对某项事物或某个项目进行计划和设计，以生产和设计出新的或具有价值的产品等，通常指房地产开发。对第二住宅的开发研究主要包括宏观和微观两个方面，从宏观上来说，主要研究方向有房地产的开发方法和市场定位等。进行第二住宅等旅游地产的开发需注意第二住宅与旅游资源的区位关系、旅游资源稀缺程度与住宅档次的关系、配套设施及服务的完善程度、区域购买力与市场定位等几方面内容(仝德等，2006)。从微观方面来看，主要研究是从建筑设计学的角度对第二住宅等旅游地产的微观元素休闲性和人文性的设计研究为主，需从基地环境、材料使用、细部、空间流线和室内设计等几方面分析第二住宅设计中要关注的休闲性质(张昕，2009)。

第三节　中国多套住宅的概念界定和测度方法

一、国际多套住宅的概念界定难题

第二住宅理论上的定义和工具性可操作的定义都包括了和第一住宅

的关系、第二住宅产权、使用期限和住宅建筑标准四个方面。然而在不同国家学术研究里面第二住宅的界定和判断标准是很不同的，同样面临着上述分析提到的难题。首先对于居所(Home)就存在分歧。早期的研究者认为居所就是居住的具有物理实体的空间载体，等同于建筑学的住宅(residence，house，apartment)。然而，Sallemaier(1993)从社会学的视角认为第二住宅是使用者具有深层象征意义的次要社会交往节点，自有住宅以外的其他住宅只有具备这些社会心理特征才能成为第二住宅。西方通常认为首要居所是自有自用的符合住宅建筑标准的主要住宅，但是也有不同标准，例如瑞典认为租赁成本价或购买成本价部分产权的社会住宅(social housing)也可以作为自有第一住宅。就第二住宅而言，通常是符合住宅建筑标准的住宅，但是也有些国家研究将房车、快艇、农村看护房等作为第二住宅。第一住宅是主要使用、第二住宅是偶尔使用，并且空间上分开。然而在使用时间上面也会出现二者相等，无法说明谁是主要使用。另外，还会出现首要居所随着时间推移变成了次要住宅。第二住宅产权以自有产权为主，还包括分时度假、售后回租、一年期以上的租赁权。

为了解决上述难题，研究者通常根据研究目的和数据可得性来进行工具性定义。第二住宅通常被认为是家庭第一住宅以外的、偶尔使用的、拥有产权或者长期租赁权的住宅。例如 The Centre for Future Studies (2005)采用“Properties in the UK owned or rented out by a household member that are not the main residence of that household.”而在具体操作时采取的工具性定义就根据研究者的研究目的以及数据资料的特点来确定。例如 DART(Dartington Amenity Research Trust)采用的定义是“通常居住在别处的家庭所拥有的非经营性住房，房屋长期租赁或者租赁超过了一年”，实际上强调了使用功能和使用时间。还有一些地方在住宅规划审批的时候，要求业主申报住宅的建造目的，如果是主要住宅之外的休闲度假用途的住宅，则为第二住宅。一些研究者则根据第二住宅的户主常用通讯地址、物业税单邮寄地址在外地来确定第二住宅。

二、中国多套住宅的概念界定难题

中国的多套住宅的界定同样存在着一些难题，这里涉及几个相关联的问题。一是什么样的建筑物是住宅？二是什么类型产权的住宅算作拥有多套住宅？三是如何界定第一住宅和第二住宅？

一是住宅和非住宅的界定。根据建筑物的使用性质，可将建筑物分为生产性建筑和非生产性建筑(民用建筑)，或者民用建筑、工业建筑和农业建筑三类。民用建筑可再分为：(1)居住建筑：分为住宅和集体宿舍两类，住宅习惯上不很严格地分为普通住宅、高档公寓和别墅。集体宿舍主要有单身职工宿舍和学生宿舍。(2)公共建筑：公共建筑是指办公楼、商店、旅馆、影剧院、体育馆、展览馆、医院等。工业建筑是指工业厂房、仓库等。农业建筑是指种子库、拖拉机站、饲养牲畜用房等。在现实生活中，大多数居民是居住在规划设计用途为住宅的建筑物中，但是还有大量的常住外来人口并不是住在住宅中，而是住在居住区附建公共用房、仓库、厂房、集体宿舍、地下室和半地下室等。在农村，还会有人暂住在农地里面的棚户中。还有很多项目是以非住宅立项，例如以商业、教育科研办公、综合用途立项的公共建筑等，但实际上作为住宅出售和使用。附建公共用房是附于住宅主体建筑的公共用房，包括物业管理用房、符合噪声标准的设备用房、中小型商业用房、不产生油烟的餐饮用房等。地下室是室内地面低于室外地平面的高度超过室内净高的1/2的空间。半地下室是室内地面低于室外地平面的高度超过室内净高的1/3，且不超过1/2的空间。这样，在调查过程中，会遇到调查对象自认为是住房，而实际上不是符合规划设计用途的住宅的问题。而在一些国家或地方，还会出现政府批准将原本规划设计的非住宅更改为住宅。

即使是规划设计用途为住宅，有些住宅由于当初设计标准过低，以及建设年代过于久远，年久失修，不再符合住宅设计规范的居住、节能、环保和消防等方面要求。中华人民共和国住房和城乡建设部2012

年8月1日生效的《住宅设计规范》中指出，住宅是供家庭居住使用的建筑。住宅套型是由居住空间(卧室、起居室(厅)的统称)和厨房、卫生间等共同组成的基本住宅单位。住宅应按套型设计，每套住宅应设卧室、起居室(厅)、厨房和卫生间等基本功能空间。住宅还需符合以下基本规定：住宅设计应符合城镇规划及居住区规划的要求，并应经济、合理、有效地利用土地和空间。住宅设计应使建筑与周围环境相协调，并应合理组织方便、舒适的生活空间。住宅设计应以人为本，除应满足一般居住使用要求外，尚应根据需要满足老年人、残疾人等特殊群体的使用要求。住宅设计应满足居住者所需的日照、天然采光、通风和隔声的要求。住宅设计必须满足节能要求，住宅建筑应能合理利用能源。宜结合各地能源条件，采用常规能源与可再生能源结合的供能方式。住宅设计应推行标准化、模数化及多样化，并应积极采用新技术、新材料、新产品，积极推广工业化设计、建造技术和模数应用技术。住宅的结构设计应满足安全、适用和耐久的要求。住宅设计应符合相关防火规范的规定，并应满足安全疏散的要求。住宅设计应满足设备系统功能有效、运行安全、维修方便等基本要求，并应为相关设备预留合理的安装位置。住宅设计应在满足近期使用要求的同时，兼顾今后改造的可能。这样，在调查过程中，会遇到调查对象自认为是住房，而实际上不符合住宅相应的要求等问题。

二是涉及拥有多套住房产权的界定。什么样的产权算作是拥有多套住房？房屋产权是指房产的所有者按照国家法律规定所享有的权利，也就是房屋各项权益的总和，即房屋所有者对该房屋财产的占有、使用、收益和处分的权利。在现阶段，我国住宅类房屋按占有权来看，有不同的产权人，例如国家或地方政府所有、农村集体所有、企业所有、公民私人所有住宅、其他组织所有。

从1949年到1957年，我国城镇住房进行国有化改造，但是还有很多私人管理的房产。从1958年到1978年，取消私人住房产权的目的基本实现，城镇住房实现了国有和集体所有为主。到了20世纪70年代末，城镇住房产权基本形式是国家所有(直管公房)和企业所有(自管房)，产权形式比较单一。国有企事业单位职工没有所有权，但是有使用权和继承权。从20世纪80年代起房改，开始恢复住房的商品属性和部分产权，并试点向城镇职工优惠出售公房，个人拥有部分住房产权，还允许个人自建房和购买商品房，形成了住房产权多元化的局面。但是存在着住房产权不清，产权形式单一，产权很难流动。从1992年建立市场经济体制之后，我国以住房商品化、市场化、社会化为目标，逐步建立一套产权界定清晰、可转让、在法律的保护和监督下可以实施的产权制度。1994年国务院《关于深化城镇住房制度改革的决定》中规定："职工以市场价购买的住房，产权归个人所有，可以依法进入市场，按规定交纳有关税费后，收入归个人所有。职工以成本价购买的住房，产权归个人所有，一般住用5年后可以依法进入市场，在补交土地使用权出让金或所含土地收益和按规定交纳有关税费后，收入归个人所有。职工以标准价购买的住房，拥有部分产权，即占有权、使用权、有限的收益权和处分权，可以继承。产权比例按售房当年标准价占成本价的比重确定。职工以标准价购买的住房，一般住用5年后方可依法进入市场，在同等条件下，原售房单位有优先购买、租用权，原售房单位已撤销的，当地人民政府房产管理部门有优先购买、租用权。售、租房收入在补交土地使用权出让金或所含土地收益和按规定交纳有关税费后，单位和个人按各自的产权比例进行分配。职工购买住房，都要由房产管理部门办理住房过户和产权转移登记手续，同时要办理相应的土地使用权变更登记手续，并领取统一制定的产权证书，产权证书应注明产权属性，按标准价购买的住房应注明产权比例。"

我国还逐步探索建立了与市场经济相适应的住房保障体系，先后出现了廉租房、公租房、经济适用房、限价商品房、自住商品房、共有产权住房等新类型。而且，由于城市的拓展，城乡二元土地和房屋制度的存在，还出现了小产权房。

2009年中央政府提出了保障性安居工程建设，它包括了廉租房、经济适用房、公共租赁住房、限价商品房，以及后来出现的棚户区改造、旧城房屋保护修缮、农村危房改造。1999年建设部出台了《城镇廉租住房管理办法》（建设部令〔1999〕第70号）开始实行廉租住房制度。申请廉租房的家庭应当同时具备两个基本条件：低保家庭；其他需保障的优抚家庭等。随着政策的演变，最终覆盖群体为住房困难的低收入家庭。这些家庭由政府或单位提供住房租金补贴、低租金配租住房或对已承担的公有住房实行租金减免。自国务院1998年23号文件提出了经济适用住房概念后，开始了经济适用住房的建设。2007年，国务院印发了《关于解决城市低收入家庭住房困难的若干意见》（国发〔2007〕24号），确定了申请家庭人口、年收入、总资产净值和人均住房使用面积的准入标准，将经济适用房的定位回归为社会保障住房，增加了经济适用房供应。例如北京市政府明确了经济适用住房只能自住，不得出租或出借；购买经济适用住房不满5年的，不得上市交易，确需上市转让的，可向购买人户口所在地区县住房保障管理部门申请回购；购买经济适用住房满5年的，出售时应当按照届时同地段普通商品房和经济适用住房差价的一定比例交纳土地收益等价款，并由政府优先回购。

高房价背景下出现了难以通过市场解决其基本住房需求又不符合经济适用住房和廉租房准入条件的家庭，在政府财力有限的同时为了实现他们住有所居，政府推出了限价商品房政策。2008年，北京市出台了《北京市限价商品住房管理办法（试行）》（京政发〔2008〕8号）来促进面向中低收入阶层的低成本和中小套型限价商品房的建设、交易和管理行为。年内，又印发了限价商品住房申购家庭收入、住房和资产准入标准，及已购限价商品住房上市交易补交收益比例、限价商品住房购买资格申请审核及配售管理办法，严格限价房上市交易管理，规定购买限价房5年内不得上市交易，确需上市的由政府部门回购，五年后上市的须按市有关部门公布的届时同地段普通商品房价格和限价商品房价格之差的35%交纳土地收益等价款。该政策得到了建设部的肯定，并且在全国推广。

2009年8月，为进一步完善北京市住房保障体系，促进住房保障体系向以租为主转变和解决“夹心层”的住房困难问题，北京市住房城乡建设委会同市发展改革委、市规划委、市国土资源局等部门联合发布实施《北京市公共租赁住房管理办法(试行)》(京建住〔2009〕525号)，在全国率先建立了公共租赁住房制度，明确了它的供应对象、房源筹集方式、审核配租和后期管理，创新土地供应方式。它有利于实现与廉租住房、经济适用住房、限价商品住房的合理衔接，有效满足中低收入家庭等群体住房需求，推动住房保障方式从“以售为主”向“租售并举”转变，促进住房供应结构的调整和合理梯度消费模式的形成。公租房政策随后在全国推广。

随着保障房的种类增加，政策覆盖范围的重叠，又开始出现了保障房政策的分类合并和调整，将其合并为租赁型保障房(廉租房和公租房合并)和销售型保障房(经济适用房、限价商品房取消，取而代之的是共有产权住房)。从目前各国销售型保障住房和我国共有产权住房试点城市中的实际政策执行来看，配售型保障性住房从产权性质来说主要可以分为共有产权和有限产权。我国城市职工在房改时期购买的房改公房以及经济适用房、限价商品房都为有限产权型保障房，在上海、淮安等地试点的是共有产权型保障房。

有限产权从房改公房销售开始。它又称部分产权，是指职工以标准价购买的公有住房，对该房屋享有占有权、使用权、有限的收益权和处分权，并可以继承的房屋。有限产权的有限性，主要体现在处分权和收益权。首先，在处分权方面，职工以标准价购买的公有住房，不能像其他购房人一样自己处分其房屋，一般要住用5年后方可依法进入市场。并且在同等条件下，原售房单位有优先购买权、租用权，原售房单位撤销的当地人民政府房地产管理部门有优先购买、租用权。其次，在收益权方面，以标准价购买，职工拥有部分产权的已购公有住房出售、出租房屋的收入在补交土地使用权出让金或所含土地收益和按规定交纳有关税费后，单位和个人按各自的产权比例进行分配。原产权单位被撤销的，其应当所得的部分由房地产交易管理部门代收后，纳入地方住房基金专户管理。后来出现的经济适用房、限价商品房在处分权、收益权等方面有类似的规定。我国早期的合作社住房，或合作建房或集资建房以及传统意义上的经济适用住房，限价商品房均为此类。

2006 年前后，我国部分城市如江苏淮安等地先后试点用共有产权改革传统经济适用房，2014 年住建部公布了 2014 年住房保障若干时间表，京沪深等六城市将试点共有产权住房。所谓房屋共有，是指两个或两个以上的公民、法人共同拥有该房屋的权利和应承担的义务。共有的房屋包括按份共有和共同共有。我国《物权法》第九十三条对此做出了明确规定“不动产或者动产可以由两个以上单位、个人共有。共有包括按份共有和共同共有”。

房屋的共同共有是指两个或者两个以上的公民或法人对同一房屋平等的，不分份额的享有权利和承担义务。《物权法》第九十五条规定：“共同共有人对共有的不动产或者动产共同享有所有权。”共同共有的产生基于一定的共同关系，这种共同关系，或是由法律直接规定，如夫妻关系、家庭关系、合伙合同关系。在共同共有中，各个共有人对共同共有的房屋是平等地享有、占有、使用、收益和处分的权利，同时共同承担相应的义务。每个共有人在使用房屋时都不能排斥其他共有人的使用权利。而共同共有的房屋，共有人要对共有房产进行处分时，必须取得全体共有人的同意或者占份额三分之二以上的人同意，否则，部分共有人擅自处分的共有房产，一般情况下都认定为无效。《物权法》第九十七条规定：“处分共有的不动产或者动产以及对共有的不动产或者动产作重大修缮的，应当经占份额三分之二以上的按份共有人或者全体共同共有人同意，但共有人之间另有约定的除外。”房屋的权利人在向房地产登记机关申请权属登记时，应根据建设部《城市房屋权属登记管理办法》第十一条的规定：“房屋权属登记由权利人(申请人)申请，共有的房屋，由共有人共同申请。”

按份共有是指两个或者两个以上的公民或法人按照各自占有的份

额，分别对共同所有的房屋享有权利并承担义务。《物权法》第九十四条规定“按份共有人对共有的不动产或者动产按照其份额享有所有权。”就是说，各个共有人对共有房屋按照各自的份额享有所有权，这种份额并不是指把共有房屋分为若干份，各共有人各自享有所有权，而是共有人对共有的房屋整体按各自的份额享有权利和承担义务。各共有人虽然拥有一定的份额，但是共有人的权利并不仅限于共有房屋的某一部分上，而是基于共有房屋的全部。例如，甲乙二人共有四间房屋，双方各占二分之一，这并不是指甲乙二人分别各占有两间房屋，甲占东面两间，乙占西面两间，而是指两个人对这四间房屋都享有权利和义务，该权利和义务的份额由共有人所占的份额进行分配。根据《民法通则》第七十八条的规定：“按份共有财产的每个共有人有权要求将自己的份额分出或者转让，但在出售时，其他共有人在同等条件下，有优先购买的权利。”《物权法》第一百零一条规定：“按份共有人可以转让其享有的共有的不动产或者动产份额。其他共有人在同等条件下享有优先购买的权利。”可见，在按份共有中各共有权人可以自由处分共有房产中属于自己的份额，而无需征得其他共有人的同意，其他共有人只能在同等条件下享有优先购买权。

此外，还有小产权房是否计算在内的问题。2007 年 6 月 18 日，住房和城乡建设部发布的《关于购买新建商品房的风险提示》中给小产权房下的定义：“在农民集体所有的土地上建设的房屋，未经规划，未缴纳土地出让金等费用并向集体以外的居民销售，且其产权证不是由国家房管部门颁发，而是由乡政府或村委会颁发的。”小产权房的“小”字，是相对于城市普通商品房也就是人们俗称的“大产权房”而言的，不能取得县级以上房屋管理部门颁发的产权证明，俗称“乡产权房”或者“小产权房”。中国的一些乡村采取了租地的方式将土地转让给城市居民建设住宅，还有一些在新农村建设运动中多建设村民住宅，并将分配剩余的住宅出售给城市居民。

除此之外，市场上还出现了一种分时度假产权公寓，是否计算在多套住宅之内？分时度假(Timeshare)是指一个人在每年的特定时期对某个度假资产所拥有的使用权。它是一种度假资产的形式。分时度假资产一般为公寓式的单元，拥有起居室和卧室，可以容纳一个家庭住宿和生活。分时度假资产拥有者可以选择在预定的期间停留在他们的所拥有的资产里，他们也可以按星期出租他们的度假资产或者馈赠给家人。中国的一些公司采取的运作模式是，分时度假就是把酒店或度假村的一间客房或一套旅游公寓，将其使用权分成若干个周次，按 10 年至 40 年甚至更长的期限，以会员制的方式一次性出售给客户，会员获得每年到酒店或度假村住宿 7 天或其他时间的一种休闲度假方式。并且通过交换服务系统会员把自己的客房使用权与其他会员异地客房使用权进行交换，以此实现低成本的到各地旅游度假的目的。而在有些公司的操作中，变成了"即 10 个人合买一套房，由公司统一管理，每年有 28 天在全国 20 个城市选择入住"。由于该产品还处于初始阶段，运作很不规范，在中国的研究中，通常不将其作为第二住宅。

拥有使用权的住房是否也可以作为第二住宅？通常不认为短期租赁的商品房为第二住宅。按照使用权来看，有的住房有较长时间的使用权，例如房改过程中的一些职工租用单位的公房，还有符合条件的住房保障对象长期租用的廉租房和公租房，形成了实质性占有。而且，这些使用权还有可能转化为所有权，例如中国的房改公房出售，英国的公租房出售给承租人，转化为共有产权住房和自有住房。而由于获取这些信息的困难，很多研究通常不会将租赁用途的住宅作为第二住宅。但是在分析多套住房的使用关系时候则可以研究。

三是多套住宅中首要居所和第二住宅如何界定。关于第一住宅与第二住宅的区分，在国际上主要按使用频率划分，分为首要居所(Primary Home)和其他住宅(Additional Homes)。主要住宅是作为税收注册、常用邮寄地址的常住登记地，通常居住半年以上。西方对家庭主要住所之外的其他住宅的研究中，比较常见的概念是"第二住宅(second homes)"，或者"多套住宅(multiple residences)"(McIntyre et al, 2006; Paris,

2008）。通常的界定是“家庭偶尔使用的，在其他地方的住宅”（Coppock，1977），强调住宅的自用性和居住功能，而非投资性住宅，且主要住宅与第二住宅处于不同区位。界定第二住宅的依据，主要是它与首要居所的关系，即第二住宅在空间上独立于首要居所，为家庭偶尔使用；在产权上，家庭拥有其产权或长期租赁；在使用方式上，体现为休闲性自我消费，而不是房子的持久性。然而这种分法没有考虑投资性多套住宅和第二住宅之间的使用关系会发生变化。投资性的多套住宅则是自住用途之外的其他住宅。然而随着时间的变化，投资型第二住宅也会变成自住型第二住宅。按照居住时间来界定第一住宅和第二住宅，有时候也会遇到问题。一是一些候鸟式的家庭，在两个住宅居住的时间差不多。这样界定谁是第一住宅就要看家庭的主观意愿。二是随着时间的变化，多套住宅间的关系也会发生变化。例如，一些即将退休的老人购买的第二住宅，在退休后逐渐变成了第一住宅，原有的第一住宅则变成了第二住宅。一些家庭购买用作投资的第二住宅，过了一段时间后，会用来自住，变成了第一住宅。而且，即使按照使用目的将它分为自住等消费用途的第二住宅和投资用途的多套住房，在实际情况中也会遇到困难。例如一些家庭购买了休闲度假用途的第二住宅，为了分担成本，会在旺季时候出租给其他的人，这样就带有投资目的。而一些人购买了投资目的的多套住房，用来出租，但是在退休后则变为自住用途。

四是作为产权人的界定问题。通常以家庭作为所有人。家庭是一种以婚姻、血缘、收养或同居等关系为基础而形成的共同生活单位。由于流动性的增强，很多家庭成员并不一定是一直同居在一个屋顶下。家庭可分为多人家庭和单人家庭。多人家庭由夫妻、父母、子女、兄弟姐妹等构成；单人家庭又分为以下两种情况：没有其他家人；在其他地方有家人，但经济相互独立，则其他家人不算作本人的家庭成员。总的来说，识别家庭的原则是满足下列条件之一：共享收入，共担支出，而不一定是共居一室。

国内对第二住宅的定义较为宽泛，多指业主在常住地除了拥有作为首要居所的一套房屋之外，还在不同于其常住地的区位拥有另外一套住宅。这里并没有区分第二住宅的休闲、度假、投资、养老等多重功能。而且，概念界定和操作性定义同样遇到上述分析提到的难题。

二、中国多套住宅的概念界定思路

这里借鉴国际研究和中国实情，根据本书的研究目的旨在研究中国城市家庭的多套住房的形成机制、影响和政策。因此本书不仅仅是研究自住用途的多套住宅，还包括投资用途的多套住宅；不仅包括自有的多套住宅，还包括有长期租赁关系(租期1年及以上)的多套住宅。

Paris(2008)认为以往的研究多从旅游、休闲、地理、规划的视角来研究第二住宅，需要从住房研究(Housing Studies)领域来重新审视第二住宅。根据家庭和住房的使用目的的关系提出了一个分类框架，包括了首要居所、次要居所和投资目的的多套住房。他的分类如下：(1)首要居所(primary residences)，住户一年的大部分时间占有和使用的住所。(2)非商业目的的自住的第二住宅(second homes and multiple residences)，并且分为以下几类。a. 休闲度假用途第二住宅或多套住宅(second home and multiple residences)。该住宅被住户、其他家庭成员或者朋友用于休闲度假用途偶尔居住，典型的是周末或者假日用房。多套住宅则用于说明除了首要居所外，可能会有多个第二住宅，并且这些住宅使用的时间都不长，有可能无法辨认首要居所。b. 工作用途第二住宅(pieds-a terre)。首要居所之外的主要用于上班休息的居所。c. 其他非商业用途的第二住宅(other non-commercial family uses)。如为外地读书的子女使用的住宅，子女和(或)合住者无需支付租金。如果支付租金，则视为投资型住宅。(3)投资型住宅(investment properties)。被个人或住户购买用来获得租金或者资本增值收益，但根本不自住。分为出租性住宅(buy-to-let)，转卖投资型住宅(buy-to-leave)，用来出租的度假公寓(holiday homes)，例如分时度假公寓等。当然这种分类框架比较简单，主要是从理论上分析住户和住宅使用目的和使用状态之间的关系。在具体分析的时候还需注意到住房的用途会发生转换，例如退休老人在退休前居住的住宅为首要居所，同时购买了一个退休养老用的第二住宅。而在正式退休之后，前者则变成了次要住宅，可能对外出租，获得现金流来支持养老，后者则变成了首要居所。另外，有些国家的税法对第一住宅、第二住宅的生产、交易和持有环节有不同的税种，并且税负差异很大，这导致有些住户可能出于避税等目的，并不会明确地说明第二住宅用途。

本书借鉴 Paris(2008)的多套住房分类框架，并结合中国的国情，来界定多套住宅的工具性定义。在中国有很多家庭的主要住宅为租赁，并且另外持有第二住宅。这里定义家庭主要使用的符合住宅建筑标准的为第一住宅，无论是购买还是租赁；除此之外的拥有部分或者全部产权的符合住宅建筑标准的为第二住宅。

相应地度量第二住宅的方法是：家庭作为第二住宅的持有主体，有血缘关系的家庭成员居住在一起，并且家庭以户口本登记的家庭(家庭成员户口在一起)为基础，并结合户主所认定的家庭成员组成的家庭(家庭成员户口不在一起，共同分担家庭收入和支出)为单位；第一住宅和第二住宅符合中国住房建筑标准；第一住宅为主要使用，第二住宅为偶尔使用，无论是投资出租，或是休闲度假用途，还是闲置；第二住宅有部分产权或者全部产权。在西方研究中，狭义的第二住宅仅仅包括非商业目的的第二住宅，通常将投资出租的其他住宅排除在第二住宅之外。而这里之所以还将投资出租型作为第二住宅，是因为我们考虑到转型中国的现实情况和本书旨在分析中国家庭的复杂住房关系，所以采用广义的定义，还有在现实生活里投资目的和其他目的无法完全区分，很多时候取决于业主的某一特定时期的选择。例如某一住户先从单位分配了一套公房，作为主要住宅，而在房改后转变为自有产权，同时从市场购买了一套面积更大的商品房作为自住，前者则对外出租，则前者变成了投资型住宅，后者变成了主要住宅；而在子女长大后，商品房则无偿提供给子女居住，房改公房成为主要住所。在北京调查发现，一些家庭最开始的第一套住宅多是 1949 年后单位分的老房子或者自己父辈盖的房子，后代继承，再根据自己的条件和单位分房情况购买或获得新的住宅。再者，随着经济的不断发展，城市逐渐扩大，劳动力由农村向城市转移，房地产市场由市区向近郊、由近郊向远郊开发。因此，第一套住宅跟第二套住宅相比，通常是第一套住宅位于离市中心较近的区位，第二套住宅位于较远离市中心的地段；第一套住宅面积较小，第二套住宅面积较大；第一套住宅建筑时间较久，第二套住宅建筑时间较短；第一套住宅多为单位分房或自己盖，第二套住宅多为购买所得；第一套住宅设施简单、第二套住宅设施更为完善。因此现在居民大多的首要居所是后买的那一套。这样，随着时间的变化，首要居所也发生了变化。

中国的多套住宅分类根据持有第二住宅的目的分为：投资型、休闲度假型、便利型和安置老人和子女型、市场障碍型以及其他类别。投资型多套住宅为纯粹的转卖或者出租投资目的第二住宅；休闲度假型多套住宅是用于周末休闲或者度假目的；便利型则用于上班和便于子女上学等自住目的；安置老人和子女型是退休养老和安置老人和为子女置业，也叫做安置亲属型。市场障碍型为第二住宅打算卖还没有卖掉，或者因为部分产权不好上市交易等。除此之外为其他。当然这种区分只是某一时点的情况，可能会随着时间推移和户主的偏好发生变化。目前中国政府界定的第二套房为同一家庭(户主、配偶及未成年子女)自有第一套房后再次购买的有完全产权的商品房。与我们这里的定义不同，我们这里还包括了租赁一套另外自有一套的情况。

三、中国城市家庭多套住宅的测度方法

多套住宅的测度方法也存在很大的困难。一种方法是住房调查，将首要居所之外的作为多套住宅，并且区分它是出租、偶尔利用还是空置，例如美国的住房空置调查(HVS)。另一种方法是住户调查，问询住户主要居所外还有多少套住房，并且询问它是出租、偶尔利用还是空置，例如人口普查、家庭跟踪调查。还有一种是邻里调查，询问邻居本

小区有多少住宅是自住；有多少是偶尔居住，还有多少是出租的，还有多少是空置的。采用不同的方法，都可能大致估算多套住宅的规模，尽管他们测量的定义可能会存在一定的差异。

在本书的研究中，将多套住宅定义为家庭当前不居住的自有产权的住房。假定家庭当前居住的就是其日常居所，则称之为首要居所。这一定义的依据是 CGSS 和 CFPS 调查中提出的相关问题，援引如下："您家在别处还有其他产权的住房吗？"对于一些家庭来说，"第二住宅"可能也是第三、甚至第四住宅，它们可能偶尔用于休闲、娱乐目的，或是作为一种投资进行出租，甚至闲置。与西方国家不同的是，中国城市家庭第二住宅的房主可能拥有或租赁其第一住宅，而西方国家第二住宅的房主通常拥有第一住宅，但是可能长期出租或拥有第二住宅。因此，第二住宅的传统定义——房主拥有的其他住宅，不能充分说明中国的现实情况。本文将定义扩大到家庭拥有的其他住宅，无论其第一住宅的产权是租赁或者拥有。

然后根据住宅的使用频率和户主的认知来分为首要居所和第二住宅。主要住宅是户主经常居住(半年以上)，并且认为是自己常住地的住宅。其他的住宅则为第二住宅。

再次，根据户主购买或使用第二住宅的用途分为投资用途的多套住宅，居住用途的多套住宅。投资用途的多套住宅分为转卖投资(买后空置等待适当时机出售)和转租投资(购买后出租收取租金)。居住用途的多套住宅分为上学用途、上班用途、休闲度假用途、安置亲属等。

在中国，一些社会调查数据能够从拥有多套住房的家庭占总体家庭比例来测算多套住房规模。一是根据中国人民大学 CGSS(中国综合社会调查)2005 年数据和北京大学 CFPS(中国家庭跟踪调查)2008 年数据。2005 年 CGSS 和 2008 年 CFPS 调查提出了以下问题："您家现在居住的房子是租赁还是自有？""您家在别处是否还有住房？""您家在其他各处住房共有几套？"根据家庭自有现住房还另外拥有部分产权或者全部产权住房作为自有多套住宅。二是根据 2007 年中国城镇住户调查

(UHS)里面的问题,“您家本处住房的产权类型是什么?”和“请问您家除了本处住房以外还有几套住房?”来计算城市家庭持有第二住宅比例。三是人口普查数据,本来问卷数据设计有住房部分,可以询问同一家庭名下所有住房面积、来源和产权,但是该数据仅仅公布了单个家庭汇总的住房状况,没有对外公布多套住房情况。例如有些研究将人口普查中家庭人均面积大于50平方米以上的作为多套住房家庭。四是根据西南财经大学中国家庭金融调查(CHFS)里面的问题“您家共拥有几套房子?”来测算。此外,中国居民收入调查(CHIP)数据也有多套住房的信息,但有些不对外公布。

然而从住房存量及其利用情况分类来得到多套住房规模则比较困难。中国的第一次房屋普查在1985年实施,其后再没有全国性的房屋普查,仅仅在部分地区和城市于2007年开展了第二次房屋普查。而从1985年以后,中国快速的城市化进程和市场经济发展,导致了农村转变为城镇,改县设市,相应大量的农村自建房屋、城镇自建房屋进入到了房屋存量。而现有的统计数据则是城市的房屋新开工、施工、竣工面积,并不包括上述转入的部分。而且现有的统计数据采取的是开发商直报的方式,这样可能会存在漏报错报情况。而且中国也没有美国那样的住房调查(AHS),因此,很难从住房存量及其分类角度来测度多套住房的规模。

因此本书侧重从多套住房家庭占总体家庭比例角度来测度多套住宅规模,并且从家庭住房用途来区分多套住房的类型。

第四节 中国城市家庭多套住宅的规模测度

一、基于CHIP数据的中国城市家庭多套住宅的规模测度

由中国社会科学院经济研究所及后来的北京师范大学收入分配研究院主持的CHIP数据每年都有一份补充调查问卷是关于住房的信息,但

是数据收集方说是由于是和其他机构联合调查，保密协议的问题是不对外公开的，所以才导致 CHIP 数据在 2007 年、2008 年、2013 年基本没有对外公布住房信息。这里以公布的 2002 年数据进行分析。2002 年，城镇自有多套住宅家庭占总家庭比例为 5.2%，并且东部最高，为 5.5%，中西部较低(见表 2-4)。

表 2-4　**2002 年中国城镇自有多套住宅家庭占城镇总家庭比例(%)**

	城乡		地区城镇		
	城市	乡村	东部	中部	西部
1 套	74.19		70.82	72.65	80.58
2 套	4.93		5.34	4.75	4.64
3 套及以上	0.26		0.16	0.28	0.37
自有 2 套及以上	5.19		5.50	5.03	5.01

资料来源：根据 2002 年 CHIP 数据计算。这里没有农村数据。

二、基于 CFPS 数据的中国城市家庭多套住宅的规模测度

北京大学社会科学调查中心发布的《中国报告 2009 · 民生》摘要根据 2008 年 CFPS 调查，发现从北京、上海、广东三地家庭总体来看，自有多套住宅家庭占总家庭比例为 20.7%，并且广东省最高，为 33.2%，上海其次，为 17.8%，北京最低，为 10.9%。该次试调查仅仅包括了上述三地。

北京大学中国社会科学调查中心实施的中国家庭追踪调查项目 2010 年、2012 年、2014 年样本数据，分别覆盖 14798、13315、13946 个家庭，共覆盖 25 个省/市/自治区，621 个村居。根据该数据测算，从 2010 年至 2014 年，中国城市、农村拥有 2 套及以上住房的家庭比例为 18%和 12%左右，而且东部地区自有多套住房的家庭占比高于中部，后者则比西部高(见表 2-5)。

表 2-5　　**2010—2014 年根据拥有住房套数和地区分的中国家庭比例(%)**

2010 年	城乡		地区		
	城市	乡村	东部	中部	西部
1 套	81.11	91.36	82.98	87.82	90.72
2 套	15.93	11.53	17.05	12.71	8.95
3 套及以上	2.04	1.13	2.08	1.44	0.84
自有多套	17.98	12.66	19.14	14.15	9.79
2012 年	城乡		地区		
	城市	乡村	东部	中部	西部
1 套	83.11	92.32	84.04	89.25	92.50
2 套	14.68	10.54	14.91	12.94	7.95
3 套及以上	2.25	1.00	1.99	1.53	0.90
自有多套	16.93	11.54	16.90	14.46	8.85
2014 年	城乡		地区		
	城市	乡村	东部	中部	西部
1 套	77.57	90.46	79.39	87.25	89.37
2 套	16.13	11.17	15.89	13.37	9.75
3 套及以上	1.74	2.50	2.61	1.87	1.61
自有多套	17.87	13.67	18.50	15.24	11.35

资料来源：根据 CFPS2010 年、2012 年、2014 年数据测算。

三、基于 CHFS 数据的中国城市家庭多套住宅的规模测度

西南财经大学中国家庭金融调查数据表明，2011 年中国城镇家庭的多套住房自有率为 16.1%，2013 年则为 15.8%，2015 年则为 18.2%。而且城镇家庭自有多套住房占比高于农村，东部高于中西部地

区(见表2-6)。央行营业管理部进行的2010年第四季度北京市城镇居民购房状况问卷调查显示，北京市居民完全产权自有住房率为72.4%，多套住房拥有率达到18.3%(中国新闻网，2011)。可见中国城市家庭自有多套住宅的规模不容小觑。由此可见，与20世纪80年代改革初期相比，中国家庭自有多套住宅规模呈增长态势。

表2-6　　**中国拥有不同住房数量的家庭占比(%)**

2011年	城乡		地区		
	城市	乡村	东部	中部	西部
1套	71.66	84.52	72.09	80.25	81.12
2套	13.85	10.27	15.01	11.88	8.05
3套及以上	2.20	0.96	2.46	1.27	0.77
自有多套	16.05	11.23	17.48	13.16	8.82
2013年	城乡		地区		
	城市	乡村	东部	中部	西部
1套	68.99	84.25	70.87	75.92	76.21
2套	13.44	10.89	13.98	11.52	11.50
3套及以上	2.36	0.88	2.41	1.32	1.62
自有多套	15.79	11.76	16.39	12.84	13.12
2015年	城乡		地区		
	城市	乡村	东部	中部	西部
1套	71.59	85.63	73.26	79.20	78.26
2套	15.61	10.20	15.55	11.88	12.71
3套及以上	2.58	1.16	2.66	1.53	1.69
自有多套	18.19	11.36	18.21	13.41	14.40

资料来源：根据西南财经大学CHFS数据2011年、2013年、2015年数据计算。

四、基于 UHS 数据的中国城市家庭多套住宅的规模测度

再根据 2007 年中国城镇住户调查(UHS)里面的问题，“您家本处住房的产权类型是什么?”和“请问您家除了本处住房以外还有几套住房?”来计算城市家庭持有第二住宅比例。

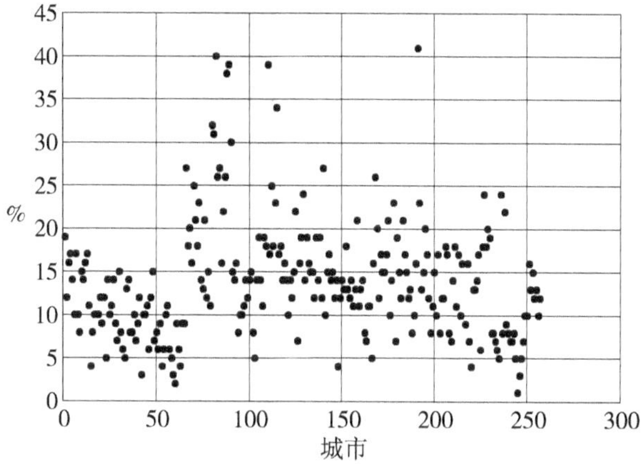

图 2-12　2007 年中国 256 城市自有多套住宅家庭占总家庭比例(%)

全国城市自有多套住宅家庭占比大约为 15%。其中，东莞 41.00%，温州 40.00%，台州 39.00%，舟山 38.00%，龙岩 34.00%，杭州 32%，宁波 31%，丽水 30.00%，上海 27.00%的家庭有多套住宅。

五、基于人口普查数据的中国城市家庭多套住宅的规模测度

中国社会科学院财经战略研究院课题组(2012)根据第六次人口普查数据，假定拥有人均 50 平米以上的家庭为两套以上住房的家庭，则这些家庭占全部城市家庭总数的 16.5%，小城镇达 22%。类似地，冯俊(2014)根据第六次人口普查数据和 2005 年 1%人口抽样调查资料，得出拥有多套住房家庭的比重，从 8.7%提高到 13.7%，但是无法从文中知道它的具体算法。

六、基于中国农业普查数据的中国农村家庭多套住宅的规模测度

此外，中国开展了第二次全国农业普查。这次普查的标准时点为2006年12月31日，时期资料为2006年度。普查对象为我国境内的农村住户、城镇农业生产经营户、农业生产经营单位、村民委员会和乡镇人民政府。普查主要内容包括：农业生产条件、农业生产经营活动、农业土地利用、农村劳动力及就业、农村基础设施、农村社会服务、农村居民生活，以及乡镇、村民委员会和社区环境等方面的情况。按拥有住宅处数分的农村常住住户中，占有2处及以上住宅的家庭占总农村常住住户的比例为6.8%。

对比上述数据，尽管存在着统计方面的差异，可以发现，中国城镇家庭中自有多套家庭占比在2005年前大概在5%~10%，2005—2010年占比大概在10%~18%，2010—2015年大概在13%~18%。这说明中国城镇家庭中自有多套家庭占比较高，总体规模较大，并且呈快速增长趋势，2010年后则相对稳定。中国农村家庭中自有多套家庭占比在2010年前大概在7%~10%，2010年后大概在11%~13%。

七、多套住宅的规模的国际比较

对多套住宅的规模进行国际比较，存在着很多的困难。一是各国的国情不完全相同。根据中国的数据发现，由于中国特有的户籍制度和土地制度，进城务工的农民多在城市租赁住房而在流出地自有住房。而在西方，租赁并且另外自有一套住宅是比较少见的。二是多套住宅的概念界定和操作性度量方法也不完全一致。有些调查问卷的问题比较全面，里面问题包括了家庭的现住宅，是否有其他住宅，其他住宅持有的目的和使用情况。而另外一些调查则是住房调查，侧重于住房的使用情况和持有目的。而且不同国家、甚至不同的调查者采取的问题也不完全相同。

在西方，自有多套住宅的家庭占国家总家庭的比例在不同国家存在

明显的差异。2003 年芬兰大约 1/6 的家庭拥有休闲度假用途的第二住宅，1999 年 7%的加拿大家庭拥有休闲度假用途的第二住宅，丹麦 520 万人拥有 22 万套休闲度假用途的第二住宅(霍尔，佩奇，2007)。① 英国 1996 年持有非投资目的的第二住宅家庭占总家庭比例为 3%，而瑞典 1993 年则为 25%左右(Allen 等，1999)。美国非投资目的第二住宅占总住宅比例大约为 5%(Zhu Xiaodi，et. al，2001)。而在旅游胜地南非，海岸线上的许多城镇和村庄都是作为休闲度假用途的第二住宅使用的直接结果而建立或发展起来的。它受到了国际和国内富人和中产阶级的热捧，但是缺乏可靠的调查数据来估计它的数量(Visser 等，2015)。除了这些非商业自住目的的第二住宅之外，还有很多投资用途的第二住宅，用于转卖和出租投资。例如 2005 年英国住房调查表明持有多套住宅家庭占总家庭比例为 5%。并且在经过了一个快速发展阶段之后，保持相对稳定。本书收集到的英国和美国的多套住房报告，和中国自有多套住宅的定义比较接近，含义为自有现住宅之外是否还有其他住宅(居住型房地产)。2013—2014 年，英国住房调查数据表明大概 8. 74%的家庭自有多套住宅。美国 1995 年的住房调查数据表明，大概 9. 3%的家庭自有多套住宅。美国消费者金融调查数据表明，大概 13. 2%的家庭自有多套住宅(居住型房地产)。从自有多套住宅比例来看，中国高于英国和美国。

第五节　本 章 小 结

本章运用文献综述和历史资料、统计数据分析的方法总结了多套住

① 不同国家的第二住宅统计口径不一样。这里的第二住宅定义是：一个家庭偶尔居住的一处永久性房产，该家庭通常居住在其他地方，而这里主要用于休闲目的。该定义不包括宿营旅行车、船只、租赁的度假别墅以及位于大城市和工业城镇的房产。和本文的第二住宅定义有所不同。芬兰、加拿大等国多为乡村休闲度假第二住宅。

宅的发展历程，概念界定和测度方法，以及各国多套住宅规模的比较。总结主要结论如下：

(1)多套住宅古已有之，不管是在外国还是中国，主要是作为休闲度假用途的乡村别墅，和作为工作用途的临时性或季节性居所。休闲度假用途的第二住宅，主要是达官显贵拥有；工作用途的第二住宅则是临时性或季节性农业生产活动所需，例如种植、放牧劳动。在古代，第二住宅规模较小，产生的社会经济影响较小。

(2)20世纪中期以来，自住用途的第二住宅开始在发达国家的中产阶级中普及。与古代相比，自住用途的第二住宅规模较大，在特定国家和地区产生的社会经济影响较大，引起了广泛关注。投资用途的第二住宅则随着经济的发展和房价的上涨出现了快速增长。

(3)中华人民共和国成立后建立了住房生产和消费的公有制，第二住宅消失。而1978年以来的住房制度改革和建立市场经济使第二住宅重返历史舞台。

(4)国内外第二住宅的界定都存在一些现实难题，例如住宅的标准，住房产权，住房之间的关系，产权人及家庭的界定等。研究者多根据研究目的和数据可得性来界定。

(5)借鉴了Paris(2008)的多套住宅分类思路，将住宅分为：首要居所，自住用途的第二住宅，投资用途的第二住宅。自住用途的第二住宅可以分为休闲度假、工作便利、安置老人和子女，投资用途的第二住宅可以分为转卖、出租用途。除此之外的用途作为其他。

(6)相应地分析中国家庭的第二住宅，要求符合住宅的标准，第二住宅有全部或者部分产权，主要居住的住宅作为首要居所，其他为第二住宅，以第二住宅所有者作为产权人，其家庭成员按照共享收入和共担支出等方法来认定，而不完全是共居一室。鉴于中国的国情，将主要居住的住宅作为首要居所，无论自有还是租赁，仅将拥有完全或者部分产权的住宅作为第二住宅。

(7)根据中国几大调查数据按照自有多套住宅的家庭占总体家庭比例测算了第二住宅的规模，发现它呈快速增长趋势，并且高于世界上很多国家。

第三章　制度转型、市场发展与多套住宅的形成机制

第一节　多套住宅形成机制基础理论及其发展

多套住宅的形成机制是指在特定的制度环境下，家庭(住户)作为多套住宅的消费者和投资者在何种内在动因下意愿持有第二住宅，并且受到了哪些因素的影响。本部分将利用新制度经济学、消费者行为理论、投资组合理论等交叉学科知识构建多套住宅形成机制的理论分析框架，并尝试提出中国城市家庭持有多套住宅的动因和影响因素假说。

多套住房既是住房消费行为，也是住房投资行为。因此在多套住房的研究方面，一是以消费者行为理论为基础，并与住房的独特性相结合；二是以投资组合理论为基础，分析投资者的行为，评价多套住房投资的风险和收益。

住房消费作为人类行为的一个方面，不仅是经济行为，还是社会行为和心理过程。很多学科都对住房消费进行了研究，例如经济学、社会学、人口学、心理学和行为科学等。关于消费的经济学研究由来已久。消费者行为学则是在 20 世纪初随着市场营销学的兴起而形成的，它把消费者当作生活在社会关系中的真实的人来研究。在 20 世纪 80 年代以前，消费者行为的研究基本上是经济学和心理学为主导。经济学是从理性主义的假定出发来把握消费的主观选择过程。它认为消费者是理性主

体(经济人)追求效用最大化原则，而忽略了非理性因素和感性消费。消费心理学则研究了消费心理过程。20世纪80年代以来，消费者行为理论开始吸收了除经济学之外的其他人文和社会科学的思想和方法，例如社会学、人类学等，并得到了快速的发展。从经济学视角来解释消费者行为的理论流派主要有新古典经济学的消费者选择理论、与心理学交叉的行为经济学理论、新制度经济学的选择理论。从社会学视角来分析消费者行为的理论主要有社会分层与消费分化理论，人口学主要有生命周期(历程)的消费理论。具体的评述请参考易成栋(2012)，这里不再详述。

自有一套或多套住房的行为也是住房投资行为。第二住宅是在自有首要居所的基础上产生的。人们为什么会自有首要居所或唯一住宅？对于第一或唯一住宅的租买选择，国际上研究可以分为两大流派：一是经济学流派，主要是从经济学角度研究持久收入、暂时收入、财富、贷款可得性、房价等因素对住房租买选择的影响(如 Arnott，1987)，认为收入和财产、房价等因素是最重要的因素(Henderson and Ioannides，1987)；二是社会人口学流派，从社会学和人口学角度研究家庭生命周期对住房租买选择的影响，例如种族、年龄、婚姻、家庭规模、家庭结构等，以及生命历程重大事件是重要的影响因素(Clark and Dieleman，1996)。然而家庭的住房租买选择是复杂的，很多居民不仅持有首要居所，还可能持有多套住宅。住房投资需求则受预期投资收益、住房使用成本等因素的影响(Mayer 等，2005；Cao 等，2018)。为此，很多学者从不同的理论视角对此展开了探讨，一是将第二住宅作为消费需求，二是将它作为投资需求，此外还分析制度障碍或市场阻碍造成的被迫持有多套住宅。

一、人口的时空间移动与多套住房消费需求理论及其发展

首先，人口的时空间移动和多套住房消费需求理论认为在时空间压缩的背景下，人口的跨时空流动性增强，并产生了第二住宅的消费

需求。

自住用途的第二住宅主要是休闲度假型第二住宅。很多学者从不同角度解释持有休闲度假型住宅的动因和影响因素。一是效用补偿假设((Davies and O'Farrell，1981；Tress，2002)，二是逃离假设，认为持有第二住宅的主要目的是为了休闲度假以及逃离首要居所所在地的生活环境和工作压力。类似的还有 Richard(2007)的研究。他认为第二住宅是由其本身的区位和买主的偏好共同决定的，买主的动机主要是改变生活方式、度假和投资。第二住宅的价值远比它的价格来得重要，主要价值驱动点不是价格，而是它的安全性、隐私性、优质的环境、一定的排他性还有其服务设施，而第二住宅的区域通常拥有山脉、海洋、高尔夫球场或者湖泊，当然文化也是吸引物之一。Chaplin(1999)认为，出于逃离都市，部分英国人在法国乡村购置第二住宅，通过短暂的逃离，他们实现了度假与都市生活之间的平衡。Williams 和 Hall (2002)认为，工业革命和城市经济的繁荣导致了居民可支配收入的增加，也给予了居民更多的可自由支配时间，这促进了旅游业的发展和多套住房的产生。

其次，家庭流动性增强导致的不同家庭成员分别住在不同的居住地假设(Kaltenborn，1998)。它认为持有多套住宅的影响因素有家庭社会经济特征(例如年龄、收入、家庭规模和家庭结构、家庭生命周期)、住房市场情况(例如房价)、宏观经济政策(例如金融、税收、规划、房地产政策)等。

再次，首要居所和第二住宅相互联系，地方效用互补。在第一居所和第二住宅的关系问题上，主要有两种相对的观点。第一种观点认为二者是相互独立的。Ball 等认为第二住宅市场的运作是独立于首要居所市场的(Ball，2005)，Paris 也认为第二住宅是一个相对独立的实体，主要是因为大部分关于第二住宅的著作都是从休闲、旅游、乡村和文化方面进行阐述和研究的，而从房产的角度进行研究很少(Paris，2008)。另一种观点认为二者相互联系，互为补充。首要住宅和第二住宅既有区别又有联系。Julian(1965)借鉴经济学中“效用”一词提出了“地方效用”

(place utility)的概念，认为地方效用是指在某个区位上的个体效用整合后的净效应组合。Brown & Moore (1970)将地方效用因子归纳为可达性(accessibility)、邻里的物理特征(physical characteristics of neighborhood)、服务设施(services and facilities)、社会环境(social environment)、区位和居住特征(individual site dwelling characteristics)几部分，这其实和房地产经济学的经典模型hpm(Hedonic Price Model)指出住房的效用来自于房屋的物理特征、区位特征和邻里特征是一致的。首要居所和第二住宅有不同的地方效用，在预算的约束下，为了得到最大的地方效用，才造成了同时持有首要居所和第二住宅并且效用互补的局面。Manrique 和 Ojah (2003)则认为第一居所和第二住宅的需求是相互联系的，并且都是必需品，并且建议应该建立需求关系模型。同样地，Lopez Colas(2007) 等强调第二住宅是家庭投资战略的一种自然衍生，是伴随着首要居所的购买后产生的。

人口在地理上的位置变更，或称人口移动。按照时间来分，有以天为单位的日常移动，以周、月(一天以上)为单位的休闲移动和度假旅行，以半年以上为单位的人口迁移。通勤移动指往返于工作场所和居住地点的人口流动，外出时间一般不超过一昼夜，又称每日流动。如农民白天到田里耕作，夜间回到村庄；渔民到海上捕鱼一天或几天，再回到渔港等。还有居住在郊区的居民每天到市区里的工作地点上班。纽约、芝加哥、伦敦、巴黎、墨西哥城等一些大都市也都有这种现象。与此相反，另一种往返流动是工作者居住在市区，每天到位于郊区的工作场所去上班。例如上海市在其卫星城兴建或迁去一些工厂，使得居住在市区的工作人员每天去郊区上班。除此之外，还有以一天为单位的购物、休闲、娱乐、上学、就医、探亲访友、商务访问等。季节性移动是定期外出旅行后在新地点居住一定的时间后返回居住地。例如中国一些地区农民农闲时到城市做临时工，农忙季节返回乡村务农。又如山区牧民在夏季把畜群放牧到高山草地，冬季带着畜群回山谷里越冬。大学生外出读书，旅游者外出旅游，都可看作人口季节性移动。不定期流动，如旅游等。世界旅游组织和联合国统计委员会推荐的技术性的统计定义：旅游指为了休闲、商务或其他目的离开他(她)们的惯常环境，到某些地方并停留在那里，但连续不超过一年的活动。旅游目的包括六大类：休闲、娱乐、度假；探亲访友；商务、专业访问；健康医疗；宗教/朝拜；其他。随着经济收入和业余时间的增加，人们为购物、娱乐、休闲度假而外出旅行的距离和次数正在日益增加，出游的时间可能在几天、几个月或者半年以上。人口迁移是指人口的常住地发生了永久性改变，离开现居住地半年以上并在新常住地定居。

很显然，流动的空间范围和时间、交通速度有密切关系。通常来看，交通速度越快(例如飞机的速度超过了火车)，旅行时间越长，流动的距离越远。由于现在的快速交通技术，人们能够流动到更远的范围，同时由于现代的互联网技术，在远距离的地方还能和出发地的亲戚、朋友保持密切联系。二者的技术进步带来了时空压缩，更加剧了人们的流动。那些能进行空间流动的人，通常在体力、心理、经济上更有能力，从而能进行长距离的交通和住房消费。

从人口的空间流动视角来看，第二住宅有以下类型。第一是逗留时间以天为单位的日常流动，在一些小镇，农场主们住在城镇，同时在农场有工作和休息用的棚屋；在一些特大城市，出现了郊区拥有住宅和城里同时拥有住宅的情况。这有两种情况，一是接近城里的优势资源，例如便利上学、上班、就医等；二是郊区的住宅用作休闲。第二是以周为单位的空间流动，包括居住在本国本地或者异地的休闲度假第二住宅。第三是以月为单位的空间流动，包括到本国或者异国度假居住，或者退休后定居的第二住宅；第四是以年为单位的空间流动，包括到异国旅居，或者长时间的度假等。

人口的空间流动会遵循一些法则(Hall，2005)，而它也会影响到第二住宅的需求(见图 3-1)。一是地理学的第一法则，近距离的事物比远距离的事物更容易发生关系。这表现在很多居住在大城市的人都在城市的郊区拥有休闲用途的第二住宅。二是空间流动行为和距离有关，需要克服物理上的距离、时间上的距离、心理上的距离、成本上的经济距离，以及社会距离。这表现在很多人在购买第二住宅的时候，会考虑物理上的距离，例如公路、铁路和飞机可达的地区。还会考虑时间上的距离，例如近距离的第二住宅，开车当天可达。远距离的第二住宅，坐飞机当天可达。还会考虑心理上的距离，例如第二住宅能带来心理上的安全感。还会考虑社会距离。例如第二住宅的邻居是相同或者接近的社会群体。三是通常采取克服距离的摩擦力最小原则。在现代社会，能够自驾到达的第二住宅成为很多人的选择。而在更远的距离的第二住宅，通常是采取飞机、高速铁路到达的模式。四是不同的目的地的可接近性是不同的。这表现在有些目的地的第二住宅接近性更好，更接近一些休闲度假的优势资源和公共服务。五是规模经济法则。人类行为趋向于集体行动来利用某些规模经济和集聚经济。这表现在某些第二住宅为某些人群共同购买，例如同事、亲戚、朋友等。六是人类行为的空间和非空间方面会出现等级有序的格局。这表现在作为热点的休闲度假第二住宅地区呈现出等级格局。例如很多人休闲度假第二住宅首选三亚，然后是琼海等。七是人类的活动会出现多节点的格局，需要同时考虑最小化距离、可接近性、规模经济和等级。

第二住宅还和人的生命周期或者生命历程有关。也就是它和人的教育、医疗、就业和退休、休闲度假需求密切相关。年轻人更可能出现和教育、就业相关的第二住宅，而老年人更可能有医疗方面的需求和选择退休后的第二住宅。

对于中国快速增长的第二住宅，中国部分学者对影响第二住宅的因素进行过探讨，并认为主要的影响因素包括了以下这些方面：一是改革开放和经济发展让部分人先富起来，高收入阶层为多套住房的产生和发展提供了客观经济基础。中国的住房制度改革使住房商品化，部分富人可以通过市场购买第二住宅。二是社会阶级的分化为第二住宅发展提供了土壤。三是带薪假日的日渐增多为第二住宅的发展提供了必要性。四是城乡在地域性质上差别的缩小，为第二住宅发展扫清了障碍(冯健，

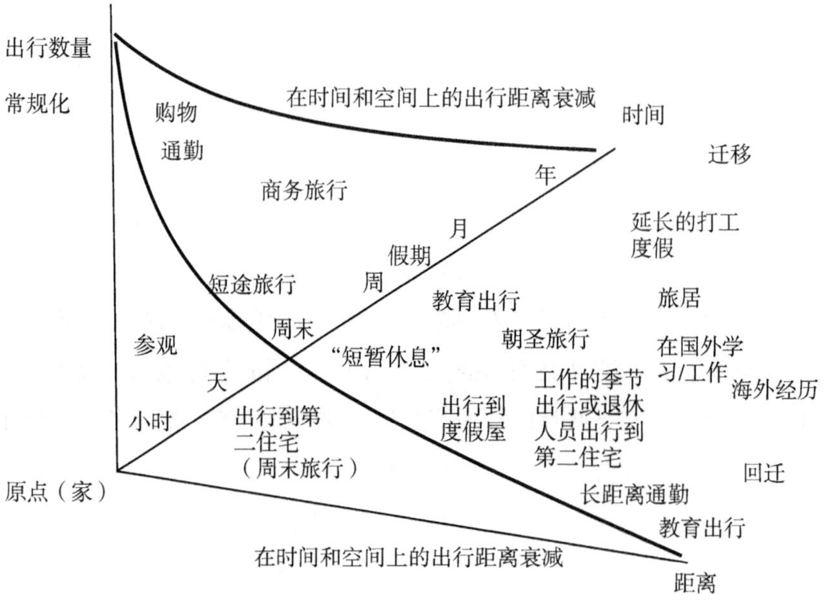

图 3-1　人口的时空间移动

资料来源：（Hall，2005）著作和 PPT。

刘之浩，2000；杨继瑞，2001）。另外，城乡交通条件的改善和便利，储蓄存款率的低度化和存款实名制的实施，工作岗位的流动，改善人际关系的需求也是第二住宅发展的影响因素（杨继瑞，2001；冯健，刘之浩，2000）。薛帅运用消费者行为学理论，探讨海南省、山西省两地第二住宅消费者购买行为的影响因素、特点，并结合“刺激—反应”概念，提出第二住宅消费者购买行为模式（薛帅，2010）。

二、多套住房投资需求的基础理论及其发展

另一个重要视角是将多套住宅视为家庭投资组合的一部分，并从家庭投资组合的风险和收益角度分析它的成因和影响因素。对于多套住房投资的研究很少。持有的原因是投资假设（Coppock，1973），通过房地产投资和投机持有多套住房来获取收益。即使是非盈利目的的自用的第二

住宅，也是不错的投资选择(Marianna & Costanza，2015)。

从Henderson(1983)的论文开始探讨了业主自有自用住房中包含了自主消费和投资两部分开始，Arrondel & Lefebvre (2001)建立模型区分了买房自住消费和买房出租投资的区别，很多作者深入探讨了唯一的自住用途的住房投资，并且是将它作为家庭最优资产组合中的单一资产及其对资产组合的风险和收益影响的框架下研究(e. g. Flavin and Yamashita，2002；Cocco，2004；Sinai & Souleles，2005；Chetty & Szeidl，2012；Flavin，2012)。

这里引用Flavin(2012)的文章说明住房投资对家庭资产组合的影响。由于自用住房本身具有提供住房服务的物理商品和投资组合组成成分的双重属性，家庭投资住房的选择呈现出复杂性。对于大多数住房拥有者来说，住房不仅占据着月支出中最大的份额，而且是投资组合中最重要的资产。假设一个家庭可以进入房屋租赁市场，原则上，它可以自由地选择它意愿的住房服务消费水平以及它所意愿的投资性房产持有数量。举例来说，一个家庭可以租入一个2500平方英尺一户居室留作自用，同时租出一个1000平方英尺的公寓住房。但是，引入租赁市场的目的是将消费性需求(住房服务的消费量)和投资性需求(住房作为资产的持有量)区分开来，这需要家庭在两边的住房上扮演业主和租户的双重身份(一边是业主租出住房，一边为租户租入住房)。可以想象的是，大多数住房拥有者为了避免这一复杂的双重身份，而选择持有一套住房，同时这也决定了家庭的住房服务消费量在投资组合中住房的数量。在住房消费方面，消费者行为受到了预算约束(收入)、价格(租金、房价)及预期、家庭偏好、按揭利息、抵押担保标准等因素的影响(Flavin，2012)。在住房投资方面，住房投资者受到了投资成本、风险和收益、风险偏好，以及与投资组合中其他投资的相关性的影响(Flavin，2012)。

第一，分析自有住房投资的回报和风险。因为自用住房是一种投资，或者说是资产，它的投资风险与回报可以近似地看作金融资产的风险与报酬，如股票、债券。股票持有期间的报酬包括两部分，资本利得和分红派息。类似地，自用住房的资本报酬率可如下表示：

$$R_H = \frac{P_{t+1} - P_t + \mathrm{NRV}_t}{P_t}$$

这里 P_t 和 P_{t+1} 分别是住房的期初价格和期末价格，NRV_t 指的是在这段时间间隔内的净租金。拥有自用住房的资产收益便是这段时期住房提供的居住服务。在某种程度上，业主对住房担负着一定的维护费用，剔除了这些维护成本的净租金才是他们在租赁市场上的要价（例如估算租金）。

在明晰了住房投资的资本报酬率的概念之后，预期的回报和变动也相应地与金融资产风险与回报的特征联系起来。表 3-1 显示了美国从 1968 年到 1992 年的短期国债（国库券）、长期国债（债券）、标准普尔 500 指数（股票）、30 年固定利率抵押贷款和自有住房投资收益的平均值和标准差。所有的收益都是税后的年度值，且消除了通货膨胀的影响。

表 3-1　**国库券、债券、股票、抵押贷款和住房投资的收益均值和标准差**

	国库券	债券	股票	抵押贷款	住房
平均收益	−0.0038	0.0060	0.0824	0.0000	0.0659
收益标准差	0.0435	0.0840	0.2415	0.0336	0.1424

来源：Flavin M & Ymashita T（2002）Owner-occupied housing and competition of the household portfolio. American Economic Review，1：345-362.

在消除了通货膨胀的影响之后，股票有着最高的税后收益，为 8.24%；而长期国债的税后收益接近于零；短期国债的收益是轻微的负值。在美国家庭购房的抵押贷款利息可以抵扣个人所得税，而在 1968 年到 1992 年，美国经济的显著特点是高通胀率，这样，长期固定利率的抵押贷款的持有者最终的投资回报为零的利息率（税后和扣除了通货膨胀的影响）。而自有住房投资报酬率为 6.6%，与股票的报酬率相当，略低一点。但是住房投资报酬率的标准差，即收益的波动程度，为14.24%，比股票报酬率的标准差(24.15%)小很多。

第二，从家庭投资组合角度来分析住房投资和其他资产的关联度。当建立起一个投资组合时，家庭考虑的是投资组合整体的预期平均报酬和平均风险。一项单独投资的风险由它的收益上的风险决定，相似地，整个投资组合的风险是由每一个增加的投资项目的风险共同决定的。因为家庭最终考虑的是整个投资组合的平均报酬和风险，理想的投资组合中是否应该含有风险性强的投资，例如房产，取决于该资产对整个投资组合的多样性的贡献程度。举例来说，我们设想现在有两个风险投资，它们的报酬的平均值一样，标准差也一样，资产A与组合里的其他投资的报酬率正相关(即资产A的报酬率增加超过了平均值，其他投资的报酬率也会增加超过平均值)，而资产B与组合里的其他投资的报酬率负相关(即资产B的报酬率增加超过了平均值，其他投资的报酬率会下降低于平均值，反之亦然)。尽管这两者的平均报酬和报酬的变动程度一样，我们选择了与其他投资报酬率负相关的资产B来增加投资组合的多样性。一旦投资组合的多样性增强，家庭投资组合的风险将会降低。所以，在分析住房投资在投资组合中的比重的时候，需要分析它与投资组合里的其他资产的投资报酬率是正相关(资产A)还是负相关(资产B)十分重要。

表3-2说明了不同资产之间的相关系数。国库券、债券和抵押贷款都是债务合同，合约的到期日因发行人的不同而不同。这三种资产的报酬率是正相关的，相关系数从0.68到0.84不等。股票的资本报酬率与国库券、债券、抵押贷款的报酬率也是正相关的，但是关联的程度比较小，从与抵押贷款的0.47到与国库券的0.02。这些资产的报酬率与住房投资报酬率都是负相关的，除了抵押贷款、股票与住房投资报酬无关。这表明住房投资报酬率与其他资产的报酬率的相关系数为接近于零的负值或是零，可以说住房投资报酬与其他资产的报酬不相关。也正因此，它可以增加投资组合的多样性。在排除了通货膨胀后的税后住房投

资年报酬率是 6.6%，几乎与股票相当。而且，住房投资有效地实现了投资组合的多样性，减小了家庭投资组合的风险程度。基于以上两点原因，拥有一套住房而不是租房是一个优良的投资选择。

表 3-2　**国库券、债券、股票、抵押贷款和住房投资的关联度**

	国库券	债券	股票	抵押贷款	住房
国库券	1				
债券	0.069	1			
股票	0.02	0.20	1		
抵押贷款	0.84	0.68	0.47	1	
住房	-0.03	-0.01	0.00	0.00	1

来源：Flavin M and Yamashita T (2002) Owner-occupied housing and the composition of the household portfolio. American Economic Review, 1：345-362.

第三，住房投资作为一项资产与其他金融资产相比有几个缺点。(1)资产流动性差。金融资产的流动性极高，可以快速入手或出手，而出售住房的交易时间很长，并且有复杂的过户手续。(2)交易过程中发生的交易费用较高。金融资产的交易费用较低，在整个资产的价值中仅占很小一部分比例。与之相比，清算房产投资会导致大额的交易费用，同时，伴随着搬迁会发生较高的时间成本和人力成本。(3)住房投资有较高的资本门槛。住房投资不能像其他金融资产投资那样可以划分交易。股票投资可以选择交易一手或者是一千手，而住房投资的选择没有那么灵活，只能是购买或者是不购买(投资额为零)。(4)住房投资必须考虑消费和投资的双重属性。其他金融资产的理想投资策略是在投资的数量上权衡，与此相对，住房有着消费品和投资品的双重属性，家庭必须在租房(不投资房产)和买房(在房产上投资极大的资金)中做出选择。对于有房贷的业主来说，他们的抵押房产净值可能低于住房的整体价值。但是，他们仍然承担着房价变动的风险，毕竟投资的大小程度不是由抵押房产净值，而是由房价决定的。一旦一个家庭决定了他们意愿的住房服务消费水平(他们所愿意消费的住房服务的数量)，他们随后便面临着购房还是租房的选择。

第四，大多数家庭会为住房投资自付首付，然后通过抵押贷款借入资金来购房。考虑到这种融资模式，家庭的净财富或者说是抵押资产净值会比较适度。但是，这里的分析不打算考虑净值(抵押资产净值)，而将房产的总投资额和抵押贷款借入资金的数额区分开来。家庭也可以投资国库券、债券和股票。大多数家庭不会以保证金的形式买入股票再快速转手获取杠杆收益，我们假设家庭只能以非负的报酬率持有国库券、债券和股票。更进一步，我们假设家庭只能通过抵押贷款的方式筹集购房的资金，而且贷款额不超过初始房价的100%。

第五，家庭的投资组合和家庭的生命周期有关。表3-3显示了1989年美国家庭的现金持有量(包括银行存款和短期债券如国库券)、债券、股票、住房投资、抵押贷款占家庭财富净值的平均比率。因为抵押贷款是一项债务而不是资产，它的百分比是负数。表中的每一项资产都是净财富的组成成分(抵押贷款被表示成了负值)，所以每一行的数值相加便是净财富总数额。表3-3还显示了户主不同年龄段的家庭特定资产价值占净财富比例的变化。年轻一代的户主(18~30岁)，住房投资占净财富的比率为350%，抵押贷款占净财富的比例为280%，其他净财富大约是19%的银行存款(支票账户、储蓄账户和信用违约互换)，7%的短期国债和6%的股票。总体来说，家庭的净财富随着年龄的增长而增加。因为住房服务消费量在人生的阶段相对稳定，家庭财富的增长说明住房在其中的作用比率日渐减小。户主为51~60岁年龄段的家庭净财富等于住房的价值。这时期一个特定的家庭如果打算还清抵押贷款，那么他的其他金融资产的持有量也近乎于零，包括现金。而更为普遍的是，典型的家庭会选择持有一定数量的金融资产而将抵押贷款额维持在占比为30%左右。户主为61~71岁的年龄段的家庭，住房占净财富的比率和抵押贷款的占比继续下降。

表 3-3　　**1989 年美国家庭特定资产占家庭财富净值的平均比率**

户主年龄段	现金	债券	股票	住房	抵押贷款
18~30	0. 193	0. 072	0. 056	3. 511	−2. 833
31~40	0. 169	0. 067	0. 068	2. 366	−1. 671
41~50	0. 148	0. 060	0. 085	1. 588	−0. 882
51~60	0. 200	0. 058	0. 092	0. 969	−0. 319
61~70	0. 254	0. 048	0. 113	0. 757	−0. 171
71+	0. 264	0. 029	0. 098	0. 648	−0. 038

来源：Flavin M and Yamashita T（2002）Owner-occupied housing and the composition of the household portfolio. American Economic Review 1：345-362.

第六，家庭的投资组合和风险偏好有关。所有的家庭被假设成是风险厌恶的，对于给定的报酬，他们会趋向于减小投资组合的风险。但是不同的家庭有不同的风险厌恶程度，由系数 A 的大小反映出来。一个家庭的风险厌恶程度相对较高(比如 $A=10$)，那么它对投资组合的风险较一个低风险厌恶程度的家庭(比如 $A=1$)更为灵敏。根据不同的风险厌恶程度，家庭会根据投资回报率和风险选择不同的投资组合：风险规避型的家庭会选择具有稳定的投资报酬率和低风险的投资组合，而风险宽容型的家庭会选择有更高预期投资报酬率和高风险的投资组合。

在自有自用住房投资加入了投资组合后，而且假设家庭持有的住房投资数量由家庭需求的住房服务消费水平决定。在任何给定的时刻，假定住房的价值和家庭的净财富是固定不变的，它们之间比率也是固定的。则家庭理想的投资组合决定于住房价值的约束(住房价值占家庭净财富的比值)和风险厌恶程度。

表 3-4 显示了在不同住房约束下和风险厌恶程度下的家庭的理想投资组合。在这张表格中，国库券、债券和股票的持有份额以它们各自占净财富的总额的比例表示，而抵押贷款的持有份额以其占住房价值的比例表示(如−1 表示抵押贷款等于住房价值的 100%)。

表 3-4 **不同住房约束和风险厌恶程度下的家庭的理想投资组合**

住房价值净财富比率	组合中的资产	风险预防程度		
		低	中	高
0	国库券	0	0.47	0.83
	债券	0	0.15	0
	股票	1	0.38	0.17
3.51	国库券	0	0	0
	债券	0	0.60	0.81
	股票	1	0.40	0.19
	抵押贷款	-1	-1	-1
2.37	国库券	0	0	0
	债券	0	0.61	0.79
	股票	1	0.39	0.30
	抵押贷款	-1	-1	-0.93
1.59	国库券	0	0	0
	债券	0	0.61	0.70
	股票	1	0.39	0.30
	抵押贷款	-1	-1	-0.72
0.97	国库券	0	0	0
	债券	0	0.52	0.51
	股票	1	0.48	0.49
	抵押贷款	-1	-0.76	-0.28
0.76	国库券	0	0	0
	债券	0	0.47	0.38
	股票	1	0.53	0.62
	抵押贷款	-1	-0.61	0
0.65	国库券	0	0	0.38
	债券	0	0.44	0.20
	股票	1	0.56	0.42
	抵押贷款	-1	-0.47	0

第一行显示了当住房投资占家庭净财富比率为零的情形，即无房者。极其风险宽容型(低)的家庭会选择持有具有极高的预期报酬率和高风险的投资组合，将资金100%投入到股票。而风险厌恶程度高的无房者则将83%的资金投资于国库券，17%的资金投资于股票。

以最后一行，住房价值占净财富比率为0.65的户主70岁以上的老年家庭为例，极其风险宽容型(低)的家庭会选择持有具有极高的预期报酬率和高风险的投资组合：借入100%的资金来购买住房同时将他们的净财富全部投入股票。通过维持100%的抵押贷款，这些风险宽容型的家庭利用贷款进行投机，只持有两个投资报酬率最高的资产，即住房和股票。而风险厌恶程度高的家庭则是抵押贷款为0，同时将净财富的38%投资于国库券，20%投资于债券，42%投资于股票。

表中住房价值占净财富比例为1以上的家庭为年轻家庭。风险厌恶程度为中和高的年轻家庭，拥有较高的住房价值占净财富比率，同样也会通过创造一个100%的抵押贷款来获得资金，并将其分配给股票和债券投资，风险厌恶程度越高，股票的占比越低。随着户主的年龄增大，住房价值占净财富比率降低，随着房产抵押贷款的本金额减少，理想的投资组合中利用贷款进行投资的成分减少。极其风险厌恶型(高)的家庭较风险中性型的家庭更早还清贷款，因为这减少了利用贷款进行投资的杠杆风险和投资组合的风险。对于一个既定的住房价值净财富比率，风险厌恶程度更高的家庭会选择持有较少的股票和较多的国库券和债券来降低风险。

上述分析仅考虑了自有自用住房投资在家庭资产组合中的作用，没有考虑出租或转售目的的住房投资。Kraft (2011)建立模型说明了生命周期中收入的变化带来的住房消费和住房投资(唯一自住住房投资和住房用于出租)的变化。在生命周期中，易耗消费品的消费不断上升，住房消费(按照价格计算)不断上升；住房消费数量也是增加的态势。在图3-2中，住房消费成稳步增长态势。在青年时期，家庭更愿意租赁住房，然而在退休前10年住房投资超过了理想的住房消费。这是通过购买更大的住房单元，并且出租部分住房；或者购买理想的住房单元消费，同时投资和房价相关的金融产品实现的。退休之后，住房投资会逐渐下降，并偏好租赁住房。

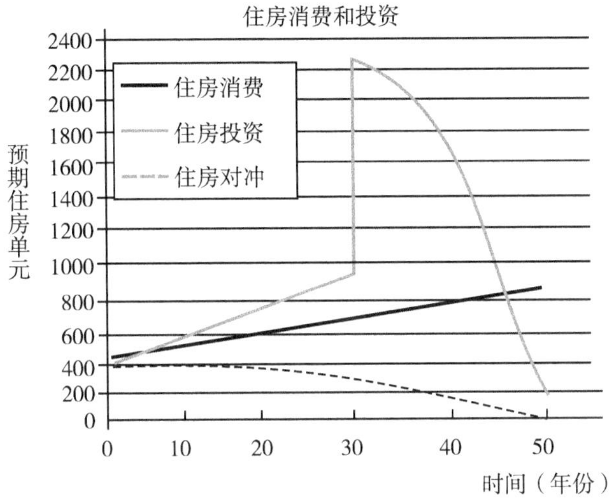

图 3-2　生命周期中的住房消费和投资

除了生命历程、收入外，房价(e. g. André，2010；Gattini and Ganoulis，2012)和金融知识(Calcagno and Urzì Brancati，2014)对多套住房的投资有影响。随着证券市场的不景气和房价的快速上升，很多人进入了房地产投资市场。一些人购买多套住房作为转卖或者出租。多套住房投资者的收益同样来自于房价的上升和净租金收益。Haughwout 等(2014)区分了投资者和自住房购买者在 2007 年次贷危机中的角色，前者对于住房繁荣衰退周期更加敏感，并且隐瞒了个人住房状态信息以获得更好的住房贷款，在繁荣期更加激进。Chinco 和 Mayer (2016)发现本地的第二住宅所有者和外来的投资者的差别，后者作为未知的投机者，推高了房价。Bayer 等(2015)则将住房投资者分为中间人和投机者，前者购买低于市场价的经过装修的住房然后在市场上迅速转卖，后者则购买住房等待时机到房价上涨之后再销售。投资者的盈利和它的持有成本密切相关，也和房价密切相关。贷款利率将会影响他的持有成本。此外还需要考虑住房的交易成本。由于转卖投机者自己不居住该住房，因此他的持有成本将高于那些将自住房出售的投资者，并且更急于出手。然而那些换工作将搬到新城市、离婚需要重新安置的自有住房业主持有成本更高，将以更低的价格更快出售。后者的投机行为和房地产泡沫有因果关系。

以前的研究多关注了旅游资源丰富的旅游目的地的多套住房投资行为，最新的研究则关注了高福祉的超级明星城市的多套住房投资行为，例如巴黎(Cvijanovic and Spaenjers，2015)，伦敦(Badarinza and Ramadorai，2015)，纽约(Suher，2016)等。仅有很少的研究分析了中国的多套住房投资，例如Coulson(2013)研究了影响中国家庭多套住房投资的制度因素、个人因素，拥有更多资源的家庭更可能有多套房地产，更可能地理上分散的投资。

三、其他成因的多套住房需求的基础理论及其发展

除了由于人口时空间移动造成的多套住房消费需求，以及投资动机的多套住房需求以外，还有其他原因造成的多套住房。一是制度性障碍。例如中国的住房制度改革造成的部分业主持有的住宅为部分产权和限制交易，被迫持有。二是市场性阻碍。市场上一时不能出售而被迫持有。住房市场交易成本高和交易时间长等因素造成了持有多套住宅(Weaton，2002)。在住房市场上，自有住房的家庭对现有住房不满意，将在市场寻求新的住房。如果在市场上搜寻和购买到合适的新住房，他们将需要完成新住房的购买、抵押贷款、缴纳税费、装修、搬迁入住等过程。与此同时，他们会在搬家后将现有住房出售，买家同样需要完成住房的购买、抵押贷款、缴纳税费、装修、搬迁入住等过程。这就可能出现，卖家已经搬入新房，但是旧住房还在市场上出售等待成交，不得不同时拥有两套住房。

第二节　中国城市家庭多套住宅形成机制理论研究

一、制度背景：中国从计划经济向市场经济的转型

从1949年中华人民共和国成立到1978年，经过三大改造之后，我国实行高度集中的计划经济。在城镇将很多私房收归公有，城镇住房建设由国家统一安排，以国家和国有企业投入为主，并无偿或低租金租给职工使用，并实行与职位、工龄等相联系的实物福利分配制度。同时由于计划经济强调"先生产后生活"，住房建设和维修均由国家负担。这一阶段不承认住宅是商品，不存在住房和土地市场。住房作为福利分配，居民住房取决于政府投资决策，个人无意愿购买，消费比重偏低。同时还存在很多问题，例如国家财政负担沉重，土地等资源配置效率低下，并且住宅投入严重不足，造成了住房短缺，住房分配不公平等。

从1978年开始改革城镇住房制度，开始恢复住宅的商品属性和部分产权。1980年邓小平同志就我国住房制度改革问题做出指示说："关于住宅问题，要考虑城市建筑住宅、分配房屋的一系列政策。城镇居民个人可以购买房屋，也可以自己盖。不但新房子可以出售，老房子也可以出售。可以一次付款，也可以分期付款，十年、十五年付清。住宅出售后，房租恐怕要调整。要联系房价调整房租，使人考虑买房合算。因此要研究逐步提高房租。房租太低，人们就不买房子了。繁华的市中心和偏僻地方的房子，交通方便地区和不方便地区的房子，城区和郊区的房子，租金应该有所不同。将来房租提高了，对低工资的职工要给以补贴。这些政策要联系起来考虑。建房还可以鼓励公私合营或民建公助，也可以私人自己想办法。"邓小平同志的讲话首次较为系统地提出了城镇住房建设、分配、住房出售、分期付款、租金调整、住房补贴和保障等住房制度改革的内容，树立了住房是商品的基本概念。上述思想成为

住房制度改革的基本内容和基础框架，从而开启了我国城镇住房制度改革的进程。1980 年 6 月，中共中央、国务院在批转《全国基本建设工作会议汇报提纲》的文件中，第一次提出了中国将实行住房商品化政策。在 20 世纪 80 年代初，我国逐步改革住房投资体制，由国家为主变为企事业为主，企事业单位投入增加。但是由于城镇居民对廉价住房"无限的需求"，依然存在严重的住房短缺。1984 年正式宣布住房商品化政策，在部分试点城镇出售公房。1986 年，国务院开始在全国进行住房改革试点，掀起了第一轮房改热潮，采取了改革低租金、提租补贴、租售结合、以租促售和配套改革等措施，例如全价售房、补贴售房、提租补贴、集资建房、住房押金和以息抵租等。1988 年上半年，国务院召开了全国第一次房改会议，并向全国颁发了《关于在全国城镇分期分批推行住房制度改革方案》，大力推动住房制度改革。但是存在着公房低售价和低租金的双重问题。1993 年党的十四届三中全会通过了《关于建立社会主义市场经济体制若干问题的决定》，明确提出了规范和发展房地产市场，加快城镇住房制度改革促进住房商品化和发展住房建设的要求。1994 年 7 月，国务院发布了《关于深化城镇住房制度改革的规定》，要求建立与社会主义市场经济体制相适应的新的城镇住房制度，实现住房商品化、社会化；进一步完善了配套改革的内容和政策；明确了房改近期任务以建立住房公积金为主，提租和售房为辅。1998 年 7 月 3 日发布了《关于进一步深化城镇住房制度改革加快住房建设的通知》，从下半年开始，国务院统一部署停止住房实物分配，住房分配货币化，同时住房补贴制度开始启动。住房政策总体框架是"转换机制，分类供应、培育市场、发展金融"(成思危，1999)。从而建立了个人承担住房责任为主导，国家承担住房社会保障为辅助，单位承担住房分配货币化为中心。这样，我国就逐步建立了以市场提供商品住房为主的住房分配机制，并对特殊群体提供社会保障的住房再分配机制。

计划经济时期，单位(这里的单位通常是相对于政府而言的，指的是企事业单位)作为国家的代理人，实际上起着住房投资、建设、分配和管理的作用。在这种住房制度下，个人基本没有住房租买选择权利。而从20世纪80年代开始的改革开放，中国进入了转型经济时期。住房改革使市场和单位在住房体系中的作用发生了巨大变化，单位的住房供应和分配功能逐渐弱化，市场的供应和分配功能逐渐强化。

在20世纪80年代以后，城镇住房建设开始发挥中央、地方、企事业单位和个人的积极性，鼓励单位自筹资金进行住宅建设，随着企业自负盈亏改革的推进，以及行政事业单位财务自主权的下放，单位的权力和可以交换的资源、自筹资金能力、经济效益等对获得住房有很大的作用。结果大部分的住宅投资来自于企事业单位的自有资金，这也导致了单位之间的住房资源不均极其突出。而在后来的公房出售、发放补贴方面，在好单位的职工能够以较低的价格获得更好的住房，并且能够领取足够的补贴。而单位不好的职工住房资源有限，补贴不能发放到位。而且单位投资新建的公房也进入了福利住房体系，以补贴价格(成本价或标准价)出售给职工。到了1994年7月，国务院开启了城镇住房制度全面改革，实际上是住房市场化和实物福利体制并存。由于没有停止实物分房的具体时间表，单位的新建公房或购买商品住宅依然通过福利分房或者低价出售的方式分配给职工。到了1998年国务院宣布下半年开始停止实物分配，全面实行住房分配货币化，停止单位建设、分配和管理住房，实行“老房老办法，新房新制度”。然而刚开始并没有明确的停止实物分房的时间表，并且授予了各个地方自行决定停止时间的权利，大多数单位依然将大量新建住房或者购买商品住宅按照“老房老政策”以房改成本价出售给职工，而不是新房新政策。在该通知颁布后，因为所有的在建房(或者已经缴纳购房预定金购买的商品住房)按规定还属于可以由单位优惠出售的“老房”，住房管理部门先是规定1998年底之前动工的建筑属于“老房”，提出的“老房”的开工截止日期也一再后延，先是被推迟到了1999年底，有的甚至推迟到了2000年底。房改以后，单位将大部分公房出售给了职工，但是依然保留了部分住房作为周转房，还有政策福利性质的廉租房租给职工。甚至到了2007年，还出现了部分地区允许单位在原有划拨土地的基础上集资建设住房，低价出售给职工，或者定向获得或团购住房，并参照经济适用房和限价商品房管理。① 例如广州钢厂案例，有些国有机关和企事业单位利用划拨土地建设住房。另一方面，一些沿海地区的地方政府还出台了鼓励工厂等新建宿舍租赁给外来的农民工。由此可见，单位作为实物住房供应的主体，其功能逐渐在弱化，但是依然存在，而且前期的实物分房转化为职工的住房，给他们后来的住房选择带来影响。单位作为住房工资分配的主体，其功能逐渐在强化。而单位的实力和能力决定了住房工资的多少，房改后还有很多效益差的企业不能给职工交纳住房公积金和发放住房补贴。

中国城镇住房制度改革造成了中国住房市场的出现和壮大。在住房改革初期就有很明确的市场导向。政府成立了国有房地产开发公司，开发商品房销售给企事业单位或个人；还允许私人和外资成立房地产开发公司进行商品房开发和销售。此外还开发了安居工程、经济适用房等销售给个人。公房进行房改后也允许上市交易。私人自建住宅也允许公开交易。这样就出现了一个逐步扩大的住房市场。而在市场经济里面，逐渐实现了消费者的"自主权"，他们可以在市场上选择购买或者租赁住房。而在改革进程中，出现了极大的社会经济分化，不同的城镇居民的住房支付能力差异很大。在市场化导向和住房货币分配的情况下，更多人预期从市场获得住房，住房消费需求和投资需求扩大，房价逐步上升，住房投资价值显现。一些有经济实力的家庭进行住房投资，不仅购买原公房、商品房作为第一套房，还作为投资购买

① 2006年建设部、监察部、国土资源部出台《关于制止违规集资合作建房的通知》和2007年《国务院关于解决城市低收入家庭住房困难的若干意见》提出，单位集资合作建房只适合距离城区较远的独立工矿企业和住房困难户较多的企业。实际情况是有地有权部门依然可以建房分房。参见新闻：公务员央企福利分房各显神通，权势部门空手拿房，http：//news. sohu. com/20100424/n271716437. shtml

第二套房。

中国城镇住房制度改革形成的房改公房是很多家庭购买的第一套房，是他们自住的基础，也是他们升级置换和购买第二住宅的基础。而且，由于住房制度改革中出现的管理不善，还出现了一些家庭购买多套房改公房的情况。而在一些特殊的单位，例如军队，出现了违规多占公房的问题。例如《解放军报》2014 年 7 月 25 日刊登的《关于进一步做好离退休干部违规住房用车问题清理工作的通知》重申明确，一个家庭在同一城市原则上只能住用一处不超过本人职级标准的公寓住房，住用两处以上累计面积超过本人职级标准的应予腾退或调整；异地任职配偶已随迁的原住房一律腾退，本人或配偶在驻地已购买军队或地方房改房、已安置住房，仍占用的公寓房必须腾退；已购买房改房面积未达本人购房面积标准的不予退房，符合条件的给予货币补差，购买了两处以上房改房其中一处已达标的只能保留一处；均未达标的可保留两处累计面积接近本人购房面积标准的住房，其余住房由售房单位按原出售价收回，收回的住房装修费不予补偿。

中国城镇住房制度改革形成的限制交易的部分产权住房也是造成了部分家庭持有多套住房的原因。一些房改公房上市受到了制约，这些业主又在市场购买第二住宅。

而且中国的住房市场出现较晚，市场发育滞后，流动性差，很多配套的制度软件和硬件还跟不上，导致了住房市场出现了多重分割，交易时间长，交易成本高，交易效率低下，这也导致了一些家庭升级换房的同时原有住宅一时无法脱手，被迫同时持有多套住宅。

中国的户籍制度和城乡二元分割的制度造成了城市化进程中独特的移民在城镇租一套而在农村自有一套的格局。在中国城市化进程中，城市还存在着很多非户籍迁移的移民。一方面，由于我国劳动力市场的制度性多重分割以及移民的人力资本少，他们收入低下，工作很不稳定。个人对工作预期、收入预期和对定居城市预期不稳定，流动性强，处在“漂浮”的状态。这些影响了他们通过市场途径获得住房的能力，大部分移民无力承受过高的商品住房价格，无法购买商品房，选择租赁商品房。此外，其他较低廉的代替品，例如单位提供的宿舍、非住宅(例如桥梁、公园等、地下室)、非法定居区等成为他们的现实选择。另一方面，中央政府和地方政府的住房政策对他们的住房选择影响很大。很多城市政府允许非户籍人口购买较高标准的商品房落户，但是没有本地城镇户口不能购买经济适用房、不能租用廉租房等。也有少数城市允许建设农民工住房社区和允许农民工在符合一定的资格下可以购买经济适用房和租公租房。直到国办发[2013]17号文要求“地级以上城市要把符合条件的、有稳定就业的外来务工人员纳入当地住房保障范围”，各地方政府开始将外来务工人员纳入到公租房。因此他们大多数是在城镇租房和在流出地农村建房。

二、形成机制及影响因素：研究假说

第二住宅的形成机制是指在特定的制度环境下，家庭(住户)作为第二住宅的消费者和投资者在何种内在动因下意愿持有第二住宅，并且受到了哪些因素的影响。本部分利用新制度经济学、消费者行为理论等交叉学科知识构建第二住宅形成机制的理论分析框架，并尝试提出城市家庭持有第二住宅的动因和影响因素假说。

中国城市第二住宅动因有：(1)投资目的。获得第二住宅意味着有更多的住房资源和资产，可获得租金和资产增值，以及分散风险。(2)休闲度假目的。持有和使用第二住宅可以用于周末休闲来暂时逃离首要居所日常生活和异地度假等弥补首要居所效用不足。(3)便利目的。流动性增强造成的家庭成员多就业地和为学龄子女就近入学要求多居住地；(4)安置老人和子女目的。老人退休养老，或者家庭安置老人在附近居住，做到分开和近距离；为学龄子女进入好的重点学校购房入户、高考移民、非本地户籍人口购房入户，以及为婚龄子女提前购置住房等。前面三个目的和西方相同，而第四个目的和西方有所不同，退休养老型的第二住宅在西方很普遍，在中国则多是投靠子女，和子女同住养老。另外为子女购置第二住宅的原因也不完全相同。在中国为子女上学和结婚购房的情况比西方更多。(5)制度障碍和市场摩擦造成的被迫持有。除此之外，还有因为住房市场不发达，交易未完成或等待出售暂时持有第二住宅目的，以及部分产权交易受限制被迫持有。在现实生活里这些动因可能是多重的，无法完全区分开这些目的。

在以上动因驱动下，第二住宅在住户的偏好和支付能力等内因作用下，在外部制度环境、政策和市场相互作用过程中实现。我们将分析第二住宅的影响因素，并提出假设。第二住宅的影响因素包括市场性因素和制度性因素。市场性因素包括微观角度的家庭社会经济特征，例如家庭生命周期(年龄、婚姻、家庭结构、家庭规模)、收入、财富、信用等融资能力，宏观层面的居住环境的地区差异和交通等；制度性因素包括住房制度和政策、移民管理制度和代际互助文化。并提出：(1)生命周期假说，户主结婚和年龄大的、有子女的家庭更可能持有第二住宅；有学龄儿童的家庭更可能持有第二住宅；(2)住房支付假说，家庭收入高、财富多和融资能力强的家庭更可能持有第二住宅；(3)地区差异假说，在房价相对便宜和(或)环境优美地区更可能持有第二住宅；在投资价值高的地方更可能持有第二住宅；相对于中西部地区，东部地区住房市场发达，投资意识更强，更可能自有多套住房；相对于中小城市，直辖市和省会城市住房市场发达，房价更高，更不可能在本地自有多套住房；(4)代际转移假说，中国的代际互助文化决定了父母会帮助即将成家的子女购房入户和高考移民的子女买房，分配公房或将自有住房赠与给后代，因此父母的收入、财富和住房资产高和权力大的更可能持有第二住宅；反之，高收入、财富和住房资产的子女会购置第二住宅来就近安置年迈的父母，户主支付能力强的更可能持有第二住宅；(5)公房分配权力变现的假说，户主个人的行政级别高和职业为党政机关负责人更可能持有第二住宅；(6)户口假说，非户籍的城镇移民和农村移民更可能在本地租赁住宅，而在流出地持有第二住宅；(7)单位假说，由于第一住房多是从单位实物分配，并且住房补贴和收入等和单位有密切关系，单位级别、所有制性质对第二住宅有影响，因此户主所在单位级别高的更可能持有第二住宅，户主单位为党政机关更可能持有第二住宅。(8)制度障碍和市场摩擦假说：由于住宅产权受限制不能上市交易，例如市民购买的部分产权住房，分配的多套公房；还有因为市场发育滞后，市场交易时间长和交易成本高造成的暂时持有多套住宅。因此我们假设有部分产权住房和高交易成本市场里的家庭更可能被动持有第二住宅。

由于中国的制度转型和住房市场发育缓慢，以及代际互助的住房文化，决定了中国家庭持有第二住宅的动因、市场性因素和制度性因素对第二住宅的影响和西方有所不同。例如代际转移和权力变现，单位的作用，还有户口制度和住房制度的影响都是中国特有的，所以对中国第二住宅的研究不能简单套用西方的理论和方法。

第三节　中国城市家庭多套住宅形成机制实证分析

由于 CGSS 问卷中没有询问自有住宅外的其他住宅的目的。这里主要分析中国城市家庭持有第二住宅的影响因素。本部分的研究成果发表于英文期刊 *Housing Studies* 和 *Internantional Journal of Housing Polciy*，详见 Huang &Yi(2010，2011)的原文。第二住宅的动因分析在下文中采用北京问卷调查说明。

一、中国城市家庭持有多套住宅的影响因素的描述统计分析

这里采用 CGSS 2005 年数据来分析中国城市家庭持有第二住宅的影响因素。中国城镇家庭以自有住房为主。除了现住房外，还有部分或者全部产权的住房为第二住宅。拥有第二住宅的住户占总住户数量11.3%(见表 3-5)。

表 3-5　　2005 年中国城镇住户住房产权分类

	占比(%)
租赁一套	17.4
自有一套	70.4
其他	0.9
租赁且另有其他住房	5.1
自有多套	6.2
Total	100.0(5705)

资料来源：根据 CGSS 2005 年数据计算。

第一套住房来源最主要是购买全部产权房、自有私房、部分产权房和租赁公房。基本上第一住房里面的各种来源的住户都可能拥有第二住宅，首要居所为租赁私房的住户拥有第二住宅的比重较高(见表 3-6)。而这与大多数西方国家的第二住宅有所不同，西方国家通常为自有第一套住房然后再自有第二套住房，而租赁首要居所而自有第二套住房的很少，例外的如瑞典，很多城市居民在城市租赁社会公房和购买成本价部分产权公房，在农村拥有第二住宅(Gallent et al.，2005)。

表 3-6　2005 年中国城镇住户根据首要居所来源的住房产权分类

	住房类型	占比(%)
唯一住房	租住公共住房	10.8
	租住私人出租房	6.5
	自有部分产权的住房	11.8
	自有全部产权的住房	58.7
	其他	0.8

续表

	住房类型	占比(%)
多套住房	租住公共出租房并自有其他住房	1.2
	租住私人出租房并自有其他住房	3.8
	自有部分产权的住房并自有其他住房	0.8
	自有全部产权的住房并自有其他住房	5.4
	其他并自有其他住房	0.3
	总　计	100

资料来源：根据 CGSS 2005 年数据计算。

现将上述住房来源合并为表 3-7。与租赁唯一一套住宅的家庭被访者相比，租一套和另外自有一套住房，自有多套住房的家庭被访者的平均年龄较大，家庭规模较大，单身比例低，收入(均值和中位数)较高。

表 3-7　**2005 年中国城镇住户根据社会经济特征的住房产权分类**

	租赁一套	自有一套	租赁一套且自有一套	自有多套	总体	样本量
平均年龄	41.4	46.3	35.1	44.9	44.8	5657
家庭规模(总人数)	3.1	3.4	3.9	3.7	3.4	5657
婚姻状况(%)						
单身	28.5	54.1	11.4	6.0	100.0	719
已婚或其他	16.0	73.5	4.2	6.3	100.0	4938
2004 年的家庭收入(元)						
中位数	20000	20000	24500	30000	20000	5270
平均值	24765	26487	37484	50650	28194	
标准差	31264	38030	45896	112172	45981	

资料来源：根据 CGSS 2005 年数据计算。

从户口类型来看，来自于农村的非户籍移民更可能租赁一套住房和另外自有一套住房，来自于其他城镇的非户籍移民和城市本地户籍居民更可能自有一套住房和自有多套住房(见表3-8)。

表3-8　　**2005年中国城镇住户根据户口的住房产权分类**

分类	租赁一套	自有一套	租赁一套且自有一套	自有多套	总计	样本量
其他城镇移民	40.2	28.8	24.4	6.6	100.0	316
农村移民	34.1	21.6	39.7	4.7	100.0	232
本地城市居民	15.2	76.1	2.3	6.3	100.0	5084
其他	56.0	28.0	12.0	4.0	100.0	25
总体	17.6	71.0	5.1	6.3	100.0	5657

资料来源：根据CGSS 2005年数据计算。

从政治身份来看，与其他行政职务相比，副处级以上被访者家庭自有多套住房的比例高；与其他职称相比，技术职称高的被访者家庭自有一套和自有多套住房的比例高；与非党员相比，为党员的被访者家庭自有一套和自有多套住房的比例高(见表3-9)。

表3-9　　**2005年中国城镇住户根据政治身份的住房产权分类**

分类	租赁一套	自有一套	租赁一套且自有一套	自有多套	其他	总计	样本量
行政职务等级							
副处及以上	9.0	77.0	3.0	11.0	0.0	100.0	100
科级及以下	12.7	77.9	2.3	6.2	0.9	100.0	308
无等级	20.9	67.8	4.4	6.2	0.9	100.0	2960

续表

分类	租赁一套	自有一套	租赁一套且自有一套	自有多套	其他	总计	样本量
不适用	14.7	71.6	7.1	5.7	0.9	100.0	1663
技术职称等级							
高级及以上	10.6	77.5	2.1	9.1	0.7	100.0	329
初级或中级	15.8	70.9	4.4	7.9	1.0	100.0	1098
无等级	19.5	68.8	5.6	5.3	0.8	100.0	3604
是否是党员							
是	11.7	75.3	3.5	8.9	0.6	100.0	802
否	18.4	69.6	5.3	5.8	0.9	100.0	4903
总计	18.1	69.8	5.1	6.1	0.9	100.0	5031

资料来源：根据 CGSS 2005 年数据计算。三类的卡方检验在 0.01 水平统计显著。

从单位特征来看，被访者单位为党政机关和垄断性行业国有企业的家庭自有一套住房的比例高于非垄断行业国有企业和个体、民营企业的被访者家庭。① 被访者单位为党政机关和垄断性行业国有企业的家庭自有多套住房比例高于非垄断行业国有企业的被访者家庭(见表 3-10)。

① 行业分类参考：张展新．劳动力市场的产业分割与劳动人口流动[J]．中国人口科学，2004，2：46-47．文中指出：电力、煤气及水的生产供应业、地质勘察和水利管理业、金融保险业、房地产业、卫生体育和社会福利业、教育、文化艺术及广播电影电视业、科学研究和综合技术服务业及国家机关、政党机关与社会团体行业为垄断行业；交通运输、仓储及邮电通信业实际上是一个混合行业：在交通运输业中，铁路和民航是国有单位垄断的，而公路运输业和水运业是开放和竞争的；邮电通信业目前基本上还是国家垄断的。此外还参考：常修泽．中国垄断性行业深化改革研究[J]．宏观经济研究，2008(09)．加上了采掘业中的石油和天然气行业为垄断行业。

表 3-10 **2005 年中国城镇住户根据单位的住房产权分类**

工作单位类型	租赁一套	自有一套	租赁一套且自有一套	自有多套	其他	总计	样本量
中央或省级的党政机关	14.6	72.4	3.8	7.6	1.6	100	185
省级以下的党政机关	14.8	74.3	2.3	7，6	1	100	708
中央或省级的垄断产业的国企	11.6	80.5	3	4.3	0.6	100	164
省级以下的垄断产业的国企	15.1	72.9	3.1	8.5	0.4	100	258
非垄断产业的国企	15.4	77.2	2.2	4.3	0.8	100	1573
私人/民营企业	23.8	57.4	11.8	6.2	0.7	100	1344
合资企业/外资企业	27.9	54.1	9	7.4	1.6	100	122
集体所有的企业	18	72	2.3	7.4	0.3	100	639
总计	18.1	69.9	5.1	6.1	0.8	100	4993

资料来源：根据 CGSS 2005 年数据计算。

二、中国城市家庭持有多套住宅的影响因素的回归分析

模型中使用的变量描述统计分析如表 3-11。

表 3-11 **CGSS 2005 年数据的描述统计分析**

	平均值	标准差	百分比%
年龄	44.74	15.50	
婚姻状况			
已婚或其他			87.46
单身			12.54
受教育程度(上学年限)	9.83	3.94	
职业			
党政机关企事业负责人			2.30
专业技术人员			16.20
办事人员			11.20
商业服务人员			20.30

续表

	平均值	标准差	百分比%
生产操作人员			40.00
其他或无工作人员			10.00
家庭规模	3.43	1.57	
家庭中有小于13岁的孩子			32.60
家庭收入(千元)	28.21	45.92	
父母是领导			3.30
户口状况			
本地城市居民			89.80
其他城镇流入人口			5.60
乡村流入人口			4.20
行政等级			
有等级			8.10
没有等级或不适用			91.90
配偶是负责人			1.70
工作单位类型			
中央或省级的党政机关			3.71
省级以下的党政机关			14.18
中央或省级的垄断产业的国企			3.28
省级以下的垄断产业的国企			5.17
非垄断产业的国企			31.50
私人/民营企业			26.92
合资企业/外资企业			2.44
集体所有制企业			12.80
地区			
东部			50.40
中部			27.40
西部			22.20
城市类型			
直辖市或省会			43.40

资料来源：根据CGSS 2005年数据计算。

模型结果如表3-12。该模型结果支持生命周期假说，已婚、家庭规模大的家庭更可能自有唯一住宅和多套住宅，受教育程度高、家庭有学龄儿童更可能自有多套住房没有得到支持，统计不显著，但符号为正。支持住房支付能力假说，高收入家庭更可能自有一套或者多套住宅。支持代际转移假说，父母是负责人的家庭更可能自有唯一一套或者使用或自有多套住宅。支持户口假说，移民更可能自有一套和租赁一套住宅。个人职称和职务的影响统计不显著，低级技术职称比没有职称更不可能有多套；单位的影响不显著，对公房分配权力变现和单位假说提供了虚弱的支持，负责人比产业工人更可能自有多套；商业服务人员比生产工人更不可能租赁一套且自有一套住房。支持地区差异假说，东部更可能自有多套住房，中小城市更可能自有一套或者自有多套住宅。

表3-12 **2005年中国城镇家庭多套住宅的LOGIT回归分析**

（参照组：租赁一套）

	自有一套	租赁一套且另有一套	自有多套
社会经济变量			
年龄	-0.038	-0.019	-0.048
年龄的平方	0.001**	0.001	0.001
婚姻状况(参考组：单身)	0.747***	0.522	0.942**
受教育程度(年份)	0.028	0.019	0.009
职业(参考组：生产工人)			
负责人	0.612	0.821	2.192***
专业技术人员	0.047	-0.446	0.045
办事员人	0.072	-0.508	0.304
商业服务人员	-0.131	-0.542**	0.157
其他职业或无业人员	-0.152	-0.21	-0.169

续表

	自有一套	租赁一套且另有一套	自有多套
家庭规模	0. 223***	0. 356***	0. 249***
2004 年的家庭收入	0. 006***	0. 009***	0. 014***
父母是负责人(参考组：否)	0. 127	0. 758	0. 838**
家庭有小于 13 岁的孩子(参考组：无)	−0. 17	−0. 299	0. 018
制度变量			
户口(参考组：本地居民)			
其他城镇流入人口	−1. 811***	1. 277***	−1. 283***
乡村流入人口	−2. 018***	1. 865***	−1. 48***
行政职务(参考组：无等级)	−0. 012	−0. 008	−0. 405
技术职称(参考组：无等级)			
中级及以上	−0. 258	−0. 071	−0. 529
初级	−0. 101	−0. 045	−0. 638***
配偶是负责人(参考组：否)	0. 015	0. 643	0. 537
党员(参考组：否)	0. 033	0. 424	0. 318
工作单位(参考组：非垄断产业的国企)			
中央或省级的党政机关、事业单位	−0. 061	0. 403	0. 45
省级以下的党政机关、事业单位	0. 017	−0. 266	0. 208
中央或省级的垄断行业的国企	−0. 017	−0. 236	−0. 219
省级以下的垄断行业的国企	−0. 091	0. 168	0. 175
私人/民营企业	−0. 212	0. 293	0. 092
合资企业/外资企业	−0. 414	0. 034	−0. 261
集体所有制企业	−0. 172	−0. 486	0. 356
背景变量			
地区(参考组：东部)			
中部	0. 833***	0. 831***	−0. 009

续表

	自有一套	租赁一套且另有一套	自有多套
西部	0. 541***	0. 705***	-0. 602**
城市类型(参考组：其他)			
直辖市或省会	-0. 629***	-0. 232	-1. 39***
常数	0. 467	-3. 006**	-1. 478
样本量	3961	1017	1080
卡方系数(Chi-square)	526. 484***	221. 603***	251. 879***
-2 倍对数似然值(-2 Log likelihood)	3472. 94	819. 61	973. 628
伪 R 方 1(Cox & Snell R Square)	0. 124	0. 196	0. 208
伪 R 方 2(Nagelkerke R Square)	0. 196	0. 306	0. 307

资料来源：根据 CGSS 2005 年数据计算。备注：Significant * $p<0.1$, ** $p<0.05$, *** $p<0.01$

中国城市家庭是否有多套住宅模型结果见表 3-13。模型的大部分结果和上表是一致的。家庭规模大，户主(被访者)收入高的家庭更可能有第二住宅。户主结婚的影响统计不显著，可是符号为正，表明结婚的户主比未婚更可能有第二住宅。父母是负责人的户主更可能有第二住宅。可是年龄的影响不显著，这和美国的结果不同，在美国年纪大的户主更可能拥有第二住宅(Fetto，2000)。模型结果基本支持生命周期、收入、代际转移假说。干部比生产工人更可能有第二住宅。移民比本地城市居民更可能租一套另外自有一套住房。尽管户主的行政级别的影响统计不显著，技术职称的影响统计显著，中高级别比没有级别的更可能自有多套住宅。单位的影响统计显著，单位为省以下的垄断国有企业比非国有垄断企业的家庭更可能有多套住宅。家庭的现有住房状况统计显著，现租赁私房的家庭更可能另有一套住宅。而且，在省会和直辖市比中小城市更不可能自有多套住宅，东部地区比中西部地区更可能有多套住宅。因此支持单位、户口、地区差异假说，部分支持权力变现假说。

表 3-13 **2005 年中国城镇家庭是否有多套住宅的 LOGIT 回归分析**

（参照组：没有）

变量	所有居民	本地居民	本地有房家庭	移民
社会经济变量				
年龄	0.970	0.968	0.970	1.052
年龄的平方	1.000	1.000	1.000	0.999
婚姻状况：已婚（参照组：单身）	1.260	1.113	1.326	1.547
受教育程度（年份）	1.008	0.995	0.998	1.057
职业（参照组：生产工人）				
负责人	1.872**	1.576	2.005**	0.604
专业技术人员	0.926	1.075	1.14	b
办事人员	1.012	1.097	1.152	0.773
商业服务人员	1.005	1.186	1.315	0.538*
其他职业或无业人员	1.036	1.043	1.067	0.699
家庭有小于 13 岁的孩子（参照组：没有）	1.124	1.128	1.309*	1.063
家庭规模	1.154***	1.166***	1.124***	1.179**
家庭收入	1.005***	1.005**	1.004***	1.005
制度变量				
户口（参照组：见备注 a）				
其他城镇流入人口	1.936***			0.619*
乡村流入人口	2.774***			a
行政职务（参照组：无等级或不适用）				
有等级	0.895	0.887	0.794	1.122
技术职称（参照组：无等级）				

续表

变　　量	所有居民	本地居民	本地有房家庭	移民
中级及以上	0.756	1.489*	1.600***	1.403
初级	0.710**	1.144	1.189	0.780
党员(参照组：否)	1.386**	1.427*	1.387*	1.337
父母是负责人(参照组：否)	1.862**	1.847*	1.857**	2.741
配偶是负责人(参照组：否)	1.606	1.387	1.448	c
工作单位(参照组：见备注 d)				
中央或省级的党政机关、事业	1.436	1.591	1.567	0.600
省级以下的党政机关、事业	1.056	1.120	1.182	d
中央或省级的垄断产业的国企	0.809	0.668	0.864	1.386
省级以下的垄断产业的国企	1.565*	1.699**	1.736*	d
私人/民营企业	1.401**	1.517**	1.573**	d
合资企业/外资企业	1.200	1.251	1.535	1.128
集体所有的企业	1.316	1.322	1.548*	1.156
个体户				0.787
现住房状况(参照组：见备注 e)				
租赁私房	3.220***	3.550***		1.996*
自有私人住房	0.689*	0.748	0.734*	0.373**
自购部分产权住房	0.601**	0.720	0.709*	e
自购全部产权住房	0.894	1.121		e
背景变量				
地区(参照组：东部)				
中部	0.759**	0.714**	0.521***	0.922
西部	0.772*	0.591***	0.443***	1.598
城市类型(参照组：其他)				
直辖市或省会	0.682***	0.637***	0.622***	0.781

续表

变　量	所有居民	本地居民	本地有房家庭	移民
常数	0. 117***	0. 087***	0. 077 *	0. 076
样本量	4410	4013	3283	397
卡方系数(Chi-square)	414. 97***	185. 127***	125. 263***	77. 998***
-2 倍对数似然值(-2 Log likelihood)	2636. 693	2172. 137	1672. 519	434. 888

备注：Significant　* p<0. 1　** p<0. 05，*** p<0. 01

注释 a：对于城市家庭的模型，参照组是本地居民；对于移民模型，参照组是农村流入人口；

注释 b：由于样本量小，专业技术人员和负责人合并到一组；

注释 c：由于样本量小，配偶是负责人和父母是负责人合并到一组；

注释 d：对于城市家庭的模型，本地居民，本地自有住房家庭，参照组是非垄断行业的国企；对于移民模型参照组是私人/民营企业，不同级别的党政机关和事业单位合并为一组；不同类型的国有企业合并为一组；个体户从私人/民营企业中分出来作为一组；

注释 e：对于城市家庭和本地居民的模型，参照组是租赁公房；对于本地自有住房的家庭的模型，参照组是购买完全产权的住房；对于移民家庭的模型，参照组是租赁公房，而且不同所有权类型的住房合并。

第四节　北京城市家庭多套住宅形成机制实证分析

一、北京城市家庭持有多套住宅目的分析

由于 CGSS 问卷中没有询问自有住宅外的其他住宅的目的。这里采用北京问卷调查说明第二住宅的目的。

从对北京多套住宅住户问卷调查结果来看，纯粹的转卖或者出租投资目的第二住宅套数占到了总第二住宅套数的 30%，其次是退休养老

和安置老人，大概占到了1/4，然后是休闲度假等自住目的，占17%，为子女置业占到了14%，便于上班和上学分别占3%左右。由于住房产权限制和市场交易未完成的第二住宅占4%左右。其中，安置老人和为子女置业等代际互助关系第二住宅所占比例较大(见表3-14)。在西方国家这方面的比例较低。而且三套及以上住宅的主要目的是投资、休闲度假、养老、安置老人和为子女置业。

表3-14　　**北京城市家庭多套住宅的目的分布(%)**

住宅目的	住宅1	住宅2	住宅3	住宅4+
1. 自住	95.1	7.2		
2. 转卖或出租投资		28	48.3	40.9
3. 休闲度假		10.6	6.9	9.1
4. 便于上班	2.6	2.6	1.7	0.0
5. 方便小孩上学	1.9	3.5	3.4	0.0
6. 退休养老		5.1	5.2	4.5
7. 安置老人	0.2	21.5	10.3	18.2
8. 为子女置业	0.2	14.8	10.3	4.5
9. 正在卖，还没有卖出		1.8	3.4	4.5
10. 房改分了两套房，部分产权不好卖		1.6	1.7	4.5
11. 其他		3.4	8.6	13.6
汇总比例(样本数)	100(568)	100(568)	100(58)	100(22)
投资目的		28.0	48.3	40.9
休闲度假目的		10.6	6.9	9.1
便利目的		13.3	5.1	0.0
安置老人和子女		41.4	25.8	27.2
市场障碍		3.4	5.1	9.1

注：住宅1为主要住宅，其他为第二住宅。第二住宅中将自住、上班和上学合并为便利目的，退休养老和安置老人、子女合并为安置老人和子女的目的，未卖出和部分产权合并为市场障碍。

对北京多套住宅家庭访谈也表明，持有多套住宅的目的有投资目的、休闲度假目的、便于上班目的、养老和安置老人和子女目的，以及市场交易受限制和市场交易未完成等暂时持有目的。还有家庭持有2套以上，则可能有好几种目的的住房。投资目的是很常见的，即使在主要是其他目的的第二住宅也会考虑投资属性，也就是兼顾房屋的保值和增值。

休闲度假型第二住宅在北京也开始大量出现。该类住宅主要分布在风景比较优美和房价较低的郊区，例如密云、昌平和顺义等别墅区和中高档商品住宅小区。根据密云滨江小区物业的说法，该小区大约有60%多业主来自于北京城区，主要是周末和节假日来住，平时主要是老人和小孩居住，住的人很少。不过物业费的收缴没有问题。还有城区老人在市区退休后，看到这里房价便宜，风景很好，在这里购买大房子。根据物业的介绍，昌平的小汤山、高教新城等很多别墅和普通商品房都是休闲度假用途，或者将来养老用的，入住率很低，不到20%。

在大城市由于常住地和就业地分离，以及一个家庭多个家庭成员就业出现了多个就业地，为了便于上班的便利目的持有第二住宅。此外，还出现了因为城市公共服务和基础设施的不均衡，一些迁居到郊区的退休老人为了到城区看病，到原来单位报销和领取福利等依然保留城区的住宅。

在中国代际互助的文化背景下很多家庭为了安置老人和子女的目的购置第二住宅。很多人买了房子给老人居住，或者给子女居住。而独生子女也会理所当然地认为父母的住房也是他们的住房。

在重点中小学附近，为了学区就近入学，以及小孩上学便利，购买住房也很多，例如中关村三小。访谈中介认为：汇佳家园大概有一半左右的人是因为小孩上学才买房，且学校要求是户口在该学区并且居住满三年后以后才有资格上中关村三小。因为北京不存在购房给户口（以前北京郊区有些小城镇实行过该政策，后来取消），在北京没有高考移民类型第二住宅，但是发现了外地父母在北京购买住宅退休后养老居住，而其子女在北京上学或者工作。访谈的案例中，密云果园小区内蒙古某中学校长购置退休住宅，女儿在科学院某所读博士。山东某教授儿子在京工作，他在儿子所在的小区另外购置了一套住房自住，而在山东还有一套住房。以及一些原来在外地工作的家长为了子女的高考，全家户籍迁移到北京，同时在迁出地还保留有住房，以便于和当地的亲戚朋友联系，如对外经贸大学的某教授即是如此。为婚龄子女提前购置住房是一个重要的原因。而且发现了很有趣的现象：如果家里有儿子，通常会考虑为儿子结婚置业。还有北方风俗里面，讲究在自己房屋里结婚生孩子，结婚作为生命周期的重要事件也促进了置业。此外，有很多人提到了现在住房有些功能不足，希望将来买一个大房子改善居住环境。

二、北京城市家庭持有多套住宅的影响因素描述统计分析

这里根据北京调查问卷数据比较家庭社会经济特征和制度性因素对多套住宅的影响(见表 3-15)。

表 3-15　　基于住房套数分的住户的社会经济特征比较

	唯一住宅	多套住宅		唯一住宅	多套住宅
平均年龄(岁)	43.24	44.36	婚姻状态(%)		
家庭规模(人)	3.24	3.41	-单身	6.7%	4.1%
平均受教育年数	14.6	15.6	-结婚和其他	93.3%	96%
家中有<18 岁孩子	51.9%	66%			
家庭收入(万元/年)			家庭非住房财产		
1.99 万以下	3.2	0.7	5 万以下	28.5	11.2
2 万~4.49 万	13.3	3.6	5 万~10 万	17.6	9.9
4.5 万~8.79 万	21.8	10.5	10 万~20 万	18.9	17.5
8.8 万~9.99 万	13.5	12.8	20 万~30 万	10.9	14.1

续表

	唯一住宅	多套住宅		唯一住宅	多套住宅
10万~14.99万	17.5	18.2	30万~40万	7.7	10.7
15万~19.99万	12.3	13.5	40万~50万	6.4	9.6
20万~29.99万	8.9	15.1	50万~100万	5.5	9.8
30万~49.99万	6.0	13.2	100万以上	4.6	17.2
50万以上	3.4	12.4	行汇总	100	100
行汇总	100	100			

资料来源：根据2009年北京抽样调查数据计算。

比较自有一套住宅和自有多套住宅的住户户主的社会经济特征，与自有一套住宅的住户户主相比，自有多套住宅的家庭户主年龄大，家庭规模大，有18岁以下孩子的比例大，支持家庭生命周期假设。自有多套住宅的家庭户主比自有一套住宅的家庭户主受教育程度高，年收入和非住房财富价值高，说明他们更富有，支持住房支付能力假设。

再比较自有一套住宅和自有多套住宅住户户主的行政级别、技术职称、政治面貌和户主工作单位，自有多套住宅的家庭户主有着较高的行政级别(处级及以上)、较高的技术职称(高级及以上)、政治面貌为党员的比例要高于自有一套住宅的家庭户主(见表3-16)。这也是符合理论分析结果的。一套住宅家庭和多套住宅家庭的单位性质差别不大。上述的描述性分析结果基本上支持了本文提出的假设。

表3-16 **基于住房套数分的住户的制度性因素比较**

	唯一住宅(%)	多套住宅(%)
行政级别*	行汇总(100)	行汇总(100)
处级及以上	9.9	20.5
科级及以下	14.3	12.7

续表

	唯一住宅(%)	多套住宅(%)
没有级别	36.3	22.6
不适用	39.5	44
技术职称*	行汇总(100)	行汇总(100)
高级及以上	15.7	32.4
中级、初级	29.4	26.2
没有级别	29.3	17
不适用	25.5	24.5
政治面貌*	行汇总(100)	行汇总(100)
是党员	39.6	48.4
不是党员	60.4	51.6

资料来源：根据2009年北京抽样调查数据计算。注：* 表示 χ^2 检验结果是在0.1的水平上是显著的。

再比较自有一套住宅和自有多套住宅住户户主其他方面的差异。在行业方面，自有多套住宅的家庭户主在高收入行业比重略高，① 在金融保险房地产、文教卫和军队比重高。在职业方面，自有多套住宅的家庭户主为负责人、办事员、专业技术人员比重高。自有多套住宅的家庭有

① 国税发〔2007〕25号《国家税务总局关于进一步做好年所得12万元以上个人所得税自行纳税申报工作的通知》，10种高收入行业分为：(一)电信(移动通信)、烟草、金融、保险、证券、电力(供电)、石油、石化、航空、铁道、公路管理、房地产、广告、演出、城市供水供气、汽车、医药、网站、建筑安装、新闻出版、物业管理等企事业单位；(二)律师事务所、会计师事务所、税务师事务所、评估师事务所、拍卖行、房产代理公司等中介机构；(三)足球俱乐部、高尔夫俱乐部、酒店宾馆、娱乐企业；(四)高新技术企业、软件企业、集成电路企业；(五)外资企业、外国企业和外国企业驻华代表机构；(六)设计院、科研所、学校、区级以上医疗机构；(七)电台、电视台、报社、杂志社等传媒机构；(八)股份制企业、上市公司；(九)各级国家机关、事业单位、社会团体、财政部门统发工资的单位；(十)主管地税机关确定的其他企事业单位。

私家车的比重高，为 74%，唯一住宅的比例为 56%。自有多套住宅的家庭户主父母是负责人的比重略高，为 22%，唯一住宅的比例为 19%。自有多套住宅的家庭得到父母资金支持的比重高，为 38%，唯一住宅的比例为 35%。

三、北京城市家庭持有多套住宅的影响因素回归分析

根据北京 2009 年调查数据建立 Logit 回归模型。模型中变量描述统计分析如表 3-17。

表 3-17　**2009 年北京抽样调查数据各变量的描述统计分析**

变量	平均值	中位数	标准差	百分比(%)
年龄	43.75	41	13.42	
教育年数	14.87	16	3.46	
职业				
党政机关企事业负责人				24.0
私营老板				6.7
专业技术人员				40.1
办事人员				17.6
工商业人员				9.2
其他				2.4
家庭规模	3.31	3	1.12	
婚姻				
单身				5.8
结婚和其他				94.2
家庭有<18 岁的孩子				54.2
家庭 2008 年收入				
1.99 万以下				2.0
2 万~4.49 万				8.7
4.5 万~8.79 万				16.4
8.8 万~9.99 万				13.2

续表

变量	平均值	中位数	标准差	百分比(%)
10万~14.99万				17.8
15万~19.99万				12.9
20万~29.99万				11.9
30万~49.99万				9.4
50万以上				7.7
父母负责人-是				19.60
党员身份-中共党员				41.4
父母资金支持-有				36.2
行政级别				28.48
处级以上				15.1
科级以下				13.5
没有级别				29.8
不适用				41.7
技术职称				
高级				23.7
中级				22.3
初级				5.6
无职称				23.4
不适用				25.0
工作单位类型				6.07
部级以上党政机关国有事业				8.2
厅级以下党政机关国有事业				17.8
垄断行业部级以上国企				4.9
垄断行业厅级以下国企				11.7
非垄断行业国有企业				9.4
三资				20.1
其他				27.8

资料来源：根据2009年北京抽样调查数据计算。

如表 3-18 所示，以租赁一套住房为参照组，自有一套住房的模型结果表明，户主年龄大、结婚、收入高、父母资金支持的家庭更可能自有一套住宅，户主受教育年数多，收入高，父母资金支持、行政级别高的家庭更可能自有多套住宅。在自有多套住房的模型中，户主年龄统计不显著，符号为正，户主婚姻统计不显著，为正，户主职业统计不显著，户主为党政机关负责人和私营老板的家庭更可能自有多套住宅，家庭总人口统计不显著，家有学龄儿童统计不显著，户主的技术职称统计不显著，高级职称似乎更可能自有多套住宅。户主的单位统计不显著，厅级以下党政机关和事业单位的户主家庭似乎更可能自有多套住宅。这些支持家庭生命周期假说、收入假说和代际转移假说，部分支持权力变现假说，而对单位假说为虚弱支持。

表 3-18　**北京家庭自有多套住宅的 Logit 回归分析(参照组：租赁一套)**

	自有一套 B	Exp(B)	Sig.	自有多套 B	Exp(B)	Sig.
社会经济变量						
户主年龄	0.143	1.154	*	0.273	1.313	
户主年龄平方	-0.001	0.999		-0.002	0.998	
婚姻(参照组：单身)	1.468	4.341	**	1.639	5.152	
受教育年数	0.059	1.061		0.33	1.391	**
职业(参照组：工商业工人)						
党政企事业单位负责人	0.266	1.305		1.255	3.509	
私营老板	-1.037	0.355		1.85	6.358	
专业技术人员	-0.404	0.667		-0.438	0.645	
办事员	-0.707	0.493		-0.265	0.767	
军人其他	-1.393	0.248		-0.401	0.67	
家庭总人口	-0.179	0.836		-0.04	0.961	
家庭 2008 年收入	0.309	1.362	**	0.753	2.124	***
父母资金支持(参照组：没有)	1.164	3.204	**	1.257	3.514	*

续表

	自有一套 B	Exp(B)	Sig.	自有多套 B	Exp(B)	Sig.
18 岁以下学龄儿童(参照组：无)	0.507	1.661		−0.043	0.958	
制度变量						
行政级别(参照组：没有级别)						
处级以上	18.633	1.24E+08		18.882	1.59E+08	
科级以下	1.763	5.827		2.505	12.246	*
不适用	0.118	1.125		1.339	3.817	*
技术职称(参照组：没有)						
高级	−0.563	0.57		0.355	1.426	
中级	−0.48	0.619		−0.016	0.984	
初级	0.117	1.124		1.131	3.099	
不适用	−0.036	0.965		0.812	2.251	
党员(参照组：否)	−0.304	0.738		−0.195	0.823	
单位类别(参照组：非垄断行业国企)						
部级党政机关/国有事业	−0.084	0.919		−0.641	0.527	
厅级以下党政机关/国有事业	0.09	1.094		0.147	1.159	
垄断行业部以上国企	−1.568	0.208		−2.51	0.081	
垄断行业厅以下国企	−1.033	0.356		−1.127	0.324	
三资	−0.449	0.638		−0.925	0.397	
其他	−0.463	0.629		−1.166	0.312	
样本量(Sample)	499			242		
卡方系数(Chi-square)	68.085			123.268		
显著性(Sig.)	0			0		
−2 倍对数似然值(−2 Log likelihood)	229.617			106.215		
伪 R 方 1(Cox & Snell R Square)	0.128			0.399		
伪 R 方 2(Nagelkerke R Square)	0.284			0.652		

资料来源：根据 2009 年北京抽样调查数据计算。Significant　* $p<0.1$，** $p<0.05$，*** $p<0.01$

家庭在现住房外是否另外有一套住宅模型的结果表明，户主年龄大、职业为私营企业老板和办事人员、收入高、在垄断行业厅以下国企的家庭更可能自有多套住宅。户主结婚统计不显著，符号为正，结婚似乎更可能自有多套住宅；受教育年数统计不显著，符号为正，学历高更似乎可能自有多套住宅；户主为党政机关企业事业单位负责人和专业技术人员统计不显著，符号为正，似乎他们更可能自有多套住宅；家庭总人口统计不显著，符号为正，似乎人口多的家庭更可能自有多套住宅；父母资金支持统计不显著，符号为正，似乎由父母资金支持的家庭更可能自有多套住宅；家有学龄儿童统计不显著，户主行政级别和技术职称统计不显著，处级以上和高技术职称符号为正，似乎处级以上和高级职称更可能自有多套住宅。户主为党员统计不显著，符号为正，似乎党员更可能自有多套住宅；现住房为购买公房和自有私房统计不显著，符号为正，似乎他们更可能自有多套住宅。这支持家庭生命周期假说、收入假说和单位假说，部分支持权力变现和代际转移假说。

表 3-19　**北京家庭是否有多套住宅的 Logit 回归分析(参照组：没有)**

	All Exp(B)	Sig.	Homeowner Exp(B)	Sig.
社会经济变量				
户主年龄	1.115	**	1.161	***
户主年龄平方	0.999	*	0.999	**
婚姻(参照组：单身)	0.717		1.037	
受教育年数	1.042		1.025	
职业(参照组：工商业工人)				
党政企事业单位负责人	2.068		1.921	
私营老板	3.397	**	3.268	**
专业技术人员	1.785		1.75	
办事员	2.649	*	2.502	*

续表

	All Exp(B)	Sig.	Homeowner Exp(B)	Sig.
军人其他	1.554		1.593	
家庭总人口	1.139		1.153	
家庭2008年收入	1.451	***	1.469	***
父母资金支持(参照组：没有)	1.246		1.259	
18岁以下学龄儿童(参照组：无)	0.943		0.915	
制度变量				
行政级别(参照组：没有级别)				
处级以上	1.144		1.025	
科级以下	1.049		0.97	
不适用	1.542		1.355	
技术职称(参照组：没有)				
高级	1.377		1.286	
中级	0.969		0.988	
初级	0.984		0.986	
不适用	1.024		1.032	
党员(参照组：否)	0.969		1.085	
单位类别(参照组：非垄断行业国企)				
部级党政机关/国有事业	1.635		1.655	
厅级以下党政机关/国有事业	1.676		1.566	
垄断行业部以上国企	1.572		1.947	
垄断行业厅以下国企	2.219	*	2.419	**
三资	1.261		1.281	
其他	0.926		1.053	
首要住房来源(参照组：租公房，模型二为购买商品房)				
首要居所自有私房	2.884		1.473	

续表

	All Exp(B)	Sig.	Homeowner Exp(B)	Sig.
购买商品房	2.628			
购买经济适用房和限价商品房	0		0	
购买公房	1.78		1.369	
租商品房	3.369			
常量(Constant)	0	***	0	***
样本量(Sample)	717		658	
卡方系数 Chi-square	150.228		142.175	
显著性(Sig.)	0		0	
-2 倍对数似然值(-2 Log likelihood)	730.61		670.987	
伪 R 方 1(Cox & Snell R Square)	0.189		0.194	
伪 R 方 2(Nagelkerke R Square)	0.267		0.274	

注释：Significant　* $p<0.1$，** $p<0.05$，*** $p<0.01$。垄断行业包括电力、煤气及水的生产供应业、地质勘察和水利管理业、金融保险业、房地产业、卫生体育和社会福利业、教育、文化艺术及广播电影电视业、科学研究和综合技术服务业及国家机关、政党机关与社会团体行业；加上铁路和民航，邮电通信业，石油天然气开采业，烟草制造业，石油加工、炼焦和核燃料业。

北京访谈结果基本支持生命周期假说。未结婚的租住唯一住房比重较高，公房分配有多套住宅，从市场购买多套住宅的户主普遍年龄较大，但是也有少数40岁左右的高收入阶层有多套住房。有些家庭自有一套住宅，还为了小孩能上重点中小学或上学方便，在附近购房入户和租赁住房。

访谈结果基本支持住房支付能力假说。单位分配多套住房和拆迁获得多套住房和收入的关系不是很大，但是市场渠道获得多套住房确实是和家庭收入和财富正相关。

访谈结果基本支持地区差异假说。一些家庭在房子单价比市区便宜和环境优美的郊区购买休闲度假型第二住宅，例如昌平、密云、顺义等。2009 年底北京市区四环以内房价现在大约 3 万元左右，而密云城区别墅一般在 1 万元左右，普通商品房在 6 千元左右；昌平和顺义的别墅一般在 1.2 万元左右，普通商品房在 8 千元左右。投资目的住户在选择投资型第二住宅的区位时候会综合考虑财富和收入等支付能力，对第二住宅区位熟悉程度，它和首要居所和单位等接近程度。

访谈结果基本支持代际转移假说。访谈发现代际转移确实存在，子女为父母购房养老，也有父母为子女置业。但是也发现很多中年人他们的父母年纪很大，财富很少，主要是靠自己。

访谈结果基本支持公房分配权力变现假说，但是形成机制很复杂。既有单位分配多套公房，也有单位分配一套公房，而自身收入较高，在市场购买第二住宅。

这里基本没有采访非北京居民，所以无法检验户口假说。

访谈结果基本支持单位假说。有多套住房的家庭成员多是被国家税务总局认定为高收入的行业和职业。但是访谈过程中，国家部委和地方政府官员被访者非常谨慎，不愿意说明收入和财产情况。

访谈结果基本支持部分产权假说。北京有一些单位到现在还有未出售的公房和新建设的单位周转房以低价租赁给职工，例如一些军队大院住房只能租赁，不能购买。还有政府提供给低收入家庭的廉租房，经济适用房、限价商品房等受限制产权住房。部分高校教师住宅出售给了教师，但是产权转让限定只能销售给学校或在校内转让给其他老师等。还有回迁房、回改房等没有所有权，但有 70 年居住权，并且缴纳很低的租金，例如世纪城回改房 70 平方米租金一年 10000 多元。这些住房在上市交易中存在着很多困难，因此有实力的家庭会另外再购买一套产权住房，同时持有两套住房。

第五节　本章小结

本章综述了多套住宅的形成机制的基础理论及相关的研究成果，提出了中国城市家庭多套住宅的形成机制及其影响因素的假说，然后用 CGSS 2005 年数据和北京 2009 年调查和访谈资料进行了实证研究。主要结论如下：

多套住宅的形成机制主要有，一是人口的时空间移动带来的多个居住地的消费需求，内在动因为效用补偿或逃离带来的休闲度假用途，家庭成员分居多个居住地，工作便利，并受到了个体的收入、生命周期、空间距离和交通等因素的影响；二是将住房作为投资需求和家庭资产组合的重要组成部分，并受到了生命历程、房价、收入、金融知识等因素的影响；三是制度性交易障碍或市场障碍造成了现有住房无法上市交易或者上市交易一时不能出手，被迫持有。

中国城市家庭拥有多套住宅的动因有投资、休闲度假、便利生活、安置亲属、市场障碍等，并受到了生命周期、住房支付能力、地区差异、代际转移文化、公房分配权力、户口和单位等因素的影响。

第四章　中国城市家庭多套住宅的获得和使用模式——北京案例

中国城市多套住宅的获得模式分析了获得渠道以及所得第二住宅的特征。获得渠道有市场渠道和非市场渠道。市场渠道指从市场购买或租赁，以及是否通过中介来达成交易。非市场渠道指购买或租赁单位公房、保障房、继承等方式。第二住宅的来源、产权、区位、建筑结构和邻里特征选择和首要居所是截然不同的。不同动因获得的第二住宅在来源、产权、结构和区位特征方面也会有差异。

中国城市多套住宅的使用模式分析了首要居所和第二住宅的使用关系，例如二者使用的天数、使用的目的、两地的区位关系、两地的交通方式。此外还比较了不同类型的第二住宅在这些方面的差异。

第一节　多套住宅的获得模式和使用模式研究述评

一些研究和社会调查总结了第二住宅的获得模式。有些第二住宅从市场渠道购买土地自建，有些是从市场购买成品住房，而且在异地的第二住宅很多通过中介来购买，和专门的物业管理公司来管理。一些高资源福利地区的开发商专门开发了第二住宅来满足需求。在另一些情况下，很多第二住宅是从非市场渠道，例如婚姻、继承等方式获得，并作为休闲度假住宅和维持家庭联系(Balfe，1995)。Bayer等(2011)总结了住房投资的方式：一是购买自住型第二住宅，可以通过自买现房自住

(buy-and-live)，一些房地产公司还会给首付款不够的客户提供先租后买（lease-to-own）、通过预售方式购买期房(pre-construction)。二是购买投资型多套住宅，可以通过购买后出租(buy-and-hold)和购买后转卖(buy-and-leave)。对购买后的住宅可以追加投资，例如加建改建(buy-and- rezone)、旧屋翻修（flipping)等。

另有一些研究和调查分析了第二住宅获得模式的影响因素。例如Francess(2003)以详尽的调查数据总结了美国第二住宅业主的年龄特征、收入特征、消费趋向等特征，并与普通住宅业主进行对比分析，为其他研究提供了重要的数据参考。

对于多套住房的使用模式特征，很多国家政府和学术机构进行了深入的调查，如前所述的美国 AHS 和 CFS 等，调查内容包括投资性多套住房，会调查它的购买价格、出售价格、出租周期、空置、租金、运营成本、税收等，对于自住型多套住房，会调查自住人是业主家庭还是他的亲戚朋友等非付费用户，自住周期、自住目的、抵达的交通方式、自住期间的消费、是否出租等(Salazar，2012)。Müller(2013)发现休闲度假型第二住宅所有者比其他过夜旅客使用户外休闲设施更加积极。Stedman(2006)发现季节性居住的休闲度假型第二住宅所有者也有地方感，但是更多地与自然景观相联系，但是投入较少；而常年居住的业主的地方感更与社会网络和社区紧密联系。

还有些研究分析了多套住房的使用模式的影响因素。Anna(2015)认为家庭首要居所所在地居住密度越高，第二住宅的使用率越高；首要居所缺少私家花园、户外活动空间的家庭更可能使用休闲度假型第二住宅；第二住宅更多与效用补偿相关，而不是产权。还有的研究比较了自住型第二住宅和旅馆在面积和使用效率方面的差异。后者平均面积更小和使用效率更高，前者人均占用面积更大，大部分时间空置(Krippendorf，1986)，但是前者可以自助做饭和洗衣服等生活便利，而在旅馆这些服务比较昂贵，还可能不健康(Bieger 等，2007)。在这些自住型第二住宅中，大部分没有出租。然而(Bieger 等，2007)在瑞典的一项调查发现，如果提供一些软的措施，例如提供信息、建立交流平台、行政管理、提供清洗和维修服务等，有 11%的业主愿意出租。影响第二住宅业主出租意愿的原因有：对出租收入的高征税使他们缺乏明确的收益信息，出租存在高的交易成本，以及他们高收入和高财富没有动机出租；害怕出租丧失了对房屋的控制特权，以及不愿意租给吸烟者、带宠物者、不同宗教、不同国家的人；丧失了任何时间任何情况下可以使用第二住宅的自由，并造成的心理上的损失，丧失了家庭的私密感和担心卫生问题；丢失了家庭重要的标志性因素。Bieger 等(2005)将这些业主分为五类：第一类购买者是重视第二住宅的可得性和便利性，希望随时可以利用；第二类拥有者是从上辈继承，还有为下一代购买或者建造；第三类业主是投资目的购买，希望出租获得收入、保值增值。第四类不是从功能角度，而是从社会心理角度来拥有，它是个人标志和意志的延伸。第五类是寻求宁静，实现休闲度假等需要。而购买时间、购房时候的业主年龄、购买或使用原因、业主现在年龄、业主现在的使用状况、业主出租或不愿出租的原因会影响上述因素。年龄越大的业主越觉得出租会损害第二住宅的灵活利用。第二住宅购买的时间越早，业主觉得将他们租出去对灵活性的损害越小。

反观国内，对多套住房的空置和闲置现象关注较多，但是对具体的使用模式研究不够深入。

第二节　北京家庭多套住宅的获得模式

本章基于北京 2009 年的家庭多套住房调查数据分析多套住宅的获得模式。在北京持有多套住宅住户中，86%的家庭仅有 2 套住宅，所以这里就重点分析首要居所(第一住宅)和主要的其他住宅(primary additional residence)或者主要的第二住宅。为便于说明，这里用首要居所(primary home)和主要的其他住宅(primary additional home)代替。

这里首先得澄清几个相关的概念之间的关系：首要居所、第二住宅、第一套房和第二套房。第一住宅其实是首要居所(primary home)，也就是多套住房拥有者主要居住的住宅。第二住宅其实是偶尔使用的住宅(second home)或者偶尔使用的其他住宅(additional home)。也就是说，首要居所和第二住宅是根据在家庭中的重要地位和使用程度来区分的，而不是按照时间先后来分的。第一套房和第二套房，通常是按照家庭获得住房的时间先后来分的。城市居民最先拥有的第一套住宅(first owned flat)多是计划经济时期单位分的老房子或者自建的房子，再根据自己的条件和单位分房情况购买或获得新的住宅。随着经济的不断发展，城市逐渐向外扩展，房地产开发则从市区向近郊、远郊推进。因此，第一套住宅跟第二套住宅(second owned flat) 相比，通常是第一套住宅离市中心较近，第二套住宅较远离市中心；第一套住宅面积较小，第二套住宅面积较大；第一套住宅建筑年龄较老，第二套住宅建筑年龄较轻；第一套住宅多为单位分房或自建，第二套住宅多为购买所得，其中资金来源包括自有资金、银行贷款、父母赞助、亲戚朋友借款等；第一套住宅设施不齐全，第二套住宅设施更为完善。而且，居民现在居住的首要居所大多是后买的较新和较大的那一套。也就是说，第一套房原来作为首要居所，随着时间的变迁，它变成了现在的次要住宅，第二套房则成为现在的首要居所。

表4-1列出了首要居所和主要其他住房的来源。首先比较首要居所和主要其他住所的差异。从整体上来看，首要居所与第二住宅在各来源分布比例上大体接近，但是也存在一定的差异。首要居所主要是自己购买的新建商品房或二手房，而其他住宅的来源在购买经济适用房、购买原公有住房、自建住房等来源上超过主要住宅。这可能是这些家庭将新购买的住房作为现在的首要居所，而原来购买的公房、自建住房等由于设施不完善，则沦为次要的住宅。从产权上看，第二住宅自有比例较高，反而首要居所自有比例略低。这可能说明北京城市较大，一些家庭购买了住房，但是由于距离单位偏远，上学不方便等原因，还在城里租房居住。另外，第二住宅由继承或馈赠所得比例较高。即使是通过市场

渠道，首要居所和第二住宅从中介渠道获得比例都不高，在 8% 到 10%。这说明北京住房市场新房交易量大和中介的市场占有程度并不高。首要居所和第二住宅从市场渠道获得比例为 60% 左右，而且首要居所更高，这说明前者更可能是购买的新房。

表 4-1 **多套住宅住户首要居所(PH)与主要其他住宅(PAR)的来源和产权对比(%)**

住房来源	首要居所比例	主要其他住房及分类比例						
		汇总	投资	休假	便利	安置亲属	市场障碍	其他
自建住房	1.2	3	1.9	3.3	0	3.4	15.8	5.3
通过中介购买新建商品房	3	4.6	5.1	5	3.9	4.7	5.3	0
通过中介购买二手商品房	5.5	6.2	5.1	1.7	11.8	6.4	5.3	5.3
自己寻找购买的新建商品房	47.7	39.9	32.3	73.3	31.6	39.1	26.3	52.6
自己寻找购买的二手商品房	2.8	1.6	1.3	0	3.9	1.7	0	0
购买经济适用房、限价商品房	3.3	6.9	4.4	3.3	11.8	8.1	10.5	0
购买原公有住房	22.9	25.6	36.7	11.7	18.4	23.8	36.8	15.8
租用公有住房	2.8	2.5	1.3	0	5.3	2.1	0	15.8
租商品房	4.9	0.5	0.6	0	1.3	0	0	5.3
继承或馈赠	1.2	3.9	5.7	1.7	2.6	4.3	0	0
其他	1.1	1.2	1.3	0	3.9	0.9	0	0
回迁房	3.5	4.2	4.4	0	5.3	5.5	0	0
汇总(样本数)	100(568)	100	100	100	100	100	100	100
中介比重	8.5	10.8	10.2	6.7	15.7	11.1	10.6	5.3
市场渠道买房比例	59	52.3	43.8	80	51.2	51.9	36.9	57.9
市场渠道租房比例	4.9	0.5	0.6	0	1.3	0	0	5.3
市场渠道比例	63.9	52.8	44.4	80	52.5	51.9	36.9	63.2
自有比例	91.2	95.8	96.8	100	89.5	97.0	100	78.9
租赁比例	7.7	3	1.9	0.0	6.6	2.1	0.0	21.1

资料来源：根据 2009 年北京城市家庭住宅抽样调查数据计算。

从表4-1还可以比较各类第二住宅的来源。从自建房占比来看，市场障碍性第二住宅占比最高，投资型和便利型第二住宅该比例最低。这可能是由于自建住房多是位于城市的郊区小城镇，不便于生活，也不便于出租。从通过中介购买二手商品房占比来看，便利型第二住宅占比最高，这可能是便利型第二住宅便于生活，多是位于城区，多是二手房所致。从自己购买新建的商品房占比来看，休假型的第二住宅最高，市场障碍型第二住宅该比例最低。这说明休假型的第二住宅更可能是新房，市场障碍型第二住宅更可能是原公有住房。投资型和安置亲属型第二住宅从继承或馈赠渠道获得比例最高。投资型、便利性、安置亲属型第二住宅找中介的比例高，而休假型的第二住宅找中介的比例低。这也许是休假型第二住宅更可能是购买的新房。休闲度假型第二住宅市场渠道比例最高，而投资型和市场障碍型第二住宅该比例较低，这可能是这些住房中购买原公房占比较高导致的。休闲度假、投资型第二住宅自有产权比例比便利型高，这与前面的原因一样。

第三节　北京家庭多套住宅的使用模式

一、北京城市家庭多套住宅的空间关系和交通模式

北京城市家庭首要居所在市区占比最高，占比52%，其次是郊区，占比为48%，外地占比接近0。与之相反，第二住宅在五环外的郊区和外地比重高，其中郊区占比为50%，市区占比为44%，外地占比为6. 3%。这说明北京的第二住宅主要是在郊区，外地比较少(见表4-2)。

再比较主要其他住宅，不同类型的第二住宅也存在差异。便利型、安置亲属型、投资型和市场障碍型第二住宅在市区占比较高，而休闲度假型第二住宅在市区比例较低。休闲度假型第二住宅在郊区比例最高，而市场障碍型第二住宅较低。另外，休闲度假型、市场障碍型第二住宅在外地的占比较高，而投资型、便利型、安置亲属型第二住宅在外地占

比较低。

表 4-2 北京家庭首要居所(PH)与主要其他住宅(PAR)的区位比较(%)

地理位置	住宅 1	主要其他住宅(住宅 2)							住宅 3
			投资	休假	便利	安置亲属	市场障碍	其他	
北京 2 环内	15.3	9.5	11.3	3.3	18.4	6.8	15.8	5.3	9.8
北京 2 环到 3 环	18.5	15.3	14.5	1.7	19.7	17.9	15.8	15.8	18
北京 3 环到 4 环	18.5	18.7	22	11.7	15.8	18.7	21.1	21.1	11.5
北京 4 环到 5 环	16.9	15.7	17	11.7	13.2	17.4	10.5	10.5	9.8
北京 5 环外	30.6	34.5	32.1	58.3	28.9	34.5	21.1	15.8	37.7
外地	0.2	6.3	3.1	13.3	3.9	4.7	15.8	31.6	13.1
Total	100	100	100	100	100	100	100	100	100
市区	52.3	43.5	47.8	16.7	53.9	43.4	52.6	42.1	39.3
郊区	47.5	50.2	49.1	70	42.1	51.9	31.6	26.3	47.5
外地	0.2	6.3	3.1	13.3	3.9	4.7	15.8	31.6	13.1

资料来源：根据 2009 年北京城市家庭住宅抽样调查数据计算。第四住宅及以上的样本量较少，这里不列出。

首要居所到主要其他住宅的平均距离为 71 公里，到第三住宅平均距离为 113.2 公里，到第四住宅平均距离为 309.8 公里。距离越远的第二住宅数量越少，符合距离衰减规律。以主要其他住宅为例，15 公里内的第二住宅占该类的 57%，20 公里内占 68%，30 公里内占 82%。而在主要其他住宅中，不同类型的第二住宅和首要居所之间的距离也有差异。投资型、便利型第二住宅和首要居所之间的距离最近，符合投资者便于处理出租出售事务、便于工作生活等需要。其次是安置亲属型第二住宅，这与既要离得近，又要支付得起有关。休假型和市场障碍型第二住宅和首要居所的距离最远。这与异地休假和北京很多人都是从外地迁入有关(见表4-3)。

表4-3　**多套住宅住户首要住宅和其他住宅之间的距离(公里)**

距离	住宅1	主要其他住宅(住宅2)							住宅3	住宅4
		投资	休假	便利	安置亲属	市场障碍	其他	Total		
平均值(mean)	0	25.62	149.65	33.87	60.89	283.31	288.98	71.4	113.2	309.8
中位数(median)	0	10	25	10	13.5	17.5	31.5	15	15	20

注：住宅1为主要住宅，住宅2为主要其他住宅。住宅5和6样本量太少，没有计算距离。

资料来源：根据2009年北京城市家庭住宅抽样调查数据计算。

多套住宅之间的交通方式以自己开私人小汽车比重最高，占到了52%，乘坐地铁和公交其次，步行和骑自行车再次，分别为23%和17%，乘坐飞机、火车和轮船的比例较低。而在主要其他住宅中，不同类型的第二住宅和首要居所之间的交通方式也有差异。从自己开私人汽车类型来看，安置亲属型第二住宅到首要居所该占比最低，休闲度假型第二住宅该占比最高。从乘坐飞机、火车和轮船的类型来看，市场障碍型第二住宅到首要居所该占比最高，休闲度假型第二住宅该占比其次。这与这两种类型在外地占比高有关。从步行、骑自行车等类型来看，休闲度假型、市场障碍型第二住宅该占比最低，这与这两种类型在外地占比高有关(见表4-4)。

与唯一住宅的住户相比，有多套住宅的家庭有私家车的比例要高(见表4-5)，这也与他们的收入和财富较高有关。不同类型的第二住宅家庭私家车数量差异不大，这与汽车总价较低，而且从低端车到高端车之间的价格差异较大有关。

表 4-4　**多套住宅住户首要居所(PH)与主要其他住宅(PAR)间的交通方式(%)**

交通方式	投资	休假	便利	安置亲属	市场障碍	其他	主要其他住宅 Total
自己开私人汽车	56	68.3	56	44.3	57.9	47.4	52.2
由自己或司机开单位公车	1.9	5	2.7	2.1	0	0	2.3
乘坐地铁、公共汽车	20.8	13.3	18.7	27.2	21.1	26.3	22.6
火车、飞机、轮船	0	8.3	1.3	4.3	15.8	15.8	3.9
步行、骑自行车、其他	18.9	5	21.3	19.6	5.3	5.3	17.1
子女开私人汽车	2.5	0	0	2.6	0	5.3	1.9
Total	100	100	100	100	100	100	100

资料来源：根据 2009 年北京城市家庭住宅抽样调查数据计算。

表 4-5　**唯一住宅和多套住宅住户分类私家车数量**

私家车数量	投资	休假	便利	安置亲属	市场障碍	其他	主要其他住宅 Total	唯一住宅
平均值(mean)	1.91	2.03	2	1.93	1.89	2.11	1.95	0.51
中位数(median)	2	2	2	2	2	2	2	0

资料来源：根据 2009 年北京城市家庭住宅抽样调查数据计算。

二、北京城市家庭多套住宅的居住环境之间的差异

首先，从首要居所与主要其他住宅之间的房屋年龄比较。首要居所往往比较新，建筑年份在 1990 年以后所占的比例高；主要其他住宅的建筑年份会比较老一些。这是因为首要居所大部分是购买的新房，作为现在的常住地；而其他住宅大多是从祖辈或者父母继承的，或者购买的单位房改公房，建筑年龄比较老(见表 4-6)。

而在主要其他住宅中，不同类型的第二住宅也在建筑年份方面存在差异。从 1980 年前住房占比来看，市场障碍型、便利型和安置亲属型该占比较高，投资型第二住宅其次，而休闲度假第二住宅该占比最低。

这是由于休闲度假型第二住宅多是购买的新房，其他类型的第二住宅多是早期拥有的第一套房。

其次，从首要居所与主要其他住宅之间的设施齐全度比较。首要居所独立厨房、独立厕所、通自来水、燃气和电比例比主要其他住宅略高，说明它的居住设施质量要高一点。

而在主要其他住宅中，不同类型的第二住宅也在设施齐全度方面存在差异。市场障碍型、便利型和安置亲属型第二住宅可能位于老城区质量比较差的住房，有独立厨房、独立厕所，通自来水、燃气和电比例最低，说明它们的设施质量较差，而投资型该比例较高，休闲度假型第二住宅设施齐全的比例最高。这与休闲度假型第二住宅多是新房有关。

表 4-6 **多套住宅住户不同类型的主要其他住宅的建筑年份和设施质量分布(%)**

设施质量		投资	休假	便利	安置亲属	市场障碍	其他	主要其他住宅汇总	首要居所
建筑年份	中华人民共和国成立以前	1.3	0	0	2.6	0	0	1.4	0.7
	1950—1969 年	1.3	0	1.3	1.3	0	5.6	1.2	1.2
	1970—1979 年	2.5	1.7	5.3	4.7	15.8	11.1	4.4	2.1
	1980—1989 年	13.9	6.7	10.5	12	5.3	16.7	11.7	8.7
	1990—1999 年	31.6	11.7	27.6	23.9	31.6	22.2	25.5	26.1
	2000 年以来	46.8	80	51.3	54.3	42.1	44.4	53.8	58.8
	不清楚	2.5	0	3.9	1.3	5.3	0	1.9	2.3
	Total	100	100	100	100	100	100	100	100
设施齐全	都有	96.2	98.3	92.1	96.6	89.5	83.3	95.4	98.6
	不全是	3.8	1.7	6.6	3	10.5	16.7	4.2	1.2
	都不是	0	0	1.3	0.4	0	0	0.4	0.2
	Total	100	100	100	100	100	100	100	100

资料来源：根据 2009 年北京城市家庭住宅抽样调查数据计算。

再次，从首要居所与主要其他住宅之间的社区类型比较(见表4-7)。首要居所社区类别为普通商品房小区比重比主要其他住宅略高，前者为64%，后者为56%；主要住宅社区类别为别墅区比重比其他住宅略高，前者为5.3%，后者为4.7%；而在经济适用房社区和单位社区比例前者略低。与之对比的是，唯一住宅住户住经济适用房社区比例高于多套住宅家庭。

而在主要其他住宅中，不同类型的第二住宅也在社区类型方面存在差异。市场障碍型第二住宅为普通商品房占比最低，这与他们多是房改公房、自建房和农村住房有关。休假型第二住宅不会是老街区街坊。投资型、安置亲属型和便利型第二住宅为单位社区占比较高，休假型第二住宅该占比较低。投资型第二住宅为别墅区占比最低，其次是安置亲属型和便利型第二住宅；休假型第二住宅为别墅区占比高。这与别墅多在郊区，距离城区较远有关。便利型和安置亲属型第二住宅为经济适用房占比高，休假型第二住宅该占比最低。

表4-7　多套住宅住户主要住宅和不同类型的主要其他住宅的社区类型分布(%)

社区类型	投资	休假	便利	安置亲属	市场障碍	其他	主要其他住宅汇总	首要居所	唯一住宅
普通商品房小区	52.8	58.3	53.9	57	47.4	44.4	54.9	63.6	63.9
老城区街坊	1.9	0	1.3	1.7	0	0	1.4	1.9	0.5
单位社区	34	11.7	32.9	26.8	21.1	33.3	28	23.9	18.8
别墅区	1.9	21.7	2.6	2.1	10.5	11.1	4.8	5.3	10.7
经济适用房	5.7	5	9.2	7.7	5.3	0	6.7	3.2	4.7
村转居	3.8	1.7	0	3.8	15.8	0	3.4	1.8	1
其他	0	1.7	0	0.9	0	11.1	0.9	0.4	0.5
Total	100	100	100	100	100	100	100	100	100

资料来源：根据2009年北京城市家庭住宅抽样调查数据计算。

然后，从首要居所与主要其他住宅之间的面积比较(见表 4-8)。首要居所建筑面积约大于主要其他住宅，前者均值和中位数为 107. 5 和 100，后者为 105. 5 和 90 平方米。而在主要其他住宅中，不同类型的第二住宅也在面积方面存在差异。投资型和便利型第二住宅平均面积小；休假型第二住宅平均面积大。

表 4-8　**多套住宅住户主要住宅和不同类型的主要其他住宅的建筑面积(平方米)**

面积	投资	休假	便利	安置亲属	市场障碍	其他	主要其他住宅汇总	主要住宅	唯一住宅
平均值(mean)	90. 32	152. 02	98. 54	100. 08	109	177. 74	105. 56	107. 5	94. 5
中位数(median)	85. 5	122	90	90	90	120	90	100	90

资料来源：根据 2009 年北京城市家庭住宅抽样调查数据计算。

最后，从首要居所与主要其他住宅之间的市场价值比较(见表4-9)。市场价值一定程度上说明了社区的区位相关的基础设施和公共服务的齐全度。首要居所的市场平均价值略高于其他住宅。而在主要其他住宅中，不同类型的第二住宅也在住房价值方面存在差异。投资型和市场障碍性第二住宅的住房价值比其他类型的第二住宅低，休假型第二住宅的市场价值最高。

表 4-9　**多套住宅市场价值分布(万元)**

市场价值	住宅 1	主要其他住宅(住宅 2)							住宅 3
		汇总	投资	休假	便利	安置亲属	市场障碍	其他	
平均值(mean)	179. 3	155. 9	124. 9	206. 68	173. 76	139. 66	130. 39	488. 57	160. 72
中位数(median)	150	120	110	162. 5	148. 5	117. 5	100	80	110

资料来源：根据 2009 年北京城市家庭住宅抽样调查数据计算。住宅 4 及以上样本量太少，这里不列出。

二、北京城市家庭多套住宅的使用模式的差异

首要居所与主要其他住宅在使用状态方面存在差异(见表4-10)。首要居所用于自住，而第二住宅则是偶尔去住，闲置，无偿提供给父母或亲属居住，出租等。而在主要其他住宅中，不同类型的第二住宅也在使用状态方面存在差异。对比每类第二住宅使用状态，出租大概占到了30%~44%，闲置占到了18%~40%，无偿提供给父母和亲属居住占到了14%~67%。在每类第二住宅使用状态中，投资型第二住宅为出租比重高，闲置比重高；休假型第二住宅偶尔去住比重高；便利型第二住宅自住和偶尔去住比重高；安置亲属型第二住宅给父母亲属居住比重高；市场障碍型第二住宅多为闲置和出租。

表4-10　　**多套住宅使用状态分布比例(%)**

使用状态	住宅1	主要其他住宅(住宅2)							住宅3
		汇总	投资	休假	便利	安置亲属	市场障碍	其他	
自住	100	5.8	1.9	3.3	26.3	3	5.3	0	3.4
偶尔去住		14.5	1.9	80	23.7	5.1	5.3	0	6.9
闲置、基本不住		17.8	18.9	13.3	22.4	11.9	42.1	55.6	27.6
无偿提供给父母/亲属居住		28.9	1.3	1.7	3.9	66	5.3	11.1	13.8
出租		30.3	74.8	1.7	23.7	11.9	31.6	0	44.8
其他		2.6	1.3	0	0	2.1	10.5	33.3	3.4
汇总比例		100	100	100	100	100	100	100	100

资料来源：根据2009年北京城市家庭住宅抽样调查数据计算。注：住宅1为主要住宅。住宅4及以上样本量太少，这里不列出。

首要居所与主要其他住宅在使用天数方面存在差异(见表4-11)。

首要居所每年使用时间分布为 120～365 天，其中 200 天以下的比例为 2.5%，200～300 天比例为 8.3%，300 天以上为 89.2%。而在主要其他住宅中，不同类型的第二住宅也在使用天数方面存在差异。投资型和市场障碍型第二住宅的家庭首要居所使用时间最长，说明它的第二住宅使用时间最短，休假型第二住宅的家庭首要居所使用时间最短，说明它的第二住宅使用时间最长。

表 4-11　**多套住宅住户的首要居所的使用天数分布比例(%)**

	汇总	投资	休假	便利	安置亲属	市场障碍	其他
平均值(Mean)	351.75	360.79	309.1	338.56	359.47	363.95	353.61
中位数(Median)	365	365	330	365	365	365	365
最小值(Minimum)	120	190	125	185	120	355	165
最大值(Maximum)	365	365	365	365	365	365	365
有效样本案例数(Valid N)	558	158	59	73	231	19	18

资料来源：根据 2009 年北京城市家庭住宅抽样调查数据计算。

访谈还发现了一个很有中国特色的住房经历：同一个家庭第一套住宅来自于单位，房改公房，以低廉的价格购买或租赁，位置比较好，通常位于老城区，周边基础设施齐全，但是房屋存在质量和面积、功能等方面的不足。第二套住宅来自于市场，通常为商品房，房屋的质量、面积、环境和社区比前者有了很大的改善，主要在新城区和郊区，并且后者逐渐成为主要居住的首要居所。而在年老退休后选择住在郊区，郊区住宅作为首要居所，而城区的老房子作为第二住宅，空置或者出租。还发现了中国住房制度改革中，到现在还存在低价租赁单位公房，然后在外面购买商品房的情况。如一些特别的单位，例如军队，干部低价租赁军队大院，还在外面购买商品房。

第四节　本章小结

投资型第二住宅则是和所有者的收入和房价有关，还和住宅的投资增值能力有关，因此多是区位比较好的中小户型住宅。休闲度假型第二住宅也和所有者收入和房价有关，更和休闲度假目的地有关，多位于城市郊区和异地。流动性便利型住宅则是接近家庭户成员的就业地；安置老人和子女型住宅则和家庭结构、学龄子女的上学、婚龄子女就业有关。基于不同动因获得的第二住宅在使用目的、使用时间和频率上也有很大的差异。这里以北京为例说明。

多套住宅住户的首要居所和其他住宅比较，总体结论如下：

与第二住宅比较，首要居所从市场渠道获得比重高，非市场渠道比重低，自有比例高，达91%；空间分布为市区高，郊区和外地低；它的住房较新，设施齐全度高，社区为普通商品房比例高，别墅比例高，经济适用房、单位社区比例低；面积大；市场价值高；一年内使用天数多。

与首要居所比较，第二住宅从市场渠道获得比重低，非市场渠道比重高，继承、自建、公房比例高，自有比例更高，达96%；空间分布为市区比例低，郊区比例最高和外地比例也高；住房较老，设施齐全度低，社区为普通商品房比例低，经济适用房、单位社区比例高；面积小，市场价值低；一年内使用天数少。

多套住宅住户的不同类型的第二住宅比较，总体结论如下：

投资型第二住宅从市场渠道获得比重居中，为44%，非市场渠道比重居中，继承比例高，公房比例高，自有比例高，达97%；通过中介渠道占比10%；空间分布为市区高，郊区和外地低；和首要居所距离短，交通方式为开车比例居中，地铁占比20%和步行占比19%，私家车数量差别不大；住房较新，设施齐全度高，社区为普通商品房比例高，老街坊和单位社区比例高；面积小；市场价值低；一年内主要住宅使用天数多，第二住宅出租和空置比例高。

休假型住宅从市场渠道获得比重最高，为80%，非市场渠道比重低，为20%，继承和公房比例低，自有比例最高，达100%；通过中介渠道占比8%；空间分布为市区比例低，郊区比例最高和外地比例也高；和首要居所距离最长，交通方式为开车比例高，地铁和步行比例低；火车等比例比其他类高；住房新，设施齐全度高，社区为普通商品房比例居中，单位社区比例低和别墅比例比其他类别最高；面积大，一年内首要居所使用天数多，与其他类相比最少，说明第二住宅偶住比例高，出租和空置比例高。

便利型住宅从市场渠道获得比重居中，为53%，非市场渠道比重高，达43%，公房和经济适用房等比例高，自有比例高，达90%，比其他类最低；通过中介渠道占比11%；空间分布为市区高，郊区和外地低；和首要居所距离短，交通方式为开车比例居中，地铁和步行比例高；住房较老，设施齐全度低，社区为普通商品房比例高，街坊、单位社区和经济适用房比例高；面积小；市场价值居中；一年内首要居所使用天数多，与他类相比为居中，第二住宅自住和偶住、给亲属居住比例高，出租比例高；

安置亲属型住宅从市场渠道获得比重居中，为52%，非市场渠道比重高，公房、继承、经济适用房比例高，自有比例高，达97%；通过中介渠道占比为11%；空间分布为市区比例低，郊区比例最高和外地比例低；和首要居所距离长，交通方式为开车比例低，地铁和步行比例高；住房较老，设施齐全度高，社区为普通商品房、街坊、单位社区、经济适用房比例高；面积居中，市场价值居中；一年内首要居所使用天数居中，第二住宅给亲属居住和出租比例高。

市场障碍型住宅从市场渠道获得比重低，为37%，非市场渠道比重最高，公房和经济适用房比例高，自有比例高，达100%；通过中介渠道比例低，为5%；空间分布为市区高，郊区次之，和外地最少；和首要居所距离居中，交通方式为开车比例居中，地铁比例高，步行比例低，火车等比例高；住房较老，设施齐全度低，社区为普通商品房比例低，社区为经济适用房、单位社区、村转居占比高；面积居中；市场价值居中；一年内首要居所使用天数多，第二住宅闲置和出租比例高。

第五章　中国城市家庭多套住宅的效应

本章基于公共产品和外部性理论分析第二住宅会对流入地的公共产品和服务、私人产品和服务带来需求，以及需求的时空特征，对流入地可能有正的、或负的社会经济影响。国外一些研究还表明，第二住宅的社会经济环境效应因地而异，与所在地的地方经济、住房市场、环境特征和人群特征有密切关系，因此最好是采用案例研究。

第一节　国内外多套住宅对发生地的影响研究述评

一、第二住宅的经济影响研究述评

国外研究表明第二住宅对流入地的经济影响有正面的和负面的。这通常需要区分第二住宅是作为长期迁移或退休养老、还是休闲度假，还是投资目的（Bonvalet & Ogg, 2008; Hui & Yu, 2009; Norris & Winston, 2009, 2010），然而实际上存在困难。有时候可能是三者的混合。

在第二住宅的正面影响方面，休闲度假型第二住宅带来了为住户服务领域（建筑、房地产开发、基础设施、维修、物业管理、娱乐）的就业增加，增加了地方产品的需求，增加了消费和投资，促进了地方经济增长；带来了缴纳的房地产税费等公共收入增加。第二住宅不仅影响着地方社区的劳动就业，还将异地文化灌输给当地社区，也影响着土地的利用、住房价格和其他商品的价格(Hall & Williams, 2002)。第二住宅发展能增加当地的财税收入(Bevins M, 1974),促进边远地区的服务消费并创造工作岗位(Muller D, 1999)。而且,第二住宅的一个更重要的影响是和当地的休闲服务设施联系在一起的,对当地的餐厅和酒店有很大促进作用(Hoogendoorn, 2004)。一些地方在住房供应充足的情况下,将第二住宅政策作为促进经济发展和保持房价稳定的工具(Hoogendoorn & Visser, 2010, 2011; Hjalager, Staunstrup & Ibsen, 2011; Velvin, Kvikstad, Drag & Krogh, 2013)。这在人口大量外流、经济萧条的地区更为常见。

在第二住宅的负面影响方面,农用地的价格、乡村和部落的地价都可能会受到那些从都市中心来的高收入居民的第二住宅需求影响,这种乡村绅士化进程可能会导致土地所有权的破碎化,并且扰乱地方经济的秩序(Gartner W., 1987; Riebsame, 1996),使常住居民可负担的住房量减少(Hoogendoorn, 2004),导致经济漏损并产生对外依赖性(Telfer D, 2002)。它会造成季节性的交通拥挤和生活物品价格上涨,导致本地居民消费水平和生活质量下降,地价和房价的上涨,本地居民对住宅的购买能力降低(Clark, 1982; Baumhackl, 1988; Hiebl, 1997; Allen, Gallent, & Tewdwr-Jones, 1999; Cho, Newman & Wear, 2003; Marjavaara, 2007; Di, 2009; Gkartzios & Scott 2009)。并导致本地人和外来的第二住宅居民之间的住房冲突(Milbourne, 1997)。第二住宅的出现也改变了旅游模式。第二住宅旅游伴随着“周末休闲圈层”(weekend leisure zone)的出现,在该圈层中,游客过夜的可能性增加,一日游的游客减少(Müller, 2004)。

除此之外,投资型第二住宅也会对流入地的房地产市场产生影响,加速实现房价回归。Bayer et. al(2015)研究了买房投资的人(Flippers)的行为及其对住房市场的影响。他们可能是中间人(middlemen),从那些持有成本过高无法在市场长时间等待合适的购房人的卖房人手中低价购入住房,等待时机按照市场价卖给合适的购房人。他们的功能实际上增加了市场的流动性。他们也可能是投机者(speculator)，利用自身丰富的信息，在住房市场寻找套利机会，购入偏离基本面被低估的住房，然后高价卖出。现代金融理论认为投机者的角色比套利者更丰富，不仅仅是通过套利实现了市场价格的回归(如 Friedman，1953；Fama，1955)，这些同样适用于住房市场。一些家庭预期房价的上涨，而购入住房投资，成为噪音交易者(Case，Quigley，and Shiller，2003)。他们这样做，形成了房价的正循环，会导致房价不断上升。理性的投机者将顺势而动，在房价开始上涨时候买入，而在接近高点时卖出，推动了房价泡沫的上涨和破灭(De Long，Shleifer，Summers，and Waldmann，1990)。

二、第二住宅的社会影响研究述评

国外研究表明休闲度假型第二住宅的社会影响有正面的和负面的。很多研究关注了外来的富有的第二住宅业主和本地低收入人群的社会冲突(Jordan，1980；Nystrom，1989；Girard & Gartner，1993；Buller & Hoggart，1994；Miletić，2006；Brida，Accinelli & Carrera，2007；Armstrong & Stedman，2013)。

在正面影响方面，出生成长在此地后来迁出的居民在本地持有第二住宅后会增加地方认同感(Richetto，1983；Selwood，Curry & Jones，1996；Pitkänen & Vepsäläinen，2008；Milstead，2012；Bawedin & Miossec，2013；Hiltunen，Pitkänen，Vepsäläinen & Hall，2013；Litvin，Xu，Ferguson & Smith，2013；Gallent，2014)。它还会带来第二住宅业主进一步的访问和居住，并带来新的商业网络(Flognfeldt，2006；McLeod & Busser，2012)。

在负面影响方面，相对异质的外来第二住宅住户会带来社会结构和社区价值、社会文化传统发生变化，尤其在郊区和农村，可能造成本地居民和外来第二住宅住户间的文化冲突，空间上出现居住隔离(Richetto，1983；Selwood，Curry & Jones，1996；Pitkänen & Vepsäläinen，2008；Milstead，2012；Bawedin & Miossec，2013；

Hiltunen, Pitkänen, Vepsäläinen & Hall, 2013; Litvin, Xu, Ferguson & Smith, 2013; Gallent, 2014)。外来的第二住宅居民可能对当地的文化传统造成冲击。第二住宅会改变所在地的社会结构。第二住宅是欧洲和南美社会系统改变的一个基本征兆(Coppock, 1977)。通过休闲度假"高档化",第二住宅业主重新创建了一个与传统并行的社会阶层,和当地居民使用"共同但又独有"的地理空间(Ward, 1995)。

同时,由于外来第二住宅居民的参与,当地居民的社会、权利体系均可能发生变革。从第二住宅购买者(外来居民)的角度来看,他们为了逃离城市而购买"乡村"居所,既怀有享受乡村生活简单、质朴的愿望,内心对生活品质的要求甚至高于其城市居所。两方面的要求所综合的结果与现实的矛盾导致了外来居民改变其第二居所所在地属性的需求,希望有参与规划建设的权利。这样,本地唯一住宅居民和外来第二住宅住户在一些社会公共议题上也会有政治冲突。与常住居民一样,第二住宅业主对社区的感知也会对社区产生显著影响(Girard, 1993)。第二住宅引发空间竞争,问题的关键在于第二住宅和相关设施的维护(Phillips, 1998)。第二住宅居民会与当地居民存在文化和价值观方面的冲突。第二住宅业主可能会对当地社区的社会和文化转型产生影响。第二住宅的外来移民会将乡村生活理想化,这种幻想与实际的生活存在较大冲突,他们的价值观也跟当地社区的价值观产生冲突,这导致了邻居之间交往的减少,社区之间政治冲突的增加,会导致产生一些发展许可权和土地管理权的冲突问题(Phillips, 1993, 1998)。例如,唯一住宅住户可能愿意发展地方经济,改变土地利用,而第二住宅业主并不希望当地社区城镇化,希望能对当地的规划发表意见(Kelly G, 2005)。

三、第二住宅的环境影响研究述评

国外研究表明第二住宅的环境影响有正面的和负面的。从正面来看,可能促进社区外观的美化、周边环境的整治、以及配套设施的完善。土地和其他资源的利用模式发生改变,增加的人类活动和车流带来了环境污染、噪声，改变自然景观和影响了野生动物的生活等。第二住宅的开发可能导致所在地的景观发生改变(Grahn，1991)，从而对资源利用和生态环境保护带来不利的影响。从当地居民角度来讲，外来居民的入驻不仅导致当地土地、住宅的权属性质发生改变，同时当地景致也会因而发生改变。

一些中国学者也分析了第二住宅对社会和经济既有正面影响，也有负面影响。正面效应主要是：提供了就业岗位、创造高额税源、加快了经济的发展；刺激了第二住宅所在区域的市场贸易，并促进当地服务质量、规模和等级的提高；第二住宅引发的季节性郊区化对城市交通和服务起到了疏散的作用；第二住宅向其他地域的扩散带动了思想、观念和生活方式和文化技术的传播(厉以宁，2002)。而负面效应主要包括：第二住宅带来外地人口流入，增加了当地公共设施利用的压力；季节性的规模集聚使辅助设施的花费仅仅迎合了特定季节的要求，而造成了其他时段闲置的浪费；引起了土地价格和房地产价格的飞速上涨等（冯健，刘之浩，2000)；另外，还可能引发环境、生态、治安和税源流失、超前消费、贪污腐败等一系列社会问题(戚名琛，2002，2003)。然而这些影响多是定性分析，由于中国地区差异巨大，不同地区的住房市场供求关系有很大的不同，因而多套住房的影响需要更多的实证研究。

第二节　多套住宅的社会经济环境影响分析——北京案例

一、案例城市北京简介

本节采用北京作为案例研究。北京作为中国的首都，对人口有着巨大的吸引力，房价上涨很快，因而是研究投资型第二住宅的典型城市，同时由于城市巨大，内部差异很大，便利型第二住宅也占有一定比例；

郊区的休闲度假型第二住宅也有很大的市场；很多人都是从外地户籍迁移到北京，或者非户籍流动到北京，因而安置亲属型第二住宅也占有很大比例；此外，由于中央机关、国有企业事业单位占比很高，因而市场障碍型第二住宅也很突出。

北京拥有 18 个行政区县，全市面积达 16，410.54 平方千米(2007 年)，全市常住人口 1755 万人(2009 年)，其中外来人口 509.2 万人。北京位于华北平原西北边缘，地势西北高、东南低，境内贯穿五大河，主要是东部的潮白河、北运河，西部的永定河和拒马河。

北京作为中国的首都、政治中心和文化中心，城市基础设施、社会保障和治安等都位于全国城市前列，并且有一系列特殊优惠政策，例如在全国统一试卷时候高考分数线低于一些考生大省分数线近 100 分。在中国地区差异悬殊的情况下，对国内其他地区的人有很强的吸引力。在经济快速发展的情况下，国内外很多人到北京就业和居住。在房价飞涨的情况下，有很多人从事房地产投资。北京有很多本地人和外地人持有第二住宅。例如《北京住房建设规划(2006—2010)》指出，2005 年外省市人士和单位在京购房占全部成交量的 35%，2006 年 1—8 月份为 35.3%；2006 年一季度，境外个人在京购房占总购买商品住房套数占比达 2.2%。

二、多套住宅对北京的经济影响分析

一是从理论上分析多套住宅需求是否会促进房价上涨和降低中低收入群体的住房可支付能力。

首先假设有一个城市(社区)，短期内住房市场住房存量不变；社会中有三种收入群体：高收入群体，中收入群体，低收入群体；住宅分为三种子市场：高等质量住宅，中等质量住宅，低质量住宅，对应的是高价、中价和低价；各个子市场内部的住宅是完全替代的，不同子市场间的住宅是不完全替代的；各住房子市场是完全竞争市场；住房质量和家庭收入是对应关系；第二住宅首先在高收入阶层流行，然后扩展到中等收入阶层(见图 5-1)。

然后将第二住宅持有目的分为转卖投资、出租投资和非商业自住目的，第一种目的在成交前房屋是空置，第二种则假设完全出租，第三种则为偶尔自住或者提供亲戚朋友免费居住。

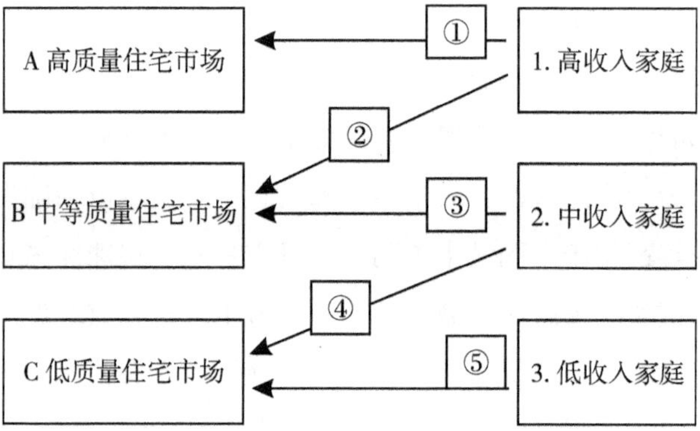

图 5-1　多套住宅需求对住房子市场的影响分析

首先，分析短期内高收入家庭非商业自住目的第二住宅对住房市场的短期影响过程。各子市场供应不变。假设高收入家庭 10 户，自住为 8 户，租赁为 2 户，中收入家庭 10 户，自住为 7 户，租赁为 3 户，低收入家庭 10 户，自住为 2 户，租赁为 8 户。住房套数和住房户数相等，市场均衡。非商业自住目的住房被用于偶尔自住，不形成对市场的实质供应。则非商业目的的第二住宅对市场的冲击如下：(1)高收入家庭购买第二住宅，对高质量住房需求增加，导致房价上升，部分高收入家庭转为租赁，租金上升；(2)由于高质量市场供应减少，部分高收入家庭转移到中质量住房市场购买或租赁中等质量住房，对中质量住房需求增加，而供应不变，导致房价上升和租金上升；(3)中收入家庭购房会优先考虑中等质量住宅，部分中收入家庭无力购买，转为租赁，租赁需求增加，租金上升；(4)由于中等质量住房供不应求，部分中收入家庭转移到低质量住房市场，导致了低质量住房需求增加，供应不变，房价和租金上升；(5)低质量住房市场房价和租金上涨，导致低收入家庭住房购买力和租金支付力下降，部分被迫退出住房市场。在此过程，可以发现中低收入家庭住房购买力和租房支付力都下降。

然后分析高收入家庭转卖投资目的的第二住宅对住房市场的短期影响过程如下：短期内，各子市场供应不变，并假定转卖投资持有空置期超过一年。分析结果和上面一样。

其次，如果转卖投资持有期很短，不超过一年，则可以认为对市场没有影响。

最后，分析投资出租目的的第二住宅对住房市场的短期影响。短期内，各子市场供应不变。自有和租赁偏好不变化。7 户高收入家庭购买唯一住宅，还有 1 户高收入家庭购买了第一和第二住宅，然后将第二住宅出租，高质量住房市场没有发生变化，房价和租金不变。同理中等质量和低质量住房市场也没有变化。

从长期来看，则取决于住房供应弹性。由于中国的城市规划基本是按照本地常住人口以及一户一宅来估计土地和住宅供应规模，这样造成了住宅供应相应不足。这样的结果和短期结果类似。在非商业自住目的和转让投资超过一年的第二住宅需求影响下，造成了房价和租金上涨，造成了中低收入家庭的住房购买力和租房支付力不足。

当中产阶级也开始流行第二住宅的时候，中等收入家庭倾向于购买中等质量住宅自住和购买中、低质量住宅作为第二住宅，结果和上述类似，但是低收入家庭的住房购买力和支付力就更加不足。

然后再回到北京的实际情况分析。相对于北京家庭数量而言，北京城镇国有土地上的住宅套数不足，处在供不应求的状态。空置和闲置第二住宅的存在，加剧了市场的供不应求。根据 2007 年 6 月房屋普查时点以及 2007 年、2008 年、2009 年计算的城镇常住人口人均建筑面积为 26 平方米，离每年规划人均建筑面积还有一定距离，也离北京城市总体规划 2020 年规划目标人均建筑面积 35 平方米还有很大的距离。

经过对北京的房屋存量进行测算，2007 年到 2009 年北京城镇国有土地上的正式住宅(国有土地上的大产权住房)套数仅占家庭户总数的0.8，小于1，也说明处在供不应求状态。西方研究表明，长期均衡的住宅市场空置率保持在3%~7%(Miller & Geltner，2007)。2007年住户调查表明北京城镇家庭多套住房率为7.5%(北京统计局城市调查总队，2008)。假设闲置率按照总体20%~50%计算，为1%~4%。估算均衡住宅套数与家庭户数比例为1.05~1.1。按照均衡状态比例1.05~1.1计算，这说明北京住房套数的缺口进一步加大。

第二住宅加剧了市场供不应求的趋势，导致了房价上涨。在2010年5月18日北京市住房和城乡建设委员会向北京市人大常委会的《关于我市住房保障和房地产市场调控有关工作情况的汇报》指出：今年以来，由于资金流动性充裕、通胀预期加剧和长期积累的供求矛盾等因素，导致我市商品房房价上涨过快，投资投机性需求旺盛。2010年3月份，北京市新建商品住房成交中外地人购房比重由去年的39.2%增至42.5%；个人购买二套以上住房的比重由去年的16%左右增至25%①。新建商品住房价格指数同比上涨20.3%，涨幅比2月份扩大2.2个百分点；环比上涨2.1%，涨幅比2月份扩大1.0个百分点；新建商品住房成交均价2.21万元/平方米，同比上涨86.4%，环比上涨17%。

从北京新房销售均价来看，北京房价呈快速上涨趋势(见表5-1)。

表5-1　　**2003—2008年北京新房销售均价**(单位：元/平方米)

北京新房均价	2环到3环	4环到5环	5环外
2003年	6290	5650	4550
2004年	6690	5810	5850
2005年	7950	6880	6850

① 这里外地人购房比例是根据购房合同上购房者的身份证来区分，购买二套是根据房地产交易管理信息网对新购房者以往购房信息查询，如果以往有购房记录，则作为二套房。

续表

北京新房均价	2 环到 3 环	4 环到 5 环	5 环外
2006 年	8330	7950	7020
2007 年	10420	10920	9950
2008 年	12110	13610	12910

资料来源：国家统计局北京城市调查队提供。

北京市场总体的供应不足，又存在着空置和闲置的第二住宅，导致了房价的上涨，造成了中低收入家庭的住房支付力不足。杨赞和易成栋(2010)采用“剩余收入法”对 2004—2008 年北京居民住房购买能力作了评估。基准住房为建筑面积为 90 平方米和位于 4 环和 5 环之间的住房。根据银行 30 年住房贷款利率和首付 20%测算北京居民住房购买力。这里对潜在首次购买者的负担能力进行评估。首次购买者是指目前居住在租赁的住房中，且到目前为止还没有购买过任何住房的家庭。根据以上方法，我们可以评价不同收入家庭的住房可支付能力(见图 5-2)。中低收入、中等收入家庭都无法负担一个基准住房的消费，中高收入与高收入居民则有较强的住房可支付能力，但是在房价攀升的情况下，他们的支付能力也在减弱。

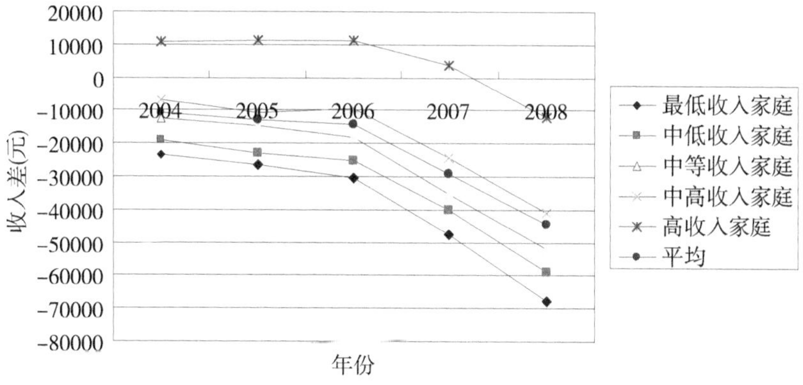

图 5-2　2004—2008 年北京市首次购房者收入差变化

为了贯彻落实国务院关于坚决遏制住房价格过快上涨的调控政策要求，2010年4月30日，北京市出台《北京市人民政府贯彻落实国务院关于坚决遏制部分城市房价过快上涨文件的通知》(京政发〔2010〕13号)：严格执行国发〔2010〕10号文件关于首套及二套住房贷款首付款比例和贷款利率的要求；商业银行根据风险状况，暂停对购买第三套及以上住房，以及不能提供1年以上本市纳税证明或社会保险缴纳证明的非本市居民发放贷款；暂定同一购房家庭只能在本市新购买一套商品住房。随着各项政策措施的逐步落实，投资投机性购房明显下降，房价快速上涨的势头得到遏制。2010年5月1日到13日，个人购买二套以上住房的比例由4月的25.4%回落至16.1%；非北京市个人购房比重由4月的42.3%回落至28.3%。受此影响，新建商品住宅成交2274套，比上月同期下降57.6%，二手住宅成交6897套，比上月同期下降42.2%。5月份新上市项目的价格平均比各项目前期上涨约16%，涨幅较4月份回落17个百分点；同时受5环外成交比重较大的结构性因素影响，5月1日到13日，北京市新建商品住房成交均价16729元/平方米，低于4月均价28.9%，与上年10月均价水平相当。这也说明第二住宅对房价的影响很大。

北京访谈结果表明经济影响是客观存在的，但是对地方经济的拉动作用十分有限。一次性房地产交易缴纳的土地出让金和税费贡献很大，为第二住宅住户服务的小超市、交通生活用品供应等也会持续提供一些税收。对本地人口就业的贡献也有限，一方面是很多工作招聘本地人比招聘外地人成本要高，例如工资一样，但是本地需要上五险，而外地人只需上二险即可；二是有些工作非常辛苦，但是收入不高，本地人不干，例如太阳城看护老人的工作。房地产价格上升确实很快，除了第二住宅的影响外，也和整体市场供不应求有关。对生活用品的价格变动影响不大，主要原因是生活用品供应充足。

三、多套住宅对北京的社会影响分析

第二住宅对北京的社会影响主要有：高房价导致了中低收入家庭住房可支付能力不足，住房不平等和居住隔离，以及郊区的社会结构改变、文化价值观和政治公共议题方面的冲突等。住房可支付能力不足，前面已经论述，郊区第二住宅的影响以小汤山为案例说明，详见下文。这里再阐述一下北京的居住隔离。北京的保障性住房包括经济适用房、廉租房和限价商品房，而市场性住房包括普通商品房和别墅。从空间来看，二者存在明显的空间分异。

北京市出现由收入高低体现的社会阶层的居住隔离，高收入阶层集中居住在近郊高档住宅区或者交通方便、环境优美的较远地区，而低收入阶层则居住在交通不便，相对偏远的地区。公寓集中分布在城区及靠近城区边缘的近郊区。公寓属于高档消费品，是一种收益性住宅，大多用于出租，因此，其分布主要是交通便利、周边商业和服务业条件较好的地区。别墅的分布相对远离城区，集中分布在 5 环外，这主要是因为别墅具有大面积、低密度、周围环境优美等特点，它主要满足有钱、有车阶层的需要。在 2003 年，北京市经济适用房项目其分布多集中在近郊相对位置比较差、土地价格比较低廉的地区。北京 2007—2010 年住房建设规划中的政策性住房项目空间布局则进一步说明了该问题(见图 5-3)。北京保障性住房项目多为四环外，周边基础设施比较缺乏。

从传统和业界普遍接受度来讲，人们习惯将北京郊区的别墅①分为中央别墅区、奥北别墅区、西山别墅区、潮白河别墅区、亦庄别墅区、昌平八达岭别墅区、城南别墅区、东部泛 CBD 别墅区八个主要区域(图 5-4)。这些区域的形成主要与其自然环境优势与交通便利有关。这些地

① 由于第二住宅开发的数据难以单独统计，因此本文此处仅概述别墅区开发概况。尽管北京郊区第二住宅未必全部都是别墅，然而一般来讲，在郊区购置的别墅应该绝大多数都是第二住宅。

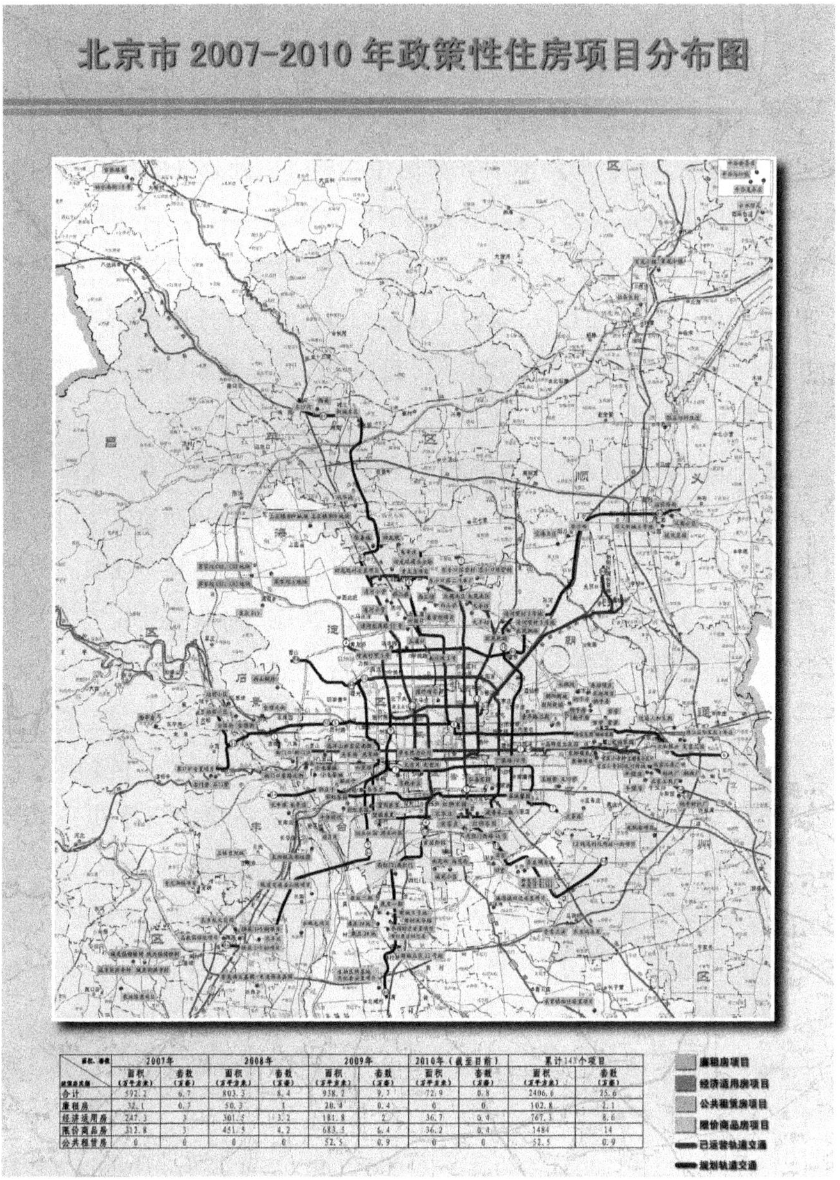

图 5-3　北京政策性住房项目空间分布规划

方距离市区近，又有快速道路与市区连接，通达性好，同时有比较优美的自然环境。

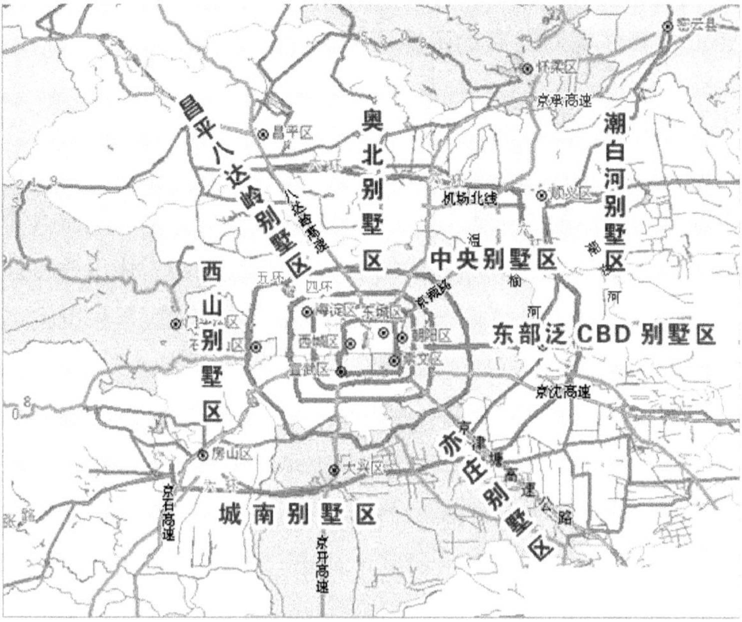

图 5-4　北京八大别墅区分布①

北京访谈结果表明社会影响明显。需要拆迁的农民和城市本地市民不存在住房问题，因为他们有回迁住房和高额的拆迁款。而普通居民则对高房价无法接受。例如北京郊区密云某出租车司机老婆自家住房 70 多平方米，儿子上大专，想改善住房，但是房价太高，家庭收入太低，买不起。郊区确实出现了两个世界——“高收入、富有的外地人和城里人”和“低收入的本地人”——居住隔离。不同人群在地区开发方向方面存在着冲突。例如高教园区、昌平区，本地人希望多建一些廉价商品房和经济适用房，提供一些普通就业岗位，而玫瑰园和高教新城别墅区第二住宅住户希望建设高档社区，多建绿化和减少低收入的人口和低端就业机构；位于此地的高校师生希望多建设一些公共设施，多一些比较高

① 来源于 http：//villa. focus. cn/map/。

端的就业岗位。

四、多套住宅对北京的资源环境影响分析

第二住宅开发通常使资源利用方面发生一系列改变。例如改变了土地资源的利用模式，其他资源(如水、森林)的利用方式，或者利用方式没有改变，但是利用强度发生了改变。特别是一些郊区的休闲度假和退休养老型第二住宅的开发，通常将农业用地转化为居住用地和公建用地，而一些水体则变成了观光水体，新增加了一些休闲娱乐设施用地和景观用地。

在住宅建设期间，污染源包括施工噪声、固体废弃物、废水、废气等。施工噪声主要来源包括施工现场的各类机械设备和物料运输的交通噪声。施工场地噪声主要是施工机械设备噪声，物料装卸碰撞及施工人员的活动噪声。施工扬尘，主要为土地平整及建筑施工产生的扬尘污染，另外，粉状建筑材料等任意堆放及运输时也会产生扬尘污染。施工扬尘是施工活动中的一个重要污染因素，将对空气质量造成影响。施工扬尘的大小，随施工季节、土壤类别情况、施工管理等不同而差异甚大。固体废物，主要包括施工弃土、建筑垃圾及生活垃圾等。建筑垃圾主要包括废弃砖块、混凝土块、废木料、钢筋头等。施工区的生活垃圾产生量有限，可做城市生活垃圾处理。施工废水，主要为施工人员的生活污水和施工本身产生的废水，施工废水主要包括结构阶段混凝土养护排水以及各种车辆冲洗水。因建筑美观和实际使用功能之需，须对建筑内外装饰，此时各类建筑涂料被大量使用，产生了装饰废气。粉抹在建筑表面的涂料比表面积大，易挥发。因而使用的涂料品种不同，其对环境空气的污染影响亦相差较大，甚至有天壤之别，应予以重视。

在营运期间，会加大用水量和三废排放量。主要是生活用水，配套公建用水，洗车废水等和公共绿地浇洒。污水包括生活用水，商业服务用水，配套公建用水等产生的废水。大气污染物，主要为居民厨房油烟。油烟是一种由烹饪时动植物油产生的油雾及其在高温下氧化裂解的

醛类、酮类、链烷类、乙醇和链烯热解物组成的较为复杂的气溶胶，包括有气态、液态、固态的污染物。若油烟直接外排，冷凝沉积而形成油污，污染墙面，影响建筑外观，而且，对区域的环境空气质量带来不良影响。厨房油烟经各户自行脱排油烟后通过暗烟道集中排放，由于污染物排放量较小，是间断短暂排放(主要是午饭和晚饭时段)且扩散迅速，对小区内外环境空气影响不大。生活燃料燃烧废气，住宅小区以管道天然气为燃料，天然气为一种比较清洁的能源，依然会产生 SO_2、NOx、CO 等污染物，燃烧烟气中主要污染物的浓度较低。汽车尾气也是重要的污染源。汽车在停放或启动过程中以怠速和加速为主，小区内停放的车辆以汽油车为主，排气中的主要污染物为 NOx、HC、CO。地面停车位由于车辆分开停放，其排放的尾气很快在空气中扩散，单辆车排放的污染物对环境影响较小。固体废物，主要为生活垃圾，基本不含特殊有毒有害物质。家用干电池、家用电脑耗材等可能有害，但经过分类处理后，对环境的危害也很小。生活垃圾分为两类，一类是干垃圾，另一类是湿垃圾，产生于居民厨房。运营期间项目的主要噪声源为消防泵、抽排风机运行时产生的设备噪声。

北京访谈表明资源和环境影响也客观存在。主要表现有：城市扩展迅速，郊区一些农村变成了城市，土地等资源利用模式发生了很大的改变，交通车辆增加很快，城市交通拥堵加剧，环境污染增加。此外，还有规划、水务、国土部门认为人口增长过快，超过了北京原来 2020 年规划的 1800 万人口目标，对北京的资源环境承载力影响压力很大。

第三节　休假型第二住宅的影响——北京市小汤山镇案例

上述是将北京作为一个多套住宅集中地区分析，无法具体分析各种类别的第二住宅。这里以小汤山为例，重点分析休闲度假和养老型第二住宅对社区的各方面影响。这和西方狭义的第二住宅一致。

一、案例地点北京小汤山镇简介

小汤山镇位于北京北部近郊的昌平区(见图 5-5)。位于北京北部的小汤山镇属于上风上水，地理位置极佳。小汤山素以优厚的地热资源而闻名，有“温泉古镇”的美称。因为此处山丘较小且海拔仅 50.1 米，并在山麓有温泉，古人称热水为“汤”，故名曰“小汤山”。明清帝后设行宫于此，将这里视为北京的“华清池”。小汤山有清新的自然风光，并且有小汤山龙脉温泉度假区、九华山庄等，各类休闲娱乐设施齐备。周边众多的旅游资源，距离八达岭长城、十三陵水库、北京蟒山国家森林

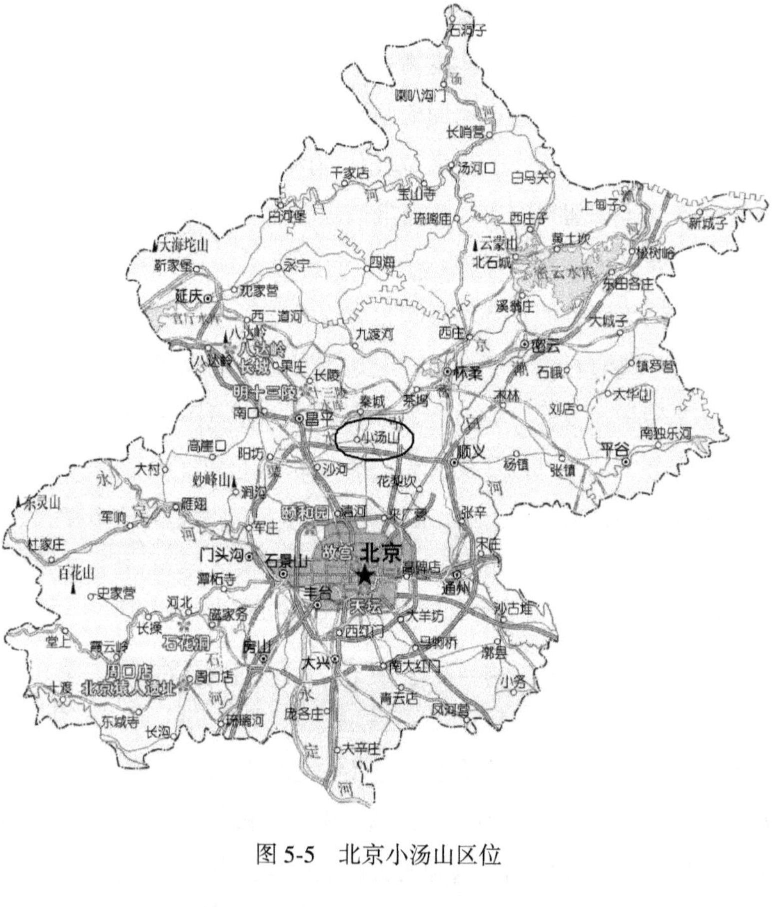

图 5-5　北京小汤山区位

公园等旅游景点等比较近。它靠近北京城区，到机场较近，交通方便。小汤山镇(镇政府)距北京市中心(天安门)距离约 34 公里，西北距昌平卫星城东南 10 公里，南距亚运村 17 公里，东距首都机场 16 公里，总面积 70.1 平方公里。小汤山镇与北京城区的连接不仅有便捷的公路连接，有六环路穿镇而过，而且市政府也有考虑将五号线延至小汤山环岛，交通十分方便。

自从 1994 年小汤山镇被确立为北京市小城镇试点镇以来，小汤山的发展一直受到国家、市、区等有关领导及部门的大力支持。“全国环境优美镇”、“中国温泉之乡”等美名也一直被贯彻在小汤山的发展和规划当中。2009 年初，昌平区政府在昌平区第三届人民代表大会第四次会议提出了全力打造商务花园城市(Business Park City，BPC)的新目标。作为一种新型城市发展理念和方式，强调社会与自然的和谐发展、协调规划，集商务、休闲、居住等多功能为一体的发展模式。小汤山镇作为昌平区极具代表性的重镇，其自然环境和经济基础都为小汤山向这一目标的发展奠定了良好的基础。在昌平区土地利用总体规划(2001—2010)中指出，小汤山镇是休疗养、度假、旅游为主的城镇，是昌平东部地区的经济中心。

小汤山住宅楼盘以温泉入户为特色，以休闲度假型别墅为主。它作为奥北别墅区的一部分，离市区相对较远。① 奥北别墅区在申奥成功后尤为受人青睐，北京政府更是投资 15 亿元建设基础设施。奥北别墅区目前已经成为北京较为成熟的别墅区之一。

20 世纪 90 年代初，小汤山率先出现了王府花园等第一批别墅类项目，2005 年时沿汤立路不足 3 公里半径内已经拥有温哥华森林、纳帕溪谷、东方普罗旺斯等近 20 个低密度社区。小汤山楼盘大多定位于中产到豪宅之间。经过数年的积累，一批厌倦了喧嚣吵闹的“城市贵族”，倾向于逃离城市到郊区休闲度假或为自己的老年生活规划住所。同时，

① 奥北别墅区指八达岭高速以东，北苑路以西，五环沿线至来广营乡。

20 世纪 90 年代，居住在亚运村附近的比较富裕的中产阶级，也开始将交通方便、环境优美且距离较近的小汤山作为改善住宅条件的首选。小汤山在这些条件的推动下，逐步发展成为北京近郊一片典型、成熟的别墅社区。小汤山地区所开发的楼盘主要以中高档别墅为主，可见开发商的本意不在小汤山镇当地的居民，而是为了满足北京中高收入家庭购买第二居所的需求(见图 5-6)。而且房价比市区低数倍，成为北京人购买休闲度假住宅和投资的热点区域(见表 5-2)。

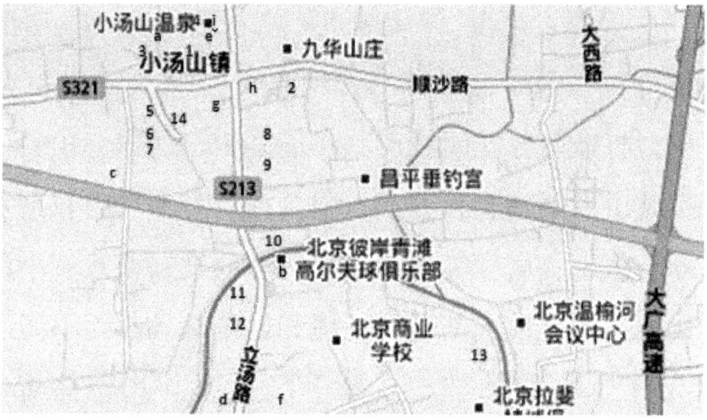

图 5-6　北京小汤山中高档商品住宅区位

表 5-2　**2009 年北京小汤山地区楼盘概况**

序号	项目名称	物业类型	均价(元)	开发项目定位
1	金科帕提欧 II 美遇	别墅	20000	养老度假别墅
2	纳帕溪谷一期	别墅、高档住宅	35000	养老度假别墅
3	龙脉温泉花园别墅	别墅	19800	养老度假别墅
4	金科小汤山	别墅	20000	养老度假别墅
5	湾流汇	别墅	20000	养老度假别墅
6	保利垄上	别墅	25000	养老度假别墅
7	长河玉墅	别墅	15557	养老度假别墅
8	北京太阳城	别墅	17800	养老度假别墅
9	威尼斯花园二期	别墅	14313	养老度假别墅

续表

序号	项目名称	物业类型	均价(元)	开发项目定位
10	橘郡	别墅	20000	养老度假别墅
11	依水庄园	别墅	16575	养老度假别墅
12	温哥华森林	别墅	25000	养老度假别墅
13	珠江壹仟栋	别墅	21381	养老度假别墅
14	汤山庭院	别墅、高档公寓	12500	养老度假别墅
a	龙脉花园	普通住宅	13000	老年公寓
b	北京太阳城国际公寓	普通住宅	13700	老年公寓
c	国际老年公寓	普通住宅	11600	老年公寓
d	温泉花园	普通住宅	13400	老年公寓
e	北亚花园	普通住宅	13500	普通公寓
f	逸品尚枫	普通住宅	12200	小户型公寓
g	广成温泉公寓	普通住宅	9700	普通公寓
h	常兴庄	普通住宅	6000	中低档住宅
i	绿荫泉城	普通住宅	12500	普通公寓

资料来源：从搜房网上搜集楼盘信息整理。

作为发展较早的第二住宅集中区域，多数楼盘已经入住好几年，目前的发展已经较为稳定。同时经过一些年的发展，伴随第二住宅所产生的问题也慢慢显现出来。然而由于北京及中国大多数城市都处于城市化与城市郊区化的双向进程当中，第二住宅在中国城市郊区产生的现象与西方国家并非出于同一阶段，问题也不一样。

二、休假型第二住宅对小汤山的经济影响

第二住宅对小汤山经济的影响极为重要。小汤山以其地理位置与环境优势为人们所青睐，外来购买力导致对小汤山住宅需求急剧增长。小汤山可供开发的土地稀缺更提升了区域价值，导致地价、房价的增长。

房地产价格的上涨可以带给当地政府更高的税金和土地出让金等财政收入，也让本地想购买住房的城镇中低收入家庭难以承受。第二住宅的开发和建设带给当地农民更多的就业机会、地产升值机会以及拆迁补偿机会。一些村庄也开始出租土地建设小产权房并对外销售。根据对当地居民的实地调查，尽管许多外来居民的“5+2”生活方式对小汤山经济有影响，但是本地物价水平整体稳定。由于小汤山周边有大量的农田，加之交通十分便利，各种商品无论是牛奶、蔬菜、水果还是肉类的品质都很好，价格也和市区差不多。当地零售商业所面对的主要客户群体还是当地居民，物价并没有随着第二住宅居民的往来频繁变化，保持着合理价位的相对稳定。

三、休假型第二住宅对小汤山的社会影响分析

此外，第二住宅的发展也对小汤山带来一些社会影响。小汤山地区的发展，反映了北京城市郊区化的推进，中产阶级和高收入阶层向郊区城镇迁居，以及逆城市化，在一些风景优美的乡村建立第二住宅，形成了新型的门户社区(gated communities)，与本地农民住房形成了空间上的隔离和景观上的鲜明对比。原有低收入的农民聚落和农村景观经过了绅士化(gentrification)，变成了高收入的豪宅和休闲度假设施集中的旅游地景观。这里以马坊村和一路之隔的高档别墅区为例。马坊村隶属于北京市昌平区小汤山镇，位于镇域南部，在昌平城区东南 16.7 公里处，距镇人民政府 3 公里。东邻北京农业现代科技园，西邻官牛坊村，南邻温榆河组团别墅区，北邻六环路、小汤山苗圃及堡利垄上别墅区。它有户数 680 户，常住人口 2423 人，村域面积 2.27 平方公里，耕地面积 1.05 平方公里。从卫星地图上可以清楚地看出，马坊村和橘郡的居住密度和绿地景观差异很大(见图 5-7)。前者的居住密度更大，绿地景观更少。

本地农民和原有小镇居民和这些新居民的生活方式和价值观截然不同，对地区的发展和土地利用有不同的看法。由于这些居民的户口大部

分在市区和外地，没有本地的选举权和被选举权，基本不参与当地的政治活动。但是也会为一些地区共同利益集体行动，例如对上风方向的阿苏卫垃圾场的立项和扩建，他们共同抗议和上访。郊区第二住宅通常作为周末及假期的度假场所，季节性的空置也会产生一系列问题，例如治安问题，社区感不足，一些公共服务设施达不到规模经济，无法有效运转。有些被访问者认为物业管理松散的第二住宅小区存在着治安问题，例如偷窃财物等。但是一些物业管理很好的高档住宅小区，不存在治安问题。小区常住人口太少，人气不足，导致一些配套设施，例如幼儿园、超市等无法运营。

图 5-7 北京小汤山镇马坊村与高档小区橘郡一路之隔(左为马坊村，右为橘郡)

四、休假型第二住宅对小汤山的资源环境影响

最后，第二住宅的发展也对小汤山带来一些资源环境方面的影响。第二住宅使当地资源利用模式和景观发生了巨大变化，原来以农业为主和农村聚落为主的土地利用模式，很多转化为住宅用地和休闲度假设施用地。开发商敏锐地意识到高收入的潜在购买者对高品质住宅的需求，多选择在环境优美的地方建设中高档住宅，并且配套建设了一些高档的休闲娱乐设施，例如高尔夫球场、游泳馆、健身房等，建筑形式也是多

种多样、各具特色。例如既有中式古典建筑，更多的是西式的欧美风格的建筑。第二住宅的开发无疑使小汤山旧貌换新颜，周边的配套设施如餐馆、医院、公园等也逐步丰富起来。

周末及假期，第二住宅拥有者驱车前往郊区居所，由于人流集中而道路有限，突然增加的车流量很有可能会导致交通的拥堵，使通往郊区的主要干道堵塞，不仅影响居民的正常生活，同时也影响着一些其他行业的交通及运输等。此外还增加了汽车废气的排放和一些生活垃圾。

第二住宅开发对地区的环境影响是存在的，主要是一些废气、废水、固体废弃物的排放和噪声。小汤山地区的楼盘多以自然景观为依托，开发过程和运营中并未造成明显的环境污染。政府主管部门在项目立项审批前通常要求提供环境影响评价，并对可能的环境问题采取环境保护措施，以及项目建设的环境影响评价报告上网公示和对本地居民的公众调查等反馈机制，在运营期间存在着环境保护部门的监管和公众的反馈，环境影响基本在可接受范围内。例如温泉科艺苑住宅小区(二期工程)的环境影响评价报告和公众参与情况都在网上公示(温泉，2010)。然而，众多的低密度住宅项目占据了小汤山有限的土地，不科学的规划很可能导致潜在的环境问题。而在郊区，很多控制性详细规划由开发商主导，修建性详细规划由开发商制定，客观上存在着开发商的利益最大化和地区资源环境不是最优利用的可能。

第四节 北京家庭对多套住宅的影响感知和态度分析

从对唯一住宅和多套住宅住户的调查问卷结果来看，大多数本地唯一住宅居民和多套住宅住户都认为，第二住宅对当地的社会、经济以及环境因素有一定的影响。从居民的态度和感受来衡量影响程度不能完全代表当地的实际情况，但是分析居民的态度、看法则是从主观感受角度来进行评价，有助于研究的全面性。

一、本地居民对第二住宅的影响感知——北京小汤山案例

北京问卷调查结果表明，在经济影响方面造成了就业的增加，房价的上涨。多数认为会造成房价上涨，增加就业，并不认为一定会导致生活用品价格上涨。多套住宅住户认为持有的第二住宅，会对该第二住宅所在社区造成房价上涨的比例为54%，本地住户认为多套住宅住户持有的第二住宅，会对该第二住宅所在社区造成房价上涨的比例为65%。多套住宅住户认为持有的第二住宅，会对该第二住宅所在社区增加周边就业的比例为43%，本地住户认为多套住宅住户持有的第二住宅，会对该第二住宅所在社区增加周边就业的比例为47%。它们都比认为不会增加就业的比例高。多套住宅住户认为持有的第二住宅，会对该第二住宅所在社区造成生活用品价格上涨的比例为41%，本地住户认为多套住宅住户持有的第二住宅，会对该第二套房所在社区造成生活用品价格上涨的比例为44%。它们都比认为肯定不会造成生活用品价格上涨的比例低。

北京问卷调查结果表明，在社会影响方面，多数居民都认为第二住宅会带来交通拥堵；针对社会治安和公共安全变差这一问题上，有较大的分歧。多套住宅住户认为比本地住户地位高的比例为10%，认为二者差不多的比例为60%，本地居民认为多套住宅住户比本地住户地位高的比例为33%，认为二者差不多的比例为36%。基本可以认为多套住宅住户的地位比本地居民略高或差不多。多套住宅住户认为持有的第二住宅，会对该第二住宅所在社区造成治安变差的比例为37%，本地住户认为多套住宅住户持有的第二住宅，会对该第二住宅所在社区造成治安变差的比例为64%。

北京问卷调查还表明，唯一住宅住户和多套住宅住户的邻里关系比较淡薄。居民在持有的其他住宅社区里与本地常住邻居主要讨论的问题这一项，近一半的居民都选择“无”这一选项(见表5-3)。

表 5-3 多套住宅住户和唯一住宅邻居讨论问题比例(%)

讨论哪些问题	投资	休假	便利	安置亲属	市场障碍	其他	多套住宅	唯一住宅
具体事情	9.4	5	13.3	17.2	15.8	10.5	12.9	12.5
情感	23.9	25	14.7	26.6	15.8	15.8	23.4	19.1
两者	15.7	6.7	17.3	14.6	5.3	26.3	14.5	7.3
都无	50.9	63.3	54.7	41.6	63.2	47.4	49.2	61.1
Total	100	100	100	100	100	100	100	100

资料来源：根据 2009 年北京城市家庭住宅抽样调查数据计算。

此外，从二者社会交往来看，唯一住宅住户和多套住宅住户的邻里关系比较淡薄。对于唯一住宅，调查问题是：您和在您社区持有第二住宅的邻居之间的相熟程度如何？对于多套住宅，您觉得和您第二套房或多套房所在地的本地常住邻居相熟程度如何？如表 5-4 所示，可见有近 2/3 的居民选择的是“不认识”或者“不太熟”，说明大部分拥有多套住宅的居民在第二住宅很少居住，也很少和邻居交往，与邻居不是很熟。

表 5-4 多套住宅住户和唯一住宅邻居熟悉程度比例(%)

是否熟	投资	休假	便利	安置亲属	市场障碍	其他	多套住宅汇总	唯一住宅
不认识	18.9	16.7	25	15.8	26.3	21.1	18.5	37.3
不太熟	44	56.7	43.4	47.4	36.8	36.8	46.2	32.6
比较熟	20.8	18.3	21.1	20.1	21.1	26.3	20.5	20.1
非常熟	10.7	6.7	6.6	14.1	0	15.8	10.9	8.6
不知道	5.7	1.7	3.9	2.6	15.8	0	3.9	1.5
Total	100	100	100	100	100	100	100	100
熟识	31.5	25	27.7	34.2	21.1	42.1	31.4	10.1

资料来源：根据 2009 年北京城市家庭住宅抽样调查数据计算。

如表 5-5 所示，超过 2/3 的拥有多套住宅的居民在持有的第二住宅社区不参加社区活动，1/4 的居民偶尔参加社区活动，剩下的少部分人会经常参加社区活动。

表 5-5 **多套住宅住户参加社区活动比例(%)**

参加活动	投资	休假	便利	安置亲属	市场障碍	其他	多套住宅	唯一住宅
不参加	67.9	63.3	62.7	60.7	68.4	73.7	64	58.5
偶尔参加	23.9	35	30.7	27.8	15.8	15.8	27	35.5
经常参加	8.2	1.7	6.7	11.5	15.8	10.5	9	6
Total	100	100	100	100	100	100	100	100

资料来源：根据 2009 年北京城市家庭住宅抽样调查数据计算。

通过这三个问题，可以反映出拥有多套住宅的居民在第二住宅与邻居的关系不是很亲密，不热衷于参加社区活动。

而且，不同类型的第二住宅也在社会影响的感知方面存在一定的差异。在持有的第二住宅社区里与本地常住邻居主要讨论的问题这一项，不同类型的第二住宅业主中近一半的居民都选择“都无”这一选项，比重比较高。但是便利型和安置亲属型第二住宅业主和邻居讨论具体事情和情感问题的比重比较高，而其他类型较低。这说明便利型和安置亲属型第二住宅业主在此地居住较多，或者是以前的单位公房，所以和邻居比较熟悉。在邻居相熟度方面，不同类型的第二住宅业主中有近 70% 的居民选择的是“不认识”或者“不太熟”，说明大部分拥有多套住宅的居民在第二住宅社区，与邻居不是很熟。但是安置亲属型的熟识比例略高一点，可能在于亲属长期居住，业主经常来，所以和邻居交流多。在参加社区活动方面，不同类型的第二住宅业主中有 2/3 在持有的第二住宅社区不参加社区活动，差别不大。但是安置亲属类型参加社会活动比较多，可能是因为老人和小孩有时间参加公益活动。通过这三个问题，可以反映出拥有多套住宅的居民在第二住宅与邻居的关系不是很亲密，不热衷于参加社区活动。

总体来看，投资型第二住宅业主的邻里关系淡薄，对邻居不熟悉的比例高，不和邻居讨论问题的比例高，不参加第二住宅社区活动的比例高。休假型第二住宅业主的邻里关系淡薄，对邻居不熟悉的比例高，不和邻居讨论问题的比例高，不参加第二住宅社区活动的比例高。便利型第二住宅业主的邻里关系淡薄，和邻居不熟悉的比例高，不和邻居讨论问题的比例高，不参加第二社区活动的比例高。安置亲属型第二住宅业主的邻里关系较熟，和邻居熟悉的比例高，和邻居讨论问题的比例高，参加第二社区活动的比例高。市场障碍型第二住宅业主的邻里关系淡薄，和邻居不熟悉的比例高，不和邻居讨论问题的比例高，不参加第二社区活动比例高。

北京问卷调查结果表明，第二住宅在环境方面造成了一定影响。多套住宅住户认为持有的第二住宅，会对该第二住宅所在社区造成交通拥挤的比例为53%，本地住户认为多套住宅住户持有的第二住宅，会对该第二住宅所在社区造成交通拥挤的比例为63%。多套住宅住户认为持有的第二住宅，会对该第二住宅所在社区造成污染加重的比例为41%，比肯定不会比例(43%)略低，本地住户认为多套住宅住户持有的第二住宅，会对该第二住宅所在社区造成污染加重的比例为58%，比肯定不会比例(34%)高。

而对小汤山的住户调查表明，对第二住宅影响调查的问题答案有“不清楚、肯定不会影响、会但影响很小、会有一定影响、会有很大影响”几个选项，这里合并为三类：不清楚，不会影响、会产生影响。多套住宅住户中，71.43%的人认为第二住宅发展会增加当地就业；分别有65.71%和62.86%的被访者认为第二住宅会造成当地的环境污染和交通的拥堵；同时有51.43%的人认为第二住宅发展会引发当地的物价及房价上涨；而在社会治安和公共安全是否变差的问题上，48.57%的被访者肯定没有影响(见图5-8)。唯一住宅住户中，分别有50%以上认为第二住宅对所在地区的房价、物价、交通等以上6个因素均会产生影响；其中最为突出的是，分别有66.67%和62.96%的被访者认为第二住宅会影响其所在区域的治安和物价，比多套住宅住户的比例要高。

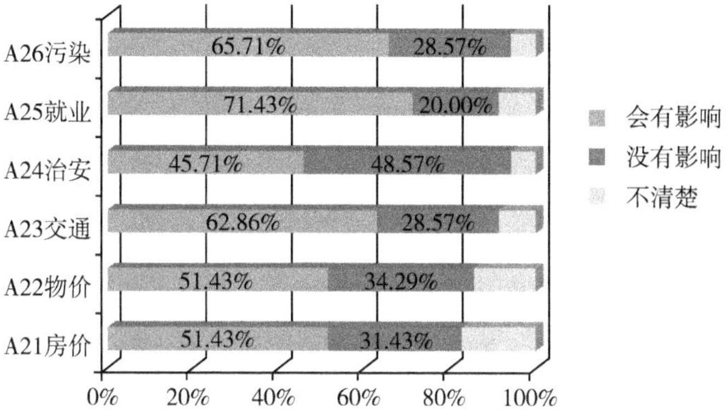

图 5-8　北京小汤山多套住宅住户对第二住宅的社会经济环境影响评价(%)

二、本地居民对第二住宅的态度——北京小汤山案例

从访谈发现，本地居民特别是本地拆迁农民对第二住宅开发带来了高额补偿和安置就业非常高兴。普通城镇购房者反映房价太高，他们买不起房，因此无法接受第二住宅的开发，并且对第二住宅的开发怨言很多。房产持有者则对资产增值高兴。

而且，本地居民普遍不太关心居住隔离等社会影响和环境影响。它们认为居住隔离的影响不大，它们有自己的公共服务设施和绿地，并不愿意花高价钱去享受别墅区的休闲度假设施和景观。它们认为环境的影响还是可以接受的地步，并没有带来明显的环境污染问题。

第五节　本 章 小 结

国外的研究表明，第二住宅的开发和使用会给所在地的经济、社会和资源环境带来一定的影响，既有正面的，也有负面的。同时它的影响因地而异。

以北京为例的研究表明，多套住宅需求促进了房价上涨，降低了中低收入群体的住房可支付能力，带来了居住隔离，资源利用模式的改变，以及一些环境污染。

以休闲度假型第二住宅集中地北京小汤山镇为例的研究表明，多套住宅需求促进了地价和房价的上涨，但本地物价相对稳定，本地回迁户受益，但城镇中低收入群体的住房可支付能力下降，带来了居住隔离，资源利用模式的改变，以及存在一定的环境污染。从对该影响的感知来看，大多数本地唯一住宅居民和多套住宅住户都认为第二住宅会给当地带来一定的经济、社会、资源环境的影响，但是二者的感知存在一定的差异。而本地居民对第二住宅的开发和使用因人群不同存在着差异，但是他们更关注它的经济影响，而对社会和环境影响并不关注。

第六章　多套住房政策的国际比较

在过去，自住型第二住宅作为少数精英的“迷你皇宫”，而今转变为更多中产阶级的选择，并导致了少数地区的“绅士化”和重新开发。在早期，欧美国家居民的第二住宅多是从乡村地区购买的废弃住宅，或者自主开发的住宅。到后来，第二住宅成为中上阶层的时尚，一些地区专门进行了第二住宅的开发，也有一些是从本地居民唯一居所转化来的。随着它的衍生问题的凸显，有些国家和地区禁止新的第二住宅开发，以及禁止本地居民唯一居所转化为第二住宅。在部分国家和地区房价飞涨，以及资本市场不景气的情况下，投资性多套住房变得热门。为了减少它的负面影响，一些国家采取了政策应对。它包括财政税收政策、金融政策、住房政策、规划和交通政策，以及移民政策等。

本章建立了制度环境—机制—影响—政策的分析框架(Context-Mechanism-Outcome)分析了多套住房产生的制度环境及相应的形成机制，然后分析它带来的经济社会和资源环境的影响，以及相应的政策措施。

第一节　多套住宅政策的比较分析框架

一、制度环境、多套住宅的影响和政策分析框架

市场经济和工业化导致很多国家出现了很大的相似性。这让很多人相信现代社会的住房体系从本质上是一样的，文化差异不是很重要，只

不过是不同国家和地区处在不同的发展阶段(如 Ball，1988；Harloe，1995)。这就意味着住房政策是在同一个背景文本上运行的，可以用来解决类似的问题。很多的政策制定者和政治家认为：一些国家/地区成功的住房政策能够被成功地转移和复制到其他国家，解决同样的问题。而一些超国家组织，例如欧盟、世界银行、国际货币基金组织等也在鼓励一些国家成功的住房政策和经验向其他国家扩散，并希望能解决类似的住房问题。而在一个国家内部，也出现了中央政府鼓励其他地区学习和复制某个地区成功解决住房问题的政策经验。

然而，住房问题产生的根源，也许是每个国家和地区是特别的。这样，简单移植别的国家/地区的成功地政策，也许会产生错误的结果。因此这种住房体系本质同源的概念遭到了越来越多学者的批评，并提出了住房体系异质的理论分析视角(如 Allen，1999；Kemeny，1995)。这种流派强调住房制度环境(住房政治和住房文化)的内在相关性，并存在很大的不同，并导致了特定社会需要特定的住房政策。

Allen 等(1999)从住房政策学习视角提出了分析住房制度环境、影响和政策的分析框架(见表 6-1)。住房福利体系作为基本的住房意识形态和文化制度，决定了国家的住房供应模式，并成为第二住宅产生的根源之一，影响了第二住宅的规模，还成为第二住宅政策的价值观方面判断的依据之一。集体主义支配的国家更倾向建设高密度有多套住宅单元的高楼，而个人主义占主导的国家倾向于建设低密度独栋住宅。前者则是低密度第二住宅广为流行的原因之一。第二住宅的规模和影响程度，则成为制定第二住宅政策的触发机制。具体的住房政策是综合考虑住房制度和第二住宅影响制定的。住房政策是住房政治和文化制度的产物，同时也塑造了住房政治和文化制度。

第二住宅的规模在欧美不同国家和地区存在明显的差异。同时，第二住宅的规模在不同国家或不同地区的影响存在明显的差异，并且在不同的发展阶段影响有所不同。因此制定第二住宅政策首先必须分析住房政策所运行的制度环境及形成第二住宅的机制，分析第二住宅的影响程

表 6-1　　关注住房政策学习视角的住房比较分析

住房理念(住房的政治学)	住房文化(住房的社会学)	住房政策
(1)住房研究比较分析的通用模式		
不同社会的住房政治本质差异是什么？ 例如集体主义还是个人主义？ 稳定还是非稳定？	住房消费的特征和程度是什么？例如是首要居所还是第二住宅的，城市还是农村的，统一的还是多样化的？	用什么政策来管理经济和社会生活？例如住房消费
(2)第二住宅政策比较分析的特定模式		
在不同的社会有哪些不同类型的住房政策？例如是重点发展高密度还是低密度，高成本还是低成本，集体还是个人的住房金融？ 这些政策对住户有什么影响？	不同国家休闲度假需求的本质和程度是什么？ 不同国家第二住宅需求的本质和程度是什么？ 不同国家首要居所和第二住宅市场的关系是什么？	第二住宅是问题吗？什么方面的问题？ 用来解决问题的住房政策目标、工具和具体措施是什么？ 注意不同国家住房政治和文化的差异，这些政策可以转移吗？

资料来源：Allen C., Gallent G., Tewdwr-Jones M.. The limits of policy diffusion: comparative experiences of second home ownership in Britain and Sweden. Environment and Planning C. 1999, Vol. 17, p: 230.

度，然后分析政策的作用机制和制定解决问题的政策措施。在借鉴别的国家的住房政策时候，也需要先分析制度的差异性，第二住宅问题的产生机制和政策的作用机制来判断是否具有借鉴意义，然后来制定特定的政策。

二、基于福利国家理论的住房制度环境分类

住房制度环境是第二住宅产生的根源之一。根据 Esping-Anderson

(1990)的福利国家理论将国家分为四种类型。第一种是自由福利国家(liberal)，以美国为原型，包括加拿大、澳大利亚、新西兰、英国和爱尔兰等国。第二种是保守的合作主义福利国家(conservative)，以德国为原型，包括德国、意大利、奥地利和法国等国。第三种是社会民主福利国家(social democratic)，以瑞典为原型，包括其他北欧等国。巴洛和邓肯(Barlow，Duncan，1994)对安德森的分类法提出了补充，认为还有第4种福利国家——初级福利国家，也有的称之为地中海型福利国家。这类国家与自由福利国家类似，只是处于农业社会向工业化社会转型的初级阶段。尽管很多国家开始进行了福利体系的改革，出现了“福利国家转变”，但是大多数国家保持了高度的弹性(Kühner，2008)。这意味着尽管发生了改革，大部分国家依然保持着基本类型不变。

表 6-2　**福利国家的分类**

分类/特征	自由福利国家	社会民主福利国家	保守合作福利国家	地中海福利国家
去商品化程度	低	高	中	低
社会分化程度	增强了差异	减少了差异	再生产了现有的差异	再生产了现有的差异
收入分布和贫困	收入差异大，高贫困发生率	收入差异小，低贫困发生率	收入差异中，中贫困发生率	收入差异大，高贫困发生率
失业率	相对较低	相对较低	相对较高	相对较高
国家、市场和家庭间的关系	市场主导	政府主导	家庭占重要地位，非营利组织有很大影响	家庭主导
国家代表	英国、爱尔兰	丹麦、瑞典、芬兰	德国、法国、奥地利、荷兰、比利时	意大利、西班牙、葡萄牙、希腊

资料来源：Hoekstra，J.（2010），Divergence in European housing and welfare systems，Amsterdam：IOS Press，216 pages. Vrooman，J. C.（2009）Rules of Relief. Institutions of social security，and their impact，The Hague：The Netherlands Institute for Social Research/SCP.

尽管上述国家分类并没有将住房包括进去分析，但这四类国家对住房福利、政府和市场的做法存在很大的不同(Barlow，Duncan，1994)。在自由福利国家，市场主导，住房是商品，政府干预最少，仅仅是作为市场失灵的补充，给少数无法从市场得到充足住房的人提供住房保障，同时对自有自住住房的住户(中产阶级及以上阶层)提供了大量的税收减免。在股票市场不景气和投资机会较少的情况下，一些高收入人群会在低利率市场环境下投资多套住房和购买自住型第二住宅。在合作主义福利国家，政府和市场合作，对市场干预比较多，用公共住房政策来解决社会问题，但是它不会破坏原有的社会分层。一些高社会阶层有到郊区、旅游热点地区休闲度假的需要，很多居民拥有第二住宅。在社会民主福利国家，政府管制下的市场，干预程度很高，公共租赁住房和合作社住房被看作和市场供应同等重要，政府尽力使所有人都得到合适数量、质量和价格的住房。一些中高社会阶层、甚至中低收入阶层有到郊区、旅游热点地区休闲度假的需要，很多居民拥有第二住宅。在初级福利国家，政府对住房市场干预少，企业供应和家庭自建房比例高，政府供应的社会住房所占比例不高。一些高收入阶层会拥有休闲度假性第二住宅或者投资多套住房(见表6-3)。

表6-3　**福利国家的住房体系**

分类/特征	社会民主福利国家	保守合作福利国家	自由福利国家
去商品化	高	相对高	低
社会分化	低	高，根据社会阶层	高，根据收入
国家、市场和家庭关系	国家主导	家庭很重要，非营利组织有很大的影响	市场主导
政府管制	中央政府有较强的影响	功能分散、工具性、解决问题式的政策	中央和地方政府较少的干预
住房政策的一般目标	普遍拥有高品质的住房	保持社会分层；对传统家庭优待；激励家庭和私人部门在市场发挥作用	市场主导，仅对边缘群体支持

续表

分类/特征	社会民主福利国家	保守合作福利国家	自由福利国家
补贴	高的供给方补贴；较大群体获得补贴	差异补贴，对特定人群补贴较多	需求方补贴；少量的供给方补贴
定价和管理	政府有很强的影响	政府有一定的影响；管制旨在消除不利影响	市场主导
住房分配	按需分配	政府干预矫正市场，部分群体获益	市场主导，政府干预较小，仅提供小规模的保障房
住房供应	严格的空间规划，政府为新房供应提供激励	相对严的空间规划；私人部门(家庭、小企业)为市场供应新房	宽松的空间规划，私人部门(主要是大企业)为市场供应新房

资料来源：Hoekstra，J. S. C. M.（2003）Housing and the Welfare State in the Netherlands：an Application of Esping-Andersen's Typology，Housing，Theory and Society，Vol. 20，No. 2，pp. 58-71.

三、第二住宅的影响程度是制定第二住宅政策的依据

总体来看，欧美各国为了发展国家和地方经济，规范和管理第二住宅市场发展，发挥第二住宅的正面的影响和减轻不利影响，采取了不同的政策。主导的住房意识形态和文化制度，剩余住房存量的多少，第二住宅对住房市场影响的大小和产生问题的严重程度，是制定第二住宅政策的基础。

在第二住宅对地区经济发展和消化空置住房有积极作用的国家和地区，通常会采取政策鼓励家庭购买和持有、使用多套住房。而在多套住房促进了地区房价上涨、住房支付困难以及可能会威胁到地区金融稳定和经济发展的国家和地区，通常会采取政策限制家庭购买和持有多套

住房。

四、第二住宅的政策目标多元化和政策手段多样化

欧美国家政府和学术界敏锐地认识到第二住宅政策不应该只是对住房问题的反应，还应关注地区城市衰退、农村衰退以及人们生活方式改变、反城市化的趋势，应该是对整个特定地区的经济发展和社会融合进行关注。因此具体的政策目标包括：振兴地区经济，增加本地人群就业，改善低收入人群住房条件和支付能力，保护资源和环境，促进社会融合。

主要政策手段有：税收、规划和住房交易管理以及资源环境管理政策，此外还有信贷政策等(Gallent，2005)。税收政策包括物业税(在英国为市政税)征收和减免，对购置住房的贷款利息抵扣个人所得减少个人所得税，资本利得税、财产赠与税和遗产税、印花税征收和减免等。规划和住房交易管理政策包括：在城市规划和土地利用规划中增设第二住宅用地、第二住宅规划和建设许可、第二住宅交易和产权登记许可、用途变更许可、第二住宅规划配建公共住房、特批非住宅用地转化为住宅用地用于公共住宅等。资源环境管理政策主要包括划定不同生态类型的建设区域。例如对生态保护区禁止建设第二住宅，对资源利用和环境保护设立标准，强制要求环境影响评估和征收环境影响评价费用等。至于信贷政策，由于西方多为市场经济，政府对商业银行多是间接调控，不是直接干预，所以使用较少，主要是说服商业银行信贷发放等。

第二节　典型国家的多套住宅政策

一、自由福利国家：英国

在自由福利国家类型中，欧洲国家以英国为代表。英国的住房意识形态是个人主义(privatist)，文化信奉自由市场经济，以营利为目的的

企业开发和经营商品住房为主，主要是大量低密度、低高度和独栋的住宅(别墅)，政府为低收入弱势群体提供住房保障，提供非盈利的社会公房。住房抵押贷款利息抵扣个人所得税政策鼓励自有产权住房，而不是租赁，这导致了自有住房需求增加，房价畸高，并且没有瑞典成本分享的国民住宅模式，个人住房负担成本很高，并且所有的住宅都征收市政税。这样仅仅是少数富人才有能力购置第二住宅。结果是专门的第二住宅开发风险很大，而第二住宅拥有的比例较低。

早期英国为了鼓励人们利用空置的乡村住宅，推动乡村经济发展，给空闲住房业主提供住房改善补贴。随着剩余住房存量少，规划管制严格，住房供给弹性小，市场失灵问题突出，社会不公平和不平等问题严重，因此管理力度加大。英国政府认为是少数富人反社会的第二住宅的过度需求导致了住房问题，因此提出限制需求和增加社会住房供应。英国于 1974 年修改《住房法》(the Housing Act)，停止对住房变更为第二住宅提供补贴，并废除了第二住宅按揭税收减免(Tax Relief)等政策优惠，征收标准购置税，加成征收市政税(Council Tax)，说服金融企业减少第二住宅贷款，以及对外来人口实施房产许可和构建次级住房子市场，限制永久住宅转变为第二住宅，只有符合规定的居住和就业标准，才能获得房产购置许可，并确保本地人在竞买新旧房屋时候有优先权。结果是导致投资者在普通住房市场购买第二住宅，反而引起了普通住房房价上涨，本地中低收入居民更不可支付(Gallent 等，1999)。后来政府建造公共住房提供给本地居民，购置剩余住房给低收入者，在新开发地区增加可支付住房的比重，开展共有产权计划，提供住房补贴促进面向本地市场的住房开发(朱晨，2008)。由于地方政府政府公共财政支出预算不足，以及政府住房和规划能力不足，导致了公共住房供应规模太小，反而引发了新的问题。20 世纪 90 年代后期，许多学者开始研究运用规划手段而不是政策工具调控第二住宅，研究角度主要分为两类。一类研究认为第二住宅的快速增长打破了地方市场的平衡，着眼于通过规划手段控制第二住宅增长(Shucksmith，1981；Barlow & Chambers，

1992；Barlow et al.，1994；Joseph Rowntree Foundation，1994；Gallent & Tewdwr-Jones，2000，2001）。另一类研究则认为第二住宅并不是问题的症结，关键在于恢复住房市场的供需平衡，因此更关注通过规划手段增加住宅的有效供给（Gallent & Bell，2000；Gallent，Mace & Tewdwr-Jones，2002）。

在伦敦等城市，由于外国人的购房，导致了房价的快速上涨。英国首相宣布从2016年4月起，对第二住宅加成征收3%的印花税（stamp duty）。英国的西南地区一些旅游热点城市提出禁止第二住宅（The Economist，2016）。

二、自由福利国家：爱尔兰

作为自由福利国家的爱尔兰共和国，它的第二住宅政策的其中一个特点就是将住房建设看作农村发展的一项基本策略，制定了一系列鼓励住房发展的奖励计划。这个政策同其他旨在刺激爱尔兰共和国的住房投资和消费的公共政策一起，导致了许多地方的住房过度供给，尤其在农村地区。爱尔兰共和国是为数不多的不征收任何形式的地方税的欧盟国家。这就意味着外来的二套住房拥有者不对当地财政做任何贡献，并且对多处自有住房也没有财政惩罚措施。尽管第二住宅不在税收鼓励范围，这还是导致了第二住宅和空置住房的增加（Norris and Winston，2009，2010）。爱尔兰共和国的规划系统模仿了英国的控制性发展规划和开发控制管理。然而，事实上，在爱尔兰发展规划并没有得到严格执行，开发控制也比在英国更自由地执行，尤其是在农村地区。

三、自由福利国家：美国

美国信奉自由主义的市场经济，反对政府过多的干预市场。美国多套住宅比例不高，对少数地区影响大。因此美国没有直接针对第二住宅的政策，可是有一些间接相关的政策。仅仅少数地区直接出台了减少第二住宅负面影响的政策，主要是增加保障性住房供应（Hettinger，

2003)。这些政策分类为：一是个人所得税政策；二是遗产税、赠与税政策；三是资本利得税政策；四是物业税政策；五是信贷政策。美国学者建议用贷款利息抵扣个人所得税的这些补贴用于购买或者改善第一住宅，而对第二住宅不应该减免(Talbot，1998)。

(一)个人所得税政策

从个人所得税政策来看，美国政府鼓励提高住房所有权。过去50年的政策主要是提高第一住宅自有率。美国税法1997年后规定，家庭被允许用他们的第一住宅和第二住宅的住房抵押贷款(最高100万美元)利息抵减收入，从而少缴纳联邦所得税。住房所有者可以将主要住宅的全部物业税抵扣纳税收入，减少所得税（Schwartz，2006，2010)。实际上，还设立了一个最低支出标准(包括住房和其他)，超过了该标准才能使用抵税。例如2004年四口之家最低标准抵扣为12400美元。

(二)遗产税和赠与税政策

另外继承和赠与住房，需要交纳遗产税和赠与税。从遗产税和赠与税政策来看，遗产税的课税对象是遗产净值，属于财产税，为防止以生前赠与的手段来逃避遗产税，美国在课征遗产税同时亦课征赠与税作为配套措施。美国的联邦和州两级政府均开征遗产税。按照财产(包括房地产)的市场价值扣除债务、丧葬费用、遗产处置期意外损失、配偶间转让和慈善捐赠，以及各宗财产的终身豁免额(各宗遗产都有60万美元的终生豁免额)来计算应税所得。由于遗产税的应征人群不断扩大，使该税在政治上受到越来越强硬的抵触，国会于2001年终于被鼓动宣布将于2010年取消遗产税和隔代转移税的征收，然而许多时评人士对此法案能否真正生效表示质疑。每个捐赠人在赠与时可以享受一定的免征额，包括年度免征额和终身的赠与税免征额度(life-time gift tax exclusion)。2002年，这个数字是每受赠人11 000美元，这个年度免征额就把日常的生日赠与、毕业贺礼、圣诞赠与排除出赠与税的税基。如果赠与市值超过年度免征额，超过部分就属于应征税部分，但是捐赠者暂且还不必付这部分税，因为他还可享受终身的赠与税免征额，从 2002 年开始，这个免征额度为 100 万美元。以赠与转移财产精明之处不仅在于它逃避将来的遗产税征收，而且它有可能还带来家庭的所得税支出量下降。因为当一个赠与者赠出财产后，会带来双方的所得税税基的变化，赠与财产的尚未实现的增值的受益权转归受赠人所有，这不可避免地影响到整个家庭支出的所得税总额的变化。但是，作为上述合法避税的例外，美国国内收入法限制利用向 14 岁以下的少年转移这种生息型财产以达到避税目的做法，这部分儿童的非劳动收入按其父母的纳税申报表的边际税率来计税。当然，父母也可以通过那种类似赠给孩子成长型公司的股票（该股票暂不分红）的做法来达到将来合法避税的目的。

（三）资本利得税政策

按照国税局的定义，几乎个人公司所有的动产、不动产、金融资产的买卖都产生资本利得或亏损，都要在 D 表和 8949 表报资本利得税。资本利得税主要包括房地产、股票和收藏品买卖产生的盈利，也包括在个人 B 表报的股息分红。资本亏损可以抵扣资本利得。

资本利得税按种类和时间长短税率不同。一般房地产和股票买卖为普通资本利得。持用资产少于一年的短期按普通所得税率，从 10%到 39.6%不等。一年以上的长期资本利得税，按对应的所得税率 10%～15%为零；25%～28%为 15%；33%～35%为 18.8%；39.6%包括健保税为 23.8%。股息分红与普通资本利得税相等。商业房地产长期资本利得税率在所得税 28%以下与其相同，所得税 33%～39.6%均为 28%。长期收藏品如古董字画和某些小生意股票资本利得税从 10%～28%不等。

资本利得是资产售价减去成本。房地产的成本基准（Cost Basis）分为原始基准、调整基准和重新计算基准。买价加装修和买卖相关的费用（如律师费）为原始基准。出租房产和商业房地产的原始成本基准减去折旧费用（住宅出租按 27.5 年直线折旧，商业楼宇按 39 年直线折旧）

为调整基准。但由于之前报税用折旧扣除租金收入，当房地产出售盈利时要将折旧加回(Recaptured Depreciation)为重新计算基准。

当出售一份房产时，如果该房产是出售者在出售前5年中的2年的主要居所，出售者可获得250 000美元(对单身)或500 000美元(对夫妇)的资本利得税豁免份额。资本利得计算的是净值，即投资收益减去投资损失。对于个人来说，如果投资损失超过了投资收益，净损失可以被利用在一般所得税的减免中。每年每个个人可以申报3 000美元的净投资损失，用来减免一般所得税。剩余的投资损失还可以归入下一年继续用来计算下一年的资本利得净值。企业还被允许将本年度的投资净损失抵消上一年度投资收益，从而获得一定的退税。

(四)物业税政策

美国所有的住宅都必须交纳物业税。房地产税（Property Tax or Real Estate Tax)，也称为物业税或简称为地税，是地方针对房地产征收的郡税、市税、学区税的总称。税率各个州不同，在美国，只要你拥有房子，你就要交纳房地产税。美国通常为1%~3%，加州差不多在1.2%~2.0%之间。针对房产的评估价值征收，税收收入用作地方政府提供公共服务的资金。物业税税基为房屋的评估价值。政府会定期估计房屋的公允市场价值。但课税额并非房屋的公允市场价值，而是公允价值乘以一个评估比例(assessment ratio)来确定。不同地区的评估比例不同，在同一地区内，不同年份、针对不同类型或用途的物业也不同。各个地方设置了不同的减免条款，实际上实现了累进的税率。包括对住宅、退伍军人、产业园区、慈善机构等的减免。几乎所有的地区都对自用住宅提供减免，但各个地区方式不同。比如加州是对课税价值给予一个固定金额的免税额，有些州是按财产课税价值给予一定比例免税额。此外，一些州采取了“熔断”规则防止低收入者的税赋太高。当物业税超过家庭所得一定比例时，超过部分可扣抵所得税或获得返还。美国房产税可抵减所得税。在计算所得税时，美国房产税和住房抵押贷款的利息支出都可以从所得收入中扣除，即降低了所得税的税基，从而降低了纳税人的综合税赋。

Barbanel(2014)在《华尔街杂志》的报道称，财政政策研究所提出一项新政策建议，它提出对来自纽约之外的其他地区和外国人购买昂贵的工作用途第二住宅征收递增的物业税，对非第一居所的公寓和价值超过500万美元的住房加成征收0.5%的物业税，并且对价值超过2500万美元的住房加成征收，最高税率高达4%，纽约市市长在评估该政策的可行性。Higgins (2013)报道纽约州州长通过法令修改了对合作和共管公寓的物业税减免。在此之前，它用于补偿该类住房和独栋住宅之间的物业税差异，在符合条件的该类住房中，获得了至少17.5%的物业税减免。现在，则要求购买作为第一居所才能获得减免，第二住宅、有限责任公司名义，或者信托持有的住房都不能减免。如果业主在该建筑物持有三套单元，并且自住，将视同一套三个家庭的住房，可以减免。如果业主在该建筑物持有四套及以上单元，并且自住其中一套，也不能获得减免。如果业主在该建筑物持有三套及以下单元，并且不自住，也不能获得减免。

(五)信贷政策

美国对于第一套房有政府降低首付和利息方面的政策扶持。关于第二套房信贷政策，美国银行也不存在直接针对性的政策，也就是说，没有人为限制性的措施，只是贷款机构为了自身安全必然要考虑第一套房的还款计划与状态，合理计算出借款人还有多少余力购买第二所房子。美国商业银行通常会对第二住宅金融进行风险和偿还能力评估，首付通常会提高，利率则是根据市场定价。对于非自住的投资性多套住房，银行通常要求更高的贷款利率和更高的首付来应对它较高的风险。而自住用途的第二住宅，它的贷款利率可能要比投资性多套住房低。

随着整个市场的发展，到了20世纪90年代，带有补贴性质的抵押贷款的首付已经降低到了3%~5%。例如联邦住房管理局(FHA)出台的

203(b)条款规定补贴性质的首付为3%。到了2003年，美国政府通过了讨论已久的零首付，并于12月16日布什总统签署了美国梦首付款法案(American Downpayment Act)，并于2004年年初实施。《美国梦首付款法》将为购房的中低收入家庭提供一万美元或者是房屋买入价格6%的首付款资助。该项法案的目标是增加住房自有率，尤其是低收入和少数民族家庭。

然而多套住房投资或投机行为对房价泡沫起到了推波助澜的作用，美国国家、地方政府开始采取立法和政策限制住房投机对市场的影响。例如2003年5月1日美国住房和城市发展部(HUD)规定，买入住房90天内出售的不能获得FHA贷款保险。在2010年1月，FHA宣布从2月1日起停止使用该规定。

另外，在申请美国学校奖学金(助学金)时，都要向联邦政府及学校汇报有无房产，而第一套住房往往在审批时不受限制。也就是说，一个低薪家庭，即使有一套无论多贵的房产也有可能拿到资助。而一旦有了第二套住房，就要折算成收入来重新考虑收入水平了，因而不易拿到资助。这些都是间接性的对拥有第二住宅不利，但政府并没有直接拿第二住宅开刀，遏制其发展。

三、保守的合作主义福利国家：法国

法国乡村拥有大量的剩余住房，市场失灵现象并不突出。法国采取的是供给导向的政策，通过增加第二住宅的供应，来满足市场需求，并利用它带动地方经济，发展地方服务型产业，特别是旅游业，通过征收物业税来增加地方财政收入。法国认为第二住宅是推动乡村经济发展的一个积极力量，尽管它有时候也会带来一些负面效应。他们的共识是第二住宅的发展导致了一些居民的住房支付能力不足，需要给这些居民提供住房保障，主要是通过社会住房等保障住房供应方式来解决。并且要求这些住房混合在现有的一些建筑里面，和当前的居住环境融合，促进社会融合，而不是社会隔离。

但是在法国一些地区也采取政策限制第二住宅。2014 年，法国中央政府立法允许一些市场过热的地方政府对第二住宅征收最高到 20%的物业税。

四、社会民主福利国家：瑞典

瑞典是由社会民主党管理的社会民主福利国家。瑞典的住房意识形态是集体主义(collectivist)，受到了德国文化的影响，信奉社会市场经济，政府不鼓励盈利目的的住房市场行为，而是政府参与和维护住房市场运转，城市建设了大量高密度多套住宅单元的建筑，同时在社区层面配备了必需的基础设施和服务，提供低租金的社会住宅和非盈利目的的合作社住宅给居民，以及盈利目的的商品房销售和租赁，达到所有人特别是弱势群体也能得到充足的住房福利，而不至于扭曲了市场。在这种情况下，住房所有权比例比较低。

20 世纪 60 年代，瑞典进城的农村移民能够支付城市低价格的居住权公有或者合作社住宅，并能够保留乡村的住宅。农村的人口迁出留下了大量的空置和废弃住宅进入了第二住宅市场。很多居住在高密度和低租金成本住宅的居民开始受到乡村低密度环境和优美自然风光的吸引，热衷于在乡村拥有第二住宅。这逐渐成为了一种休闲文化和时尚，平时在城市高密度住宅居住和工作，周末在农村低密度住宅度过。所有阶层都热衷拥有第二住宅。25%的家庭拥有第二住宅，还有另外 25%的家庭可以利用第二住宅(Kemeny，1992)。政府认同居民拥有第二住宅休闲度假的权利。

随着瑞典第二住宅需求超过了供给，住房问题就开始出现了。特别是风景优美的西海岸，由于需求急剧增加，导致了住房市场失衡，而高财产税导致了本地居民税负过重和无法负担高房价的住房。政府认为问题是第二住宅供应不足，应该增加供应满足居民的休闲度假需求，并专门通过规划供应土地进行了第二住宅开发，满足市场需求，将该需求从第一住宅市场引开，以免对第一住宅的冲击。政策规范第二住宅的发展，通过住房保障、住房交易管理、规划和低价土地供应模式来帮助本地弱势群体，取得了很好的效果(Gallent 等，1999)。

五、初级福利国家：意大利等南欧国家

南欧国家规划管制比较松散，市场失灵问题并不突出。意大利和西班牙认为第二住宅是经济复兴的重要组成部分，第二住宅需求带来了农村社区的兴盛，而不是继续衰败下去。因此采取了积极鼓励购买农村废弃住房作为第二住宅的政策。意大利认为第二住宅对社区的影响迄今为止被控制，因此不存在土地利用和规划限制，尽管这些可能带来严重的环境问题。随着更严格的法律在全国范围内生效，由于激烈的市场竞争带来的住房价格过高和部分居民无法支付的问题，政府更倾向于采取增加供应的方式，而不是严格限制本地住房只能由本地居民购买。

此外，还有其他国家采取政策限制第二住宅。为了保护海岸线，丹麦一些市政府要求获得建筑许可的度假型第二住宅必须符合严格的规划要求。Harper (2013)报道新加坡政府在 2010—2015 年对第二住宅加成征收印花税和强制提高了贷款首付要求。在澳大利亚，制定了限制外国人购买第二住宅的政策，要求外国人购买现有的住宅必须有利于社区，并且禁止购买投资出租、投资转卖、周末度假的第二住宅。2015 年，以色列出台对第二住宅加成征收购置税的政策以阻击幽灵公寓。在此之前，购买低于 411235 美元的第一居所免购置税，在此之上根据价格征收 3.6%~10%的购置税，第二住宅或投资住宅根据价格征收 5%~10%的购置税。现在更改为低于 126 万美元的第二住宅征收 8%的购置税，在此之上征收 10%的购置税(Gross，Judah Ari.，2015)。Visser & Hoogendoorn (2015)指出：南非作为一个世界知名的旅游地，有很多的第二住宅。中央、省和地方政府没有任何政策来限制第二住宅。在 2000 年中期，中央政府曾经讨论了外国人在南非的住宅所有权问题。但是由于他们仅仅占据了豪宅市场的一部分，并且集中在部分地方，对普通住房市场几乎没有影响。政府更愿意将它作为发展地方经济的工

具。在近期的一次辩论中，南非总统祖马提出外国人在南非的住房所有权也许会停止，实际上并没有。

第三节　典型国家的多套住宅政策评价

欧洲的第二住宅政策实践比较早，并且比较多元化，因此政策评估的研究也较多。因此这里选取了英国和瑞士的第二住宅政策进行评价。欧洲学者探讨了休闲度假型第二住宅政策的规划措施、税收政策、金融政策、住房救助政策、特定地区扶持政策等。

一、英国的第二住宅政策效果评估

英国是全球最先工业化和城市化的国家，第二住宅现象也很普遍，并得到了政府、学术界的广泛关注。Shucksmith(1983)也许是第一个提出了一个分析框架将第二住宅的空间集聚带来的问题和相应的政策应对联系起来，他总结了当时人们对第二住宅的两种认识，一些人认为它是公开显示的不平等，是少数富人的炫耀性消费，对流入地(农村)经济和社区发展有不好的影响，另一些人认为它是人类正常的和合理的休闲需求，有利于流入地的经济发展和多样性；还从购买、装修、消费、服务、社会影响和休闲等六个方面分析了第二住宅的影响；并提出了当前应增加本地的住房供应，增加保障房的供给，发挥住房协会的作用，从长期来看，应提升本地居民的收入；还提出将来应加强对第二住宅的管制，收取不同的市政税率，另外还提出了一些减少第二住宅需求和增加本地居民住房机会的配套措施，阻止常住住宅转变为第二住宅，对第二住宅和投资目的加成征收市政税。英国的乡村委员会(Countryside Agency，2002)也对英国农村地区的第二住宅政策现状和未来发展提出了一些建议。

Callent(2004，2005)在此基础上进一步探讨了第二住宅政策。他的观点如下。

一是通过严格的规划能够解决这些问题吗？他认为英国的规划可能导致房价下降，可是给地方规划部门对地方住房市场过大的影响力，加大了市场的扭曲；规划增加了住房的可得性，限制物业利用和土地用途转换，限制了个人产权自由，有损人权；规划无法清晰地界定第二住宅，严格的限制遭到了专业人士的抵制；规划和严格限制被认为是一个消极的响应，而不是一个积极的应对地方经济萧条的对策。

对于规划，他建议的可操作的规划步骤：提供受到第二住宅影响的证据，准确界定受影响的社区，积极利用使用状况来提高社会多样性。相应的政策有：一是在严重受影响地区限定地点为社会多样性和可支付住房用途，用来解决本地受影响居民的住房困难问题；二是对受影响地区征收规划补偿费用；三是考虑在住房严重受影响地区立法限制本地居民常住住宅转化为第二住宅。

二是财税政策有效吗？市政税是一个使用者支付公共支出交纳的赋税，而不应该是一个惩罚性的。原来对住宅市政税给予第二住宅高达50%的折扣，可是现在对于第二住宅可以改为100%比例征税。然而税收并不能有效地阻止人们购买第二住宅。在任何情况下，它仅仅是造成了微小的住房压力；此外，如何界定第二住宅依然是一个问题。高比例的印花税只会导致对住房市场和住房价格的影响，会减少对农村住房市场的信心。

相应地是，他建议也许可以采取更加积极的财政政策，为住房严重受影响地区积累基金，对广泛的住房和经济压力作出反应，目标是建立可持续社区。通过对严重受影响地区进行第二住宅的影响评价和提供额外救助，以提高社会的多元化。这里需要收集证据证明该地区受到第二住宅的严重影响。通过对受影响社区提供资源，例如提供服务、积累资金提供可支付住房，增加经济的多样性；例如从其他地方的开发筹集资金，以更积极的策略来应对住房和社区的影响。从长期来看，重点在于发展地方经济和减少由于外来购买者带来的市场缺陷引起的本地居民住房支付力不足。

他建议可行的财政步骤：用适当的市政税折扣去管理第二住宅数量；要求申请折扣的人完整填写问卷来评估第二住宅的影响，允许印花税门槛适当变动，在严重受影响地区可以适当提高税率，让更多的资金进入到全国的住房和经济项目中去；甚至在很多转移支付项目已经交给了地方当局的情况下，保持高的财政转移支付比例。对于出售用来建设可支付住房的土地减免资本利得税；并通过乡村机构以及其他自愿的基金更多地建立农村住房强化基金；更多的住房协会基金项目用于严重受影响地区；在严重受影响地区实行购买权项目(right to buy)。

他的基本结论是：为严重受第二住宅影响的地区建立一个积极的框架；在合理的地方影响证据基础上采取积极的行动；不是针对单一的第二住宅问题，而是针对广泛的住房和经济压力采取行动；采用积极行动提高社会多样性，包括为受第二住宅影响地区提供资源和新的机会。严格的限制第二住宅政策作为最后的手段。不管是过去还是现在，欧洲国家控制第二住宅的政策不是成功的。加强控制和管理看起来是一个大的倒退，这只会导致更多的政府职员到农村去工作，占用了额外的资源。而且，明示外国人或外地人不能购买本地住房违反了欧盟的法律，它要求平等地对待所有人。

二、瑞士的第二住宅政策评估

2008 年，为了减轻第二住宅对本地居民的冲击，10 万人签名提议禁止第二住宅的政策被总理府认为有效。随后一些政党、经济组织提出反对该政策的提案。出人意料的是，2012 年 3 月，瑞士人投票以超过法定要求的最低得票率通过了第二住宅法案(Second Home Initiative)。2013 年 1 月 1 日，该政策正式实施。该政策规定，在第二住宅的比例超过了 20%的城市，它的比例可能在该政策出台前就已确定，投资者将被禁止规划和建设新的第二住宅。同时，该政策还允许 2013 年以前已经获得建设许可的第二住宅继续建设；2013 年前建设或获得建设许可的首要居所可以被转换为第二住宅，只要他们没有导致在受限制地区和邻近都市再建造首要居所；2012 年后该政策通过后新规划和建设的首要居所不能再转换为第二住宅。地方财政部门将根据它是首要居所还是第二住宅分别征税，因为业主仅仅在首要居所支付地方的个人所得税。政府督查会突击检查第二住宅的使用，以防止误报为第一居所。

Christian(2016)分析了瑞士第二住宅政策的影响。该研究认为该政策使受影响地区的房价降低了 12%。这说明该政策的消极影响超过了积极影响。它看起来伤害了现有的首要住宅的业主，而不是潜在的第二住宅投资者。

该文的理论分析认为，以前的理论研究认为数量限制和税收将促进第二住宅投资者带来的外部性内部化(Weitzman，1974)。但是，实际上，市场限制和管制通常带来未预期的效果。

该文首先建立了一个简单的动态均衡(GE)模型，它包括了旅游产业、本地居民、第二住宅投资者、住房开发商，然后计算他们的均衡价格，提出了一些推论，一是如果首要居所和第二住宅不可替代，则禁止政策将对首要居所的房价带来负的影响；二是如果首要居所和第二住宅不可替代，则禁止政策将对之前建造的第二住宅的房价带来正的影响。如果首要居所和第二住宅不在同一个子市场，但是二者依然有联系。与首要居所的业主相比，第二住宅业主可能更加富有，更加看重有优美景观的位置，而前者更可能看重接近工作机会和学校的地点。但是大量第二住宅投资者的涌入，将影响本地人的工资水平和改变对景观的估价。通过理论模型可以估计出，只要优质景观不是长期下降的，禁止政策将负面影响首要居所的价格和对第二住宅的价格产生正的影响。

然后，如果首要居所和第二住宅在同一个子市场，两者的价格变化将是同向的。禁止政策将减少总体需求，并导致均衡价格的下降。首要居所业主将有动机将他们的首要居所卖给第二住宅投资者和离开，或者去城市的边缘不受转换限制的地方去建造一个新的更加便宜的首要居所，它实际上为首要居所居民产生了一个新的分离的市场。

接着该文用瑞士抵押贷款企业的房地产数据库、联邦统计部门、空间发展部门、联邦税收部门提供的城市数据库做实证研究。它的结果表明，该政策将对首要居所的价格有显著的负的影响，但是对第二住宅的价格的影响不显著。它看起来更支持首要居所和第二住宅是两个分离、替代性差的子市场。在控制了同期效应和中介效应后，首要居所受该政策影响带来的房价下降的幅度有所下降。

该政策将对首要居所价格通过两方面的机制影响，一是负面影响了地方的经济，二是通过土地资源的保护来正面地影响。前者通过对该政策不同意或者不投票的比例来分析，后者通过非生产性土地资源的占比得到。同样得到前者的影响是负的，后者的影响是正的，最终总体影响是负的。在所有其他因素一样的情况下，短期来看，禁止政策将导致优美景观地区的首要住宅价值上升；从长期来看，可是它对地方经济的损害，将最终损害首要居所的价值，降低租金，同时减少地方的就业，并对租户没有好处。该政策将导致交易的首要居所的房价下降，因为新的开发和新的需求停止或减少。

第四节　本章小结

第二住宅作为一种投资渠道和生活方式，在经济全球化、流动性增强和人们更加富有的情况下成为时尚。基于制度环境—机制—影响—政策的分析框架，住房制度环境对第二住宅的产生机制有重要的作用，而不同地区的第二住宅影响差异很大，因此应该采用基于影响程度证据的第二住宅政策。

总结欧美国家的第二住宅政策的经验和教训，对于严重受影响地区，政府采取政策减少负的社会经济影响有必要，但是完全消除第二住宅是不可能的。采取种种限制手段，只会导致人们想法规避，增加政府管制成本，而富有的住户通过种种方式进入了第一住宅市场，造成第一住宅市场供不应求，房价和租金上涨，加剧了中低收入阶层的住房困难。因此限制手段，包括财政税收、金融和规划、住房交易管理政策，作用有限，应将重点转向利用征收的税费收入用来支持中低收入可支付的住房，改善受影响人群的处境，加强受影响地区的社会住房供应，建立公共基金解决地区发展问题。规划还需要改变传统只考虑静态人口的一户一宅的分配住房、土地及基础设施的模式，需要考虑到人口流动和第二住宅对土地、配套基本生活设施或者旅游设施等需求，适当供应第二住宅。

第七章　中国的多套住房政策演变及评价

第一节　中国多套住宅政策的演变

一、中国多套住宅产生的制度环境

一些学者发现东亚很难归纳到艾斯平-安德森所提出的自由主义、保守合作主义与社会民主主义福利国家中的任一种类型，存在着一些独特性。注意到日本及亚洲“四小龙”经济体资本主义发展的不同路径，东亚福利体制最早的研究者之一凯瑟琳·琼斯(Jones，1990，1994)从文化出发，认为在东亚，占主流地位的儒家文化代表了一种独特的社会发展与福利体制的意识形态，并从一开始就决定了这些国家福利制度的走向，形成了“儒家福利国家”的东亚福利体制。它有以下特征：“没有工人参与的保守合作主义，没有教会的社会救助，没有公平的社会团结，没有自由的放任主义：所有的都可以归纳为一种‘家庭经济’福利国家，即在一个自许的，儒家传统的，扩展的家庭模式下运作。”尽管日本、韩国这些国家沿着西方资本主义的道路前进，但是在经济发展到一定水平后并没有进入西方的“福利国家”，相反，他们对社会福利的支出相当“吝啬”，其财政福利支出占 GDP 的比重远远低于西方福利国家。东亚“四小龙”的福利制度中存在的“发展主义”即追求经济目标的倾向(Midgley，1986)。后来的研究认为威权政治体制、国家发展主义的意识形态和出口导向型的经济是其主要成因。Holliday(2000)则认为它是东亚特征的福利资本主义的第四个世界，即以经济增长为首要目标的生产主义福利体制，并将它分为三种亚类型，即促进型、发展-普遍型、发展-特殊型。促进型遵循市场优先、最低限度的社会权利、福利安排的分层效应有限等，以中国香港为代表；发展-普遍型坚持在支持市场提供和家庭供给的基础上提供一些具有普遍性的福利计划，承诺有限的社会权利，以亚洲金融危机之后的韩国与中国台湾为代表；发展-特殊型遵循引导家庭的社会福利活动、最低限度的社会权利、其分层效应倾向于强化生产性要素等，以新加坡为代表。联合国社会发展研究所(United Nations Research Institute for Social Development，Kwon，2005)提出发展型福利国家的理念。发展主义是一种以促进经济发展为导向的政府施政理念和行动，其中产业政策的实施成为发展型国家的核心。它也包括社会政策，其社会政策的取向是强调福利的民间性来源、降低民众对国家的依赖、将社会公正的追求从属于经济效率的考量(White 等，1998)。中国也属于经济发展主义的福利国家(顾昕，2016)。

中国住房方面的制度环境是第二住宅产生的根源之一。与西方国家相比，作为社会主义国家，中国的住房方面的政治制度一直是集体主义为主导，并且因为人多地少，党中央制定了“十分珍惜和合理利用土地”的基本国策。政府鼓励适度的住房消费，以带动经济增长，但是不鼓励多套住房和住房投机。2010 年建设部提出“抑制第二套房等不合理的住房需求(投机性住房需求)”。2016 年 12 月 16 日正式闭幕的中央经济工作会议提出“房子是用来住的，不是用来炒的”。在规划和土地利用里面也没有专门的第二住宅用地。

从 20 世纪 80 年代开始，中国由计划经济向市场经济转型，成为国家/政府主导下的市场经济(张宇，1997；韩康，2008)。市场在资源配置中起着基础地位，政府对市场有很强的管理能力，并且政府还控制着一些重要资源的供应和分配。在计划经济向市场经济转型过程中，很多城市居民低价购买了房改公房，还有部分购买了比较便宜的经济适用房等实现了首次置业。由于这些住房多是高密度和高层的多户住宅楼，建设年代比较老，住房面积小和设施不齐全，客观产生了对新、低密度和低层第二住宅的需求。住宅作为商品，在市场自由买卖。在收入增加和房产升值的情况下，购买第二住宅成为可能。

中国民间从古到今有很强的住房投资文化和置业传统，例如"有恒产者有恒心"和"有土斯有财"，并且将住宅作为重要的投资渠道和保值增值的财富传之后代。地方政府发展房地产业能增加财政收入，开发商专门针对富裕群体的第二住宅开发，能获得丰厚投资回报。这客观上导致了第二住宅在中国发展很快。

除了少数农村移民可以在城市里面就业和购买一套住宅，并且保留乡村住宅，大部分农村移民依然是进城务工人员，在城里租房和在农村自建房。西方的第二住宅很多位于乡村，由市民购买。中国的情况所有不同，市民在农村购买住房不被法律允许，无法过户和上市交易，存在着很大的风险。所以大部分市民只有在城市购买国有土地上大产权的住房。在汽车拥有数量还不是很多，交通体系还不是很完善的情况下，同城购第二住宅成为主流。随着交通体系的完善，以及私家车的拥有率提升，异地购第二住宅也越来越多。

二、中国多套住宅政策的演变

中国的中央政府和地方政府也开始关注多套住宅对宏观经济、住宅市场和地方经济的影响，并采取了一些政策来调控，主要有财政税收政策、金融政策、土地和规划政策等。其中，以差别化的信贷政策和差别化的税收政策为主。中国多套住房政策的演变总结见第一章，具体演变历程如表 7-1。

表 7-1　　我国多套住房调控政策的发展历程

时间	部门	政　　策	措　　施
2003. 06. 05	中国人民银行	《关于进一步加强房地产信贷业务的通知》	首套自住房贷款首付比例 20%，二套以上首付与贷款利率应适当提高
2003. 08. 12	国务院	《国务院关于促进房地产市场持续健康发展的通知》	加强经济适用住房建设、规范集资合作建房，杜绝为职工搞第二套政策性住宅现象
2010. 01. 07	国务院	《关于促进房地产市场平稳发展的通知》	对已利用贷款购房的第二套住房家庭提高首付比例，贷款利率严格按照风险定价
2010. 04. 17	国务院	《关于坚决遏制部分城市房价过快上涨的通知》(新国十条)	认房又认贷，二套首付不低于 50%，贷款利率不低于基准利率的 1.1 倍；加快普通商品房和保障房供给
2011. 02. 16	北京市政府	京十五条	认房不认贷，二套房首付比例不低于 60%，贷款利率不低于基准利率的 1.1 倍
2013. 02. 26	国务院	《国务院办公厅关于继续做好房地产市场调控工作的通知》	认房又认贷，有住房或有房贷或有公积金提取记录的，二套房首付比例不低于 70%，无住房但有贷款或公积金提取记录的>60%

续表

时间	部门	政　策	措　施
2014.09.30	中国人民银行、银监会	《关于进一步做好住房金融服务工作的通知》	认贷不认房，首套房首付比例30%，贷款利率下限是贷款基准利率的0.7倍；拥有1套住房并已结清相应购房贷款的家庭，为改善居住条件再次申请贷款购买商品房，执行首套房贷款政策
2015.03.05	国务院	《政府工作报告》	稳定住房消费，坚持分类指导，支持居民自住和改善性住房需求
2015.03.30	央行、住建部、银监会	《中国人民银行住房城乡建设部中国银行业监督管理委员会关于个人住房贷款政策有关问题的通知》	缴存职工家庭使用住房公积金委托贷款购买首套普通自住房，最低首付款比例为20%；对拥有1套住房并已结清相应购房贷款的缴存职工家庭，为改善居住条件再次申请住房公积金委托贷款购买普通自住房，最低首付款比例为30%。对拥有1套住房且相应购房贷款未结清的居民家庭，为改善居住条件再次申请商业性个人住房贷款购买普通自住房，最低首付款比例调整为不低于40%，具体首付款比例和利率水平由银行业金融机构根据借款人的信用状况和还款能力等合理确定。
2015.05.04	中国人民银行	《中国人民银行办公厅关于做好2015年信贷政策工作的意见》	支持居民首套和改善型住房消费，扩大房地产行业市场化融资渠道

续表

时间	部门	政　　策	措　　施
2015.08.31	住房城乡建设部 财政部 中国人民银行	《关于调整住房公积金个人住房贷款购房最低首付款比例的通知》	支持缴存职工合理住房需求，对拥有1套住房并已结清相应购房贷款的居民家庭，为改善居住条件再次申请住房公积金委托贷款购买住房的，最低首付款比例由30%降低至20%；北京、上海、广州、深圳可在国家统一政策基础上，结合本地实际，自主决定申请住房公积金委托贷款购买第二套住房的最低首付款比例
2015.09.24	中国人民银行、银监会	《关于进一步完善差别化住房信贷政策有关问题的通知》	在不实施"限购"措施的城市，对居民家庭首次购买普通住房的商业性个人住房贷款，最低首付款比例调整为不低于25%；按照"分类指导，因地施策"的原则，加强与地方政府的沟通，根据辖内不同城市情况，在国家统一信贷政策的基础上，指导各省级市场利率定价自律机制结合当地实际情况自主确定辖内商业性个人住房贷款的最低首付款比例
2016.02.02	中国人民银行、银监会	《关于调整个人住房贷款政策有关问题的通知》	在不实施"限购"措施的城市，首套房商业性个人贷款首付比例原则为25%，可向下浮动5个百分点，二套房贷款首付比例降至30%

续表

时间	部门	政　　策	措　　施
2016. 02. 06	国务院	《关于深入推进新型城镇化建设的若干意见》	深入推进新型城镇化，要着力解决好“三个 1 亿人”城镇化问题
2016. 02. 19	财政部、国家税务总局、住房城乡建设部	《关于调整房地产交易环节契税营业税优惠政策的通知》	下调非一线城市房地产交易环节契税、营业税。购买唯一住房或二套且面积 90 平米以下的，契税下调至 1%；购买首套 90 平米以上的房屋契税下调至 1.5%，购买二套 90 平米以上的房屋契税下调至 2%；个人将购买不足 2 年的住房对外销售的，全额征收营业税；个人将购买 2 年以上(含 2 年)的住房对外销售的，免征营业税。
2016. 03. 05	国务院	《政府工作报告》	深入推进新型城镇化，提出完善支持居民住房合理消费的税收、信贷政策，适应住房刚性和改善性需求，因城施策化解房地产库存；建立租购并举的住房制度，把符合条件的外来人口逐步纳入公租房供应范围
2016. 04. 29	中共中央政治局	《当前经济形势和经济工作》	要按照加快提高户籍人口城镇化率和深化住房制度改革的要求，有序消化房地产库存，注重解决区域性、结构性问题，实行差别化的调控政策

续表

时间	部门	政　　策	措　　施
2016.04.26	多部委	《关于印发促进消费带动转型升级行动方案的通知》	要给予地方调控自主权，分城施策化解房地产库存，建立租购并举的住房制度，满足居民改善性住房消费需求
2016.04.12	国土资源部	国土资源“十三五”规划纲要	结合房地产去库存，实施有效用地调节政策，保持房地产市场平稳运行。在住房供求关系紧张地区适度增加用地规模；对房地产库存较高的城市，减少直至停止住房用地供应
2016	城市政府	城市政府文件	因城施策，分类调控，热点城市限购、限贷
2016.12.16	中共中央政治局	中央经济工作会议	房子是用来住的，不是用来炒的。综合运用金融、土地、财税、投资、立法等手段，加快研究建立符合国情、适应市场规律的基础性制度和长效机制
2017.02.28	国务院	中央财经领导小组第十五次会议	深入研究短期和长期相结合的长效机制和基础性制度安排，坚持住房居住属性，分类调控、因城施策
2017.10.18	十九大	第十八届中央委员会向大会作报告	提出“房子是用来住的、不是用来炒的”的基调，坚持加快建立多主体供给、多渠道保障、租购并举的住房制度
2017	城市政府	城市政府文件	限购、限贷、限价、限售、限商改住

资料来源：根据政府公文汇总。

（一）限购政策的演变

限购政策从提出到制定实施细则，再到政策实施及调整，经历了近10年的时间。

2010年4月17日，国务院发布了《关于坚决遏制部分城市房价过快上涨的通知》，即“新国十条”。“新国十条”明确表述“要严格限制各种名目的炒房和投机性购房。并提出“对不能提供1年以上当地纳税证明或社会保险缴纳证明的非本地居民暂停发放购买住房贷款。”这体现了中央抑制房价飞速上涨、抑制投机炒房的决心和力度。更重要的是“新国十条”提到“地方人民政府可根据实际情况，采取临时性措施，在一定时期内限定购房套数。”这为日后各地方政府出台限购政策提供了政策指导和文件依据。在各城市相继出台相应限购政策后，2011年1月26日国务院办公厅出台了《关于进一步做好房地产市场调控工作有关问题的通知》，简称“国八条”。该通知在“新国十条”的基础上进一步规定并明确了地方政府制定限购政策的细则，是“新国十条”的补充与加强。然而在2012年10月以后，很多城市房价又出现了大涨。因此，继2013年2月20日国务院常务会议提出五条调控措施后，国务院办公厅于2013年2月26日发布《国务院办公厅关于继续做好房地产市场调控工作的通知》（国办发〔2013〕17号），细则着重对限购加强等抑制需求的方面进行细化，其中提出“已实施限购措施的直辖市、计划单列市和省会城市，进一步完善现行住房限购措施。限购区域应覆盖城市全部行政区域；限购住房类型应包括所有新建商品住房和二手住房；购房资格审查环节应前移至签订购房合同（认购）前；住房供需矛盾突出、房价上涨压力较大的城市，要进一步从严调整限购措施；其他城市出现房价过快上涨情况的，要求其及时采取限购等措施。”这说明限购政策在2013年进一步得到了强化。

然而随着住房市场供求关系由供不应求走向了供求平衡，以及宏观经济的增速下滑，多套住房政策也出现了急剧的调整，并制定去库存的一系列政策。2014年放松了限购政策，仅仅在北京、上海、广州、深圳、三亚五个城市依然执行限购政策，其他城市都取消了限购政策。实际上，在2014年上半年，各地在中央政府的默许下，都开始了放松限购政策的试点。例如3月佛山、南宁、无锡、铜陵等多个城市微调限购政策，6月27日，呼和浩特成为全国首个正式发文确定取消限购的城市。而且即使在这些执行限购政策的城市，住房限购政策也出现了微调。2015年7月5日，上海市委市政府出台《关于深化人才工作体制机制改革促进人才创新创业的实施意见》，对达到上海市居住证积分标准分值且缴纳个人所得税达到一定数额或职工社会保险缴费基数达到一定标准的非沪籍人员，定向微调住房限购政策。

到了2016年，随着去库存政策的实施，一些热点一线二线城市又开始出现了房价快速上涨和地王频出现象，限购政策又开始从严。一线城市限购加码，且政策收紧趋势向周边三四线蔓延。为控制房价涨幅，稳定市场预期，一线城市已率先出台调控收紧措施，2016年3月25日上海将非沪籍居民家庭购房缴纳个人所得税或社保年限由2年提高到5年。深圳将非深户在深圳购房的社保缴满年限由此前的1年提高至3年。2016年5月5日，北京通州发布《关于加强通州区商务型公寓和商业、办公项目销售管理的通知》，针对通州区商务型公寓执行限购政策，暂停向已拥有1套及以上住房的本市户籍单身人士及非本市户籍居民家庭、已拥有2套及以上住房的本市户籍居民家庭、无法提供在本市连续5年以上缴纳社会保险和个人所得税缴纳证明的非本市户籍居民家庭出售，新建商业、办公项目也仅能出售给企事业单位或社会组织。此外，位于一线城市周边的部分呈现过热发展的三线城市也开始加强楼市管控稳定房价。廊坊发布《关于完善住房保障体系促进房地产市场平稳健康发展的若干意见》，针对全市房地产市场快速"回暖"，尤其是环京县(市)房价涨幅较大的情况，出台九条措施，其中特别要求实行住房限购政策，非本地户籍居民家庭限购1套住房且购房首付款比例不低于30%。一些热点二线城市重新实施限购政策。

2017年3月，北京调控进一步升级，非京籍纳税年限由5年调整为连续60个月，同时将商住纳入限购范围，将有贷款记录的无房人群、离婚一年以内的购房者也视作二套房需求。北京出台调控政策后，环京周边县市也集中出台调控措施。其中，河北实行统一限购，其中针对环雄安新区和环首都重点地区，非当地户籍居民购房需提供当地3年及以上社保或个税缴纳证明。4月海南全省限购，暂停向在海南已拥有1套及以上商品住宅的本省户籍居民出售新建商品住宅。随后全国很多城市实施限购政策。

（二）限贷政策的演变

根据政策倾向，中国政府对于二套房的信贷政策分四个阶段：第一阶段从1998年到2003年，在这段时间内属于住房商品化阶段，主要是改革住房体制，对二套房的信贷无明显的政策倾向；第二阶段2003年到2008年上半年，这段时间政府对二套房的信贷采取紧缩型政策，从2003年开始，到2004、2005年达到顶峰（原因是2004—2005年住房市场投机，炒作严重），一直持续到2008年上半年；第三阶段是从2008年下半年到2010年，此阶段政府对二套房的信贷政策开始放松，主要原因是受到美国金融危机的影响，中国对外贸易受到重创，政府急于扩大内需，刺激经济；第四阶段是从2010年年至2014年，在这段时期内政府对于第二套房信贷政策开始收紧，主要原因是随着四万亿经济刺激方案的效果显现，房地产市场开始回暖，并且大量投机性资金涌入房市，房地产市场不断升温，投机性氛围严重，地王不断出现，政府为了稳定房地产市场，保持房市平稳发展。第五阶段是从2014年下半年至2016年，第二套房信贷政策再次放松，促进去库存。第六阶段是从2016年下半年至今，第二套房信贷政策再次收紧，防范房地产金融风险。

第一阶段为无差别化信贷政策。始于1998年，国务院要求推进住房商品化的进程，中国人民银行颁布了《个人住房管理办法》，但其尚未对第二住房信贷做出明确的规定。

第二阶段为差别化信贷政策的提出和实施。随着改革的进程到了2003年，中国人民银行颁布了关于《进一步加强房地产信贷业务管理的通知》，其中规定：要加强个人住房贷款管理，重点支持中低收入家庭购买住房的需要。商业银行应进一步扩大个人住房贷款的覆盖面，扩大住房贷款的受益群体。为减轻借贷人不必要的利息负担，商业银行只能对购买主体结构已封顶住房的个人发放个人住房贷款。对借款人申请个人住房贷款购买第一套自住住房的，首付款比例执行20%的规定；对购买第二套以上(含第二套)住房的，应适当提高首付款比例。其次，在贷款利率方面规定借款人申请个人住房贷款购买房改房或第一套自住住房的(高档商品房、别墅除外)，商业银行按照中国人民银行公布的个人住房贷款利率(不得浮动)执行；购买高档商品房、别墅、商业用房或第二套以上(含第二套)住房的，商业银行按照中国人民银行公布的同期同档次贷款利率执行。可以看出，在首付方面，购买二套住房的首付要比购买一套住房的首付比例要高，这样限制了购买二套住房行为；在还贷的利率方面，购买一套住房按个人住房贷款利率执行，购买二套住房却要按银行贷款的同期贷款利率执行，这样提高了利息偿还的额度，增大了利息偿还的风险，同样也是出于限制购买二套住房的行为。所以，人民银行对购买第二住房贷款是保持一种相对谨慎的态度，以防止信用的过度扩张。

在2005年，国务院办公厅颁布了《关于做好稳定住房价格工作的意见》。其中规定：加强房地产信贷管理，防范金融风险，加强对房地产开发贷款和个人住房抵押贷款的信贷管理，调整和改善房地产贷款结构。对市场结构不合理、投机炒作现象突出，房地产贷款风险较大的地区，要加强风险提示，督促商业银行调整贷款结构和客户结构，严格控制不合理的房地产贷款需求，防范贷款风险。

为了控制房地产市场过热，2007年9月，央行和银监会下发《关于加强商业性房地产信贷管理的通知》，其中规定，居民购买第二套住房的首付比例提高至40%，贷款利率在基准利率基础上上浮10%。同时规定，银行审核第二套住房的定义是以家庭为单位。

第三阶段为应对次贷危机下的差别化信贷政策的放松。美国爆发的次贷危机促进了中国房地产信贷政策的再次调整。2008年12月21日，国务院出台了《关于促进房地产市场健康发展的若干意见》(国办发〔2008〕131号)，其中规定进一步鼓励普通商品住房消费，加大对自住型和改善型住房消费的信贷支持力度。在落实居民首次贷款购买普通自住房，享受贷款利率和首付款比例优惠政策的同时，对已贷款购买一套住房，但人均住房面积低于当地平均水平，再申请贷款购买第二套用于改善居住条件的普通自住房的居民，可比照执行首次贷款购买普通自住房的优惠政策。对其他贷款购买第二套及以上住房的，贷款利率等由商业银行在基准利率基础上按风险合理确定。2008 年政策的最大缺陷在于没有对改善型住房做出明确的释意，以至于各大金融贷款机构为了招揽客户，对改善性住房的定义按照各自的需求任意解释，致使无论购买第二套房是否为改善型均能享受贷款的优惠政策。

第四阶段为差别化信贷政策执行力度再次加大。2010 年 1 月 7 日，国务院办公厅颁布《关于促进房地产市场平稳健康发展的通知》，针对随着房地产市场的回升，近期部分城市出现了房价上涨过快等问题，要进一步加强和改善房地产市场调控，稳定市场预期，促进房地产市场平稳健康发展。其中规定加大差别化信贷政策执行力度。金融机构在继续支持居民首次贷款购买普通自住房的同时，要严格二套住房购房贷款管理，合理引导住房消费，抑制投资投机性购房需求。对已利用贷款购买住房、又申请购买第二套(含)以上住房的家庭(包括借款人、配偶及未成年子女)，贷款首付款比例不得低于 40%，贷款利率严格按照风险定价。2010 年政策与 2008 年政策的最大区别在于将如果购买第二套住房是改善性则可享受贷款的优惠政策去除，即只要购买二套房均要提高首付和利率。2011 年 1 月 26 日，国务院总理温家宝主持召开国务院常务会议确定八项政策措施，其中之一是强化差别化住房信贷政策。对贷款购买第二套住房的家庭，首付款比例不低于 60%，贷款利率不低于基准利率的 1. 1 倍。人民银行各分支机构可根据当地人民政府新建住房价格控制目标和政策要求，在国家统一信贷政策的基础上，提高第二套住房贷款的首付款比例和利率。加强对商业银行执行差别化住房信贷政策情况的监督检查，对违规行为严肃处理。

2013 年 2 月 20 日举行的国务院常务会议出台了楼市调控“国五条”，即《国务院办公厅关于继续做好房地产市场调控工作的通知》(国办发〔2013〕17 号)提出：“继续严格实施差别化住房信贷政策。银行业金融机构要进一步落实好对首套房贷款的首付款比例和贷款利率政策，严格执行第二套(及以上)住房信贷政策。要强化借款人资格审查，严格按规定调查家庭住房登记记录和借款人征信记录，不得向不符合信贷政策的借款人违规发放贷款。银行业监管部门要加强对银行业金融机构执行差别化住房信贷政策的日常管理和专项检查，对违反政策规定的，要及时制止、纠正。对房价上涨过快的城市，人民银行当地分支机构可根据城市人民政府新建商品住房价格控制目标和政策要求，进一步提高第二套住房贷款的首付款比例和贷款利率。”

第五阶段为应对经济下滑下的差别化信贷政策执行力度再次放松。在经济下滑的背景下，中央政府再次通过放松信贷政策促进楼市增长。在 2014 年 9 月 30 日，央行及银监会发布《关于进一步做好住房金融服务工作的通知》：对于贷款购买首套普通自住房的家庭，贷款最低首付款比例为 30%，贷款利率下限为贷款基准利率的 0.7 倍。对拥有 1 套住房并已结清相应购房贷款的家庭，为改善居住条件再次申请贷款购买普通商品住房，银行业金融机构执行首套房贷款政策。同时要求银行业金融机构缩短放贷审批周期，合理确定贷款利率，优先满足居民家庭贷款购买首套普通自住房和改善型普通自住房的信贷需求。11 月 21 日，央行宣布，自 2014 年 11 月 22 日起下调金融机构人民币贷款和存款基准利率。金融机构一年期贷款基准利率下调 0.4 个百分点至 5.6%；一年期存款基准利率下调 0.25 个百分点至 2.75%。同时，利率市场化更进一步，浮动区间上限扩大至 1.2 倍。

2015 年，央行、住建部、银监会联合下发通知，对拥有一套住房且相应购房贷款未结清的居民家庭购二套房，最低首付款比例调整为不低于 40%。2015 年 2 月 4 日中国人民银行自 2015 年 2 月 5 日起下调金融机构人民币存款准备金率 0.5 个百分点。自 2015 年 3 月 1 日起下调金融机构人民币贷款和存款基准利率。金融机构一年期贷款基准利率下调 0.25 个百分点至 5.35%。一年期存款基准利率下调 0.25 个百分点至 2.5%，同时结合推进利率市场化改革，将金融机构存款利率浮动区间的上限由 1.2 倍调整为 1.3 倍。5 月 11 日、6 月 28 日、8 月 26 日再分别下调金融机构人民币贷款和存款基准利率 0.25 个百分点。10 月 24 日起，央行年内第五次降息，五年以上长贷利率降至 4.9%，五年以上公积金贷款利率降至 3.25%，均处于历史低点。

2016 年 10 月之前，为了去库存采取了信贷宽松的政策。2016 年 2 月 2 日，中国人民银行、中国银监会发布了《关于调整个人住房贷款政策有关问题的通知》，在不实施限购措施的城市，居民家庭首次购买普通住房的商业性个人住房贷款，原则上最低首付款比例为 25%，各地可向下浮动 5 个百分点；对拥有 1 套住房且相应购房贷款未结清的居民家庭，最低首付款比例调整为不低于 30%。对于实施限购措施的城市，个人住房贷款政策按原规定执行。中国人民银行决定，自 2016 年 3 月 1 日起，普遍下调金融机构人民币存款准备金率 0. 5 个百分点。

第六阶段为应对楼市过热下的差别化信贷政策执行力度再次收紧。2016 年住建部 9 月 6 日发布贯彻《法治政府建设实施纲要(2015—2020 年)》的实施方案。方案表示，完善房地产宏观调控。根据房地产市场分化的实际，坚持分类调控，因城施策。提出完善和落实差别化税收、信贷政策。9 月 30 日晚之后，有多个城市重新实施限贷政策。

2017 年 2 月 2 日，中国人民银行、银监会公布通知，对个人住房贷款首付比例进行调整。在不实施限购措施的城市，家庭首套房的商业性个人住房贷款，原则上最低首付款比例为 25%，各地可向下浮动 5 个百分点；对拥有一套住房且相应购房贷款未结清的居民家庭，二套房再次申请商业性个人住房贷款，最低首付款比例调整为不低于 30%。对于实施限购措施的城市，个人住房贷款政策按原规定执行。

2018 年 1 月，国家部委陆续召开年度工作会议，对 2018 年工作作出部署。银监会提出要努力抑制居民杠杆率，重点是控制居民杠杆率的过快增长，打击挪用消费贷款、违规透支信用卡等行为，严控个人贷款违规流入股市和房市。继续遏制房地产泡沫化，严肃查处各类违规房地产融资行为。

住房公积金为政策性住房金融，它的存款和贷款政策可以参照人民银行和银监会的信贷政策，管理机构归属于地方政府，业务归建设部和省建设厅宏观指导，完全不受银监会监管，决策由结构松散的地方住房公积金管理委员会作出。这样导致中央的第二套房政策在地方是否执行、何时执行和如何执行都由地方说了算(梅德平，2010)。在中央政府明确了地方政府房地产调控的责任后，一些地方的住房公积金管理中心则参照商业银行的信贷政策调整了住房公积金的信贷政策。并且在分城施策中，对限购城市和非限购城市购买首套住房和第二套住房的公积金贷款利率和首付都进行了差异化的规定。

(三)差异性税收政策的演变

中国的房地产财政税收政策按照征税发生的环节区分，可分为土地取得、房地产保有和流转三个环节的税收。发生在取得环节的税种有：土地增值税、耕地占用税、土地使用税、契税；发生在保有环节的税种有两种，分别是房产税和城镇土地使用税；而在流转环节，目前设置的税种主要有营业税(增值税)、土地增值税、城市维护建设税、教育费附加、房产税、企业所得税、个人所得税、印花税、契税。这些税种对普通住宅和非普通住宅以及不同的持有年限有不同的税费减免。而且，在自用环节企业要缴纳房产税和土地使用税，个人经营性住房(出租)缴纳房产税，个人所有的居住房屋及院落用地按照税法规定减免土地使用税和个人自用房屋减免房产税(税法，2003)。十八届三中全会明确改革任务是要加快房地产税立法，适时推进改革工作。2017 年底，财政部部长肖捷在《人民日报》撰文提到加快建立现代财政制度，明确按照“立法先行、充分授权、分步推进”的原则，推进房地产税立法和实施。对工商业房地产和个人住房按照评估值征收房地产税，适当降低建设、交易环节税费负担，逐步建立完善的现代房地产税制度。

从 2005 年到 2008 年，差异化税收政策提出和实施。2005 年 5 月 9 日国务院发布了《国务院办公厅转发建设部等部门关于做好稳定住房价格工作意见的通知》(国办发〔2005〕26 号)文件，自 2005 年 6 月 1 日起，对个人购买住房不足 2 年转手交易的，销售时按其取得的售房收入全额征收营业税；个人购买普通住房超过 2 年(含 2 年)转手交易的，销售时免征营业税；对个人购买非普通住房超过 2 年(含 2 年)转手交易的，销售时按其售房收入减去购买房屋的价款后的差额征收营业税。各地要严格界定现行有关住房税收优惠政策的适用范围，加强税收征收管理。对不符合享受优惠政策标准的住房，一律不得给予税收优惠。房地产等管理部门要积极配合税务部门加强相关税收的征管，具体办法由税务总局会同建设部等部门研究制定。各地政府都对“普通住房”和“非普通住房”做了界定区分，并以此在交易环节对两者实施不同的差异性税收政策。

在2008年下半年为了应对美国次贷危机带来的冲击，实施鼓励买房的政策，如财税〔2008〕137号、财税〔2008〕174号、银发〔2008〕302号文、国办发〔2008〕131号文件，下调购买普通住房契税税率、暂免个人买卖印花税和营业税、免个人转让出售的土地增值税。

从2009年到2014年，为了应对房价上涨，加强房地产调控，差异化税收政策再次调整。2010年1月7日，国务院国办发［2010］4号文《关于促进房地产市场平稳健康发展的通知》提出继续实施差别化的住房税收政策。要严格执行国家有关个人购买普通住房与非普通住房、首次购房与非首次购房的差别化税收政策。对不符合规定条件的，一律不得给予相关税收优惠。同时，要加快研究完善住房税收政策，引导居民树立合理、节约的住房消费观念。2011年1月27日，上海、重庆推行房产税试点。上海市房产税征收征收对象包括上海市有二套房的房主和非上海市户籍新购住房的房主，征收标准则按照房屋面积、税率等因素计算。重庆将从10月1日起对主城区内符合要求的存量独栋商品住宅征收个人住房房产税。

从2014年到2016年，为了应对经济下滑，差异化税收政策再次调整。2014年以来，国内房地产市场出现明显的下行趋势，房地产库存高企，不少城市纷纷出台政策放宽了“普通住房”的认定标准，视为刺激商品住房需求的重要手段。2015年3月30日国家税务总局财税［2015］39号文件把“普通住房”交易可享受营业税全额免征待遇和“非普通住房”交易可享受按差额征收待遇的最短持有期限，都由5年改成2年。2016年，先是为了去库存，降低了契税和营业税，后是部分城市再次出现房地产试产过热，再次实行差别化税收政策。2016年2月22日，对个人购买家庭普通住房（家庭成员范围包括购房人、配偶以及未成年子女，下同），面积为90平方米及以下的，减按1%的税率征收契税；面积为90平方米以上的，减按1.5%的税率征收契税。对个人购买家庭第二套改善性住房，面积为90平方米及以下的，减按1%的税率征收契税；面积为90平方米以上的，减按2%的税率征收契税。个人将购买不足2年的住房对外销售的，全额征收营业税；个人将购买2年以上(含2年)的住房对外销售的，免征营业税。2016年3月18日召开的国务院常务会议决定，自2016年5月1日起，中国将全面推开营改增试点，将建筑业、房地产业、金融业、生活服务业全部纳入营改增试点，至此，营业税退出历史舞台，增值税制度将更加规范。个人转让房地产也缴纳增值税，并且不同的持有年限需要缴纳的税率也不同。住建部9月6日发布贯彻《法治政府建设实施纲要(2015—2020年)》的实施方案。方案表示，完善房地产宏观调控。根据房地产市场分化的实际，坚持分类调控，因城施策。其中提出完善和落实差别化税收政策。

2017年，为了大力发展租赁市场，一些城市提出了一些税收优惠政策。如广州、杭州、深圳、成都、南京、武汉、肇庆等针对个人和中介机构的税收优惠进行细化，提出对个人出租住房的，减按1.5%计算缴纳增值税；对个人出租住房月收入不超过3万元的，2017年底之前可按规定享受免征增值税政策；对房地产中介机构提供住房租赁居间代理服务，适用6%的增值税税率；对一般纳税人出租在实施营改增试点前取得的不动产，按照5%的征收率缴纳增值税。郑州规定个人出租房屋的，其应缴纳的房产税暂减按4%征收；对个人出租房屋取得的所得暂减按10%征收。合肥则对达到一定标准、符合政策的住房租赁企业给予奖补。

(四)限价政策的演变

在我国城市住房制度设计中，把居民住房分为政策性房和商品房两类。政策性住房(保障房)包括经济适用房、限价房、廉租房和公租房等，以满足普通群众尤其是低收入群体住房需求为目的，政府通过减免税费等方式降低建设成本，并投入资金参与房地产开发企业联合建设，规定以获得合理利润(一般不高于10%)为前提制定房屋销售价格和租赁价格，使广大群众能够买(租)得起房。商品房则是面向具有较强购买力群体尤其是高收入群体住房需求的住房，政府可以通过土地出让、税费等方式获取收益，同时允许房地产开发企业完全自主决定房屋销售价格。为了加强房地产市场监管，控制房价的上涨力度，北京、南京、苏州、无锡等地对商品房价格增长作出了限定。

2016年，北京已经成交和正在挂出的所有商品住宅地块均已全面实施了“限房价、竞地价”的出让方式。所有这些住宅用地，从土地出让伊始就全面规定了未来的商品住房销售均价和最高售价。例如丰台区西局地块，未来商品住房销售均价不超过77800元/平方米，且最高销售单价不得超过81690元/平方米。其实，北京从销售证上进行销售限价已经执行了一定的年头了。早在1997年，北京市物价局、北京市计划委员会、北京市城乡建设委员会关于印发《北京市商品房销售价格管理暂行办法》的通知(京价[房]字〔1997〕第342号)规定：普通商品住宅(不含公寓、别墅、四合院等高档商品住宅)实行政府指导价格，由市场价局、市建委会同市计划委员会(以下简称市计委)等有关部门定期发布。政府指导价每年第一季度末发布。普通商品住宅的政府指导价格是市物价局、市建委、市计委在掌握全市各区域商品住宅开发建设成本基础上，根据国家有关政策，面向全市发布的各区域商品住宅的销售指导价格。实行政府指导价格的普通商品住宅为平均每套建筑面积不大于120平方米的商品住宅。除上述第五条(安居工程)、第六条(普通商品住宅)规定以外各类商品房实行市场调节价格。2001年，中华人民共和国建设部令第88号《商品房销售管理办法》开始实施，其中规定，商品房销售价格由当事人协商议定，国家另有规定的除外。在2013年，北京市住建委主任杨斌做客城市服务管理广播提出“新盘(新建商品房)取得预售资格的时候要报价，报价不能明显高于该楼盘此前的成交价，也不能明显高于周边同类品质商品房的价格。”如果开发商不接受指导，就不予发预售许可证，或者对于成交资格不予备案等(《京华时报》，2013)。2016年9月30日北京市房地产市场实施调控新政以来，北京市住建委下发的《关于促进本市房地产市场平稳健康发展的若干措施》中明确，对报价明显高于周边在售项目价格和本项目前期成交价格且不接受指导的商品住房项目，属于期房预售的暂不核发预售许可证书、属于现房销售的暂不办理现房销售备案。商品住房项目在销售中，要继续严格执行明码标价、一房一价规定，实际销售价格不得高于申报价格。

2017年1月19日，深圳规划国土委《商品住宅和商务公寓预现售管理操作细则》通知："在预售方面，建立商品住房和商务公寓预售审批预审查制度。我委各管理局在受理商品房预售申请之前，需对拟申请办理预售的商品住房和商务公寓项目资料进行前期审查，对项目的申报价格进行合理指导。按照《若干措施》的相关规定，拟申请预售项目属首次申请预售的，其户型(按建筑面积小于90平方米、90～144平方米、大于144平方米三种类型计，以下同)申报均价不得明显高于周边同类同户型在售项目的销售均价，周边无同类在售项目参考的，可参照周边同类二手房价格(二手房价格由市房地产评估发展中心提供或由申请企业委托评估机构进行评估)；拟申请预售项目属分期开发再次申请预售的，其户型申报均价不得高于本项目前一期实际销售价格，如前一期销售的项目无同类户型或价格明显低于当前市场平均价格的，可参照周边同类同户型在售项目的销售均价。完善预售价格备案和备案变更制度。预售价格备案仍按当前操作的程序办理，各管理局在办理预售审批后由市价格主管部门办理价格备案。按照《若干措施》有关规定，市价格主管部门不再办理商品住房和商务公寓项目上调备案价格的变更手续，各管理局不再办理相应上调价格系统数据修改的有关手续，下调备案价格也需有度有节奏开展，不得短期内大幅度下调，防止房价大起大落。"

(五)限售政策的演变

始于2017年3月的商品房限售政策，要求购买的商品房需取得产权证书后持有一定的年限才能上市交易。5月20日，长沙、无锡、嘉兴三地相继出台限售政策，进一步加强楼市调控力度。长沙在继续加码限购的同时，首次提出在限购区域内购买的商品住房，需取得不动产证满2年后方可上市交易。与之类似，嘉兴对在市区范围内已拥有1套及以上住房的本市户籍居民家庭新购买住房，取得不动产证未满2年的不得上市交易。相比之下，无锡则细分了单位购房和个人购房的限售年限，居民家庭购买住房在取得不动产证2年内不可转让，法人单位购买住房3年内不可转让。据中原地产研究中心最新统计数据，包括成都、厦门、福州、青岛、杭州、广州、珠海、惠州、承德、保定、北海、南宁、张家口等超过36个城市，历史上首次启动了买房后一定年限限制出让的楼市调控政策。

尽管都是限售，但各地在政策细节上的考量却略有不同。首先是限售年限的差别，大部分城市限售政策均要求新购商品房在2~3年内不得转让，且前提都是在限购的区域内；而保定白沟新城则将禁售期定为5年，时间较长。其次，在限售对象方面，杭州明确限售对象仅为企业，提出企业购买杭州限购区域住房需满3年方可上市交易；保定白沟新城等地政策限制的是非本地户籍居民(家庭)；广州、无锡则对居民和企业售房设置了不同的“禁售期”；当然，多数城市的限售政策则面向的是全部住房交易对象(中国新闻网，2017)。

(六)其他配套政策的演变

一些城市还出台了商业、办公类项目不得擅自改变为居住等用途，俗称限商改住。2017年3月26日，北京住建委官方网站发布了《关于进一步加强商业、办公类项目管理的公告》，其中第一条明确规定：商业、办公类项目应当严格按规划用途开发、建设、销售、使用，未经批准，不得擅自改变为居住等用途。第二条规定，房企新报建商办类项目，最小分割单元不得低于500平方米；不符合要求的，规划部门不予批准。销售对象应当是合法登记的企事业单位、社会组织，而非个人；个人购买再上市商住物业时，要求名下无房且缴纳五年社保或者个税；商业银行暂停对个人购买商办类项目的个人购房贷款；对于开发企业，全面禁止“商改住”，中介作为机构不得以任何方式宣传商办房屋可以用于居住。根据易居研究院的数据，2008年以来北京酒店式公寓供应套数为11511套，2009年为22349套，到2015年为29547套，2016年为41739套。在商品住宅限购的大背景下，一些受到限购的人群购买商业办公类的公寓项目，导致它们的市场交易价格出现上涨。从易居研究院的数据中可以看到，2015年酒店公寓均价为26481元/平方米，到了2016年已经涨到29761元/平方米，在2017年的前两月，均价45399元/平方米。此外，广州、上海、成都、深圳也提出限制商业办公类物业改为住宅。各个城市的政策略有不同。广州要求最小分割面积是300平方米，虽然没说不准卖给个人，但必须要拿证后两年才能卖。深圳就规定卫生间等管道要集中设计，预留管道之类的猫腻设计会被处罚。

为了防止一些家庭假离婚来购买多套住房，也出台了一些相应的政策。《新京报》的《二套房政策五年来四改　曾引发假离婚现象》报道指出：2013年3月30日，北京市地税局正式发布"国五条"。首次将二手房市场纳入调控体系，并按个人转让住房所得的20%征收所得税，出售五年以上唯一住房免征个税。除此之外，禁止京籍单身人士购买二套房。并引发了"假离婚"现象等。在北京"国五条"细则出台后，一些急于换房，而手中房产并不是唯一住房的夫妻，不少选择假离婚来避免非唯一住房出售时要缴纳的20%税费。据媒体报道，北京市2013年前三季度离婚登记数量达39075对，同比增长40%。2017年3月24日，中国人民银行等多部门发布《关于加强北京地区住房信贷业务风险管理的通知》(银管发〔2017〕68号文)，提出对离婚一年内的贷款人实施差别化住房信贷政策，从严防控信贷风险，对于离婚一年以内的房贷申请人，商贷和公积金贷款均按二套房信贷政策执行。

第二节　中国多套住宅政策的评价

由此可见，中国的多套住房政策发生了急剧的转变。主要的原因是，一些阶段的调控是为了控制需求，从而达到控制房价快速上涨的目的，另一些阶段的放松则是为了稳定消费和投资，从而鼓励改善性住房需求，来达到经济增长的目的。然而中国的多套住房政策还存在一些问题需要深入研究，例如它是否有理论基础，是否合法，是否能得到好的效果？

一、中国多套住宅政策的理论基础及其争议

(一)住房市场干预的理论基础

多套住房调控政策的理论基础是住房市场失灵及其治理政策，它包

括市场失灵及其治理理论和政府失灵及其治理理论。

一是市场失灵及其治理理论。房地产具有经济属性和社会属性。从经济属性来看，房地产属于重要的生产资料，投入到生产领域，可以产生价值。从社会属性来看，房地产特别是其中的住房是人类生存的基本需要之一。通常认为市场配置资源是最有效率的，因此为了追求效率，房地产可以由市场无形之手来调节。然而由于市场供给的垄断性、市场信息的不对称性、市场行为的外部性和公共物品的供给不足，资源配置并不一定是最有效的，而且缺乏社会公平。

处于垄断地位的开发商采取较高定价和较低产量策略，获得了较高的垄断利润，而导致了消费者的福利损失。而且，为获得与维持垄断地位，垄断企业将进行非法的"寻租"活动，导致经济福利进一步减小。

由于房地产开发、建造和交易过程的复杂性，房地产购买者或消费者对有关房地产信息了解较少，而房地产商了解较多，而且二者的差距很大，存在严重的信息不对称。拥有较多信息的一方采取较高定价的方式，获得了更多的收益，导致了另一方的福利损失。

此外，住房市场存在外部性。一是正的外部性。例如邻居维修房屋和修理草坪会增加社区房屋的价值。业主们经常居住的第一居所会形成更紧密、更稳定的社区和邻里关系。二是负的外部性。例如偶尔居住的多套住房业主会导致流入地一些商业和公共服务设施因为缺少足够的需求，无法有效运转。此外，经常空置的多套住房可能会被小偷经常光顾，甚至被流浪汉占有，增强了社区的犯罪和不稳定。而比较富有的第二住宅住户和相对贫困的本地第一居所业主和租户会形成居住隔离，并且出现社会对立。

保障性住房是与商品房相对应的概念，它由政府主导或政策支持，提供给中低收入住房困难家庭使用，并且对该类住房的建造标准和销售价格或租金标准给予限定，起社会保障作用的住房。对照公共物品的两个特性：非竞争性和非排他性，保障性住房是"具有公共福利形式的措施"，是保障社会中低收入阶层基本居住权的集中体现，也是政府提供公共服务职能的重要形式，在消费上具有相对竞争性，对保障对象来说又具有一定的非排他性，因而应是广义的公共产品。然而，由于保障性住房的利润很低，导致了市场不愿意建设和运营。

基于以上理论，住房政策是利用行政手段、市场手段、法律手段来解决房地产市场失灵。行政手段，例如数量和价格管理、规划，市场手段主要是通过财政税收政策、金融政策来引导市场参与者的行为。法律手段则是通过立法的形式来确定市场参与者的权利和义务。

在治理垄断方面，政府通常采取对企业限定产量、价格和给予补贴的方式。政府对垄断的管制工具主要是反垄断法和价格管制。这里仅介绍价格管制。降低价格可以增大消费者剩余和经济福利，但现实中如何确定管制价格却是个比较复杂的事。价格管制一般遵循“效率优先，兼顾公平”原则，尽量将价格确定在帕累托最优状态附近。常见的定价法有边际成本定价法、平均成本定价法、双重定价法和资本回报率定价法。

在治理信息不对称方面，政府通常要求企业公开相应信息。遏制信息不完全和不对称，首先是要在规划、设计阶段充分考虑避免信息不完全和不对称的方式方法与途径，其次是及时总结与发布信息，完善信息传播渠道，增大信息透明度，三是建立信息共享制度。

在治理外部性方面，政府通常采取税收政策、产权市场、整合等方式实现外部性内部化。存在负的外部不经济性时的状态不是帕累托最优状态。当存在负的外部性时候，生产者的个人生产成本低于社会生产成本，并获得高于社会收益的个人收益。因此政策制定可以要求生产者从收益中拿出一部分用于减小社会成本，即存在帕累托改进余地。对负的外部性生产者收税或收费，提高个人成本，减小外部不经济。理论上，税(费)数额应该等于它给社会其他成员造成的损失。反之，对正的外部性生产者提供补贴，降低个人成本，减小外部不经济。通过整合外部不经济性的主体与外部经济性的主体，让外部性“内部化”。此外，通过建立外部性的产权交易市场，也可以实现外部性的内部化。

在公共产品供给方面，获得适当的住房确定为公民的基本人权，当这种权利无法依靠市场的力量得以实现时，为了追求社会公平，政府有必要干预市场，提供保障性住房来保障公民的基本人权。政府通常采取政府部门或者下属的国有企业供应公共产品。

二是政府失灵及其治理理论。美国经济学家罗兰·麦肯恩(Roland McKean)于1965年提出政府失灵(government failure)，它是一种由政府干预而引发的一系列非效率性资源分配的公共状态，其作用往往会恶化其市场失灵的结果。它和政府体制、政府结构及其运行模式有关。主要原因有：政府缺乏竞争，缺少成本压力，出现资源浪费；政府独占，提供过多的服务；民主国家下的监督者和控制者缺乏足够的知识、信息和能力，造成了监督和控制失效。而且政治人物、官僚、利益集团都会利用各种资源和机会，以达到符合自身利益的目标。

然而政府的干预不当，也可能带来一些负面的效果。在治理垄断方面，政府部门可能无法准确获得企业的成本和利润信息，企业上报的信息可能存在偏差，基于这些信息制定的数量和价格管理将达不到帕累托最优。因此，需要通过机制设计让企业上报准确的信息。在治理外部性方面，政府同样无法准确地测算出个人成本、社会成本、个人收益和社会收益，因而无法准确地界定税率。在治理信息不对称的时候，也可能因为信息的内容广泛，专业性强，无法得到准确的披露。由政府直接供应和运营保障性住房，可能会出现政府失灵问题。在住房保障供应阶段，可能会出现政治人物讨好选民，过度供应低价保障房；也可能受到开发商的游说，过少供应保障房推高房价。在住房保障管理阶段，控制住房低租金造成了过度需求和资源浪费。有鉴于此，世界银行(1997)和Weimer(1999)提出利用市场机制提供竞争性的服务，并通过财税政策提供激励。通过公私合作，可以实现通过私人企业来供应公共产品，并且降低成本和提高效率，减少政府供应的腐败等问题。包容性住房政策则是政府通过规划以及相应的财税政策激励开发商通过市场手段来提供保障房这种公共服务的尝试。

上述理论的进展带来了政策理念的转变。政府的职能是让市场机制充分发挥作用，在出现市场失灵的时候，采取有效的政策干预。采取财政税收和金融政策来调控多套住房是全世界通用的政策。通常需要根据税收法定的原则来获得立法机构和选民的同意。在金融政策方面，则是发挥金融机构的自主性，同时降低金融风险。

(二)多套住房市场干预的理论基础

国际上很多国家对多套住宅采取了差异性贷款、差异性税收政策，仅有很少的国家采取了行政管制政策，例如限制规划和建设第二住宅、限制首要居所转换为第二住宅，限制购买第二住宅。差异性贷款政策通常出于控制信贷风险，差异性税收政策通常出于增加第二住宅持有和交易成本和减少投资收益，为很多国家通用。但是行政管制(如英国等国的规划、建设和交易管制、中国的限购令)的争议很大，国际上仅有很少国家执行该政策。

一些学者支持该政策。一是从限购拉平了不同消费者之间的边际效用和调和资产市场的过大波动角度。李稻葵(2011)认为，“在收入差距大而供给相对不足的情况下，针对必需品或消费者偏好极为不均的产品进行限购比传统价格机制更为合理，因为限购拉平了不同消费者之间的边际效用。另一个比较新的理论是限购，如资本管制，是调和资产市场的过大波动的有效机制。限购是常规调控手段失效的情况下所能采取的最后一剂药，在目前地产价格持续攀高的形势下，限购就像给高烧病人的一剂退烧针”。

二是从限购为中央和地方政府调控房价的机制设计角度。平新乔(2011)认为限购政策带来的地方经济影响归结为中央与地方政府之间就房价调控而达成的一种显性或隐性契约。他认为地方政府为避免“被限购”，造成地方楼市、地市、土地财政损失，放慢地方城市化和经济发展进程，将会主动约束当地房价上升势头。限购政策相当于中央将调控房价的责任落实到地方政府，地方政府又将控制房价的责任落实到本地的房地产开发商。最后，地方政府与开发商就会在是否“接受被限购”问题上进行得失权衡，并达到该城市的房价同比上升幅度回落至合理范围的结果。从这一角度分析，限购政策“会成为中央政府要求地方政府约束房价上升势头的一个强有力的调控工具”。

还有一些学者反对该政策。反对限购的理由主要有以下几方面：一是认为限购属于行政干预，是计划手段，干扰了房地产市场的正常发展，如果住房可以限购，那么其他商品都可以限购。二是认为限购政策并没有限住房价，开发商会有意拖延开发，减少供给，反而抬高房价。三是认为限购政策操作起来涉及多个环节，执行难度大、成本高。更有一些言辞激烈者，或认为政府出台限购令无法律依据，是否合乎《物权法》等法律规定；是否侵害公民权利，有违宪之嫌；或认为此轮以限购为杀手锏的房地产调控为政治挂帅，不可持续。除此之外，还有很多产业界人士反对该政策，例如任志强(2012)在出席财经年会时表示："限购应该是最坏的政策，最后的结果一定是一大堆的后遗症。"

二、中国多套住宅政策的效果

(一)限购政策的效果

王敏和黄滢(2011、2013)基于房地产市场的长期动态均衡分析指出：市场的均衡是由需求和供给双方共同决定的，而后者的政策反应会影响政策的最终效果。土地和房地产作为一种资源性产品，房地产商和二手房投资者作为它的供给者，他们不但要看今天的市场需求，而且还要看未来的市场需求，来对产品进行一个动态跨期供给的最优决策，都是基于未来的价格或需求预期调整自己在每一期的供给行为。

因为限购，今天的住房市场需求显著下降，如果短期的供给不改变，则会导致房价的下降。但是如果市场的供给方预期该政策是一项临时性的政策，将来总有一天会取消从而让市场需求重新恢复，那么对他们而言，限购期间的价格相比于其他时间是降低了，他们会将原来在限购期间的供给挪到限购政策结束后的那段时间上来。这样，限购结束后的房地产市场价格会比当前限购期间的市场价格相对要高，他们就会减少当前的房地产供给，把更多的房地产留在手中，等政策结束后再高价出售。也就是说限购政策会导致惜售行为，降低需求的同时，也降低了供给。因此，对于[0，T]期间任何一期的均衡分析应该是如图 7-1 所展示的那样：限购政策将需求曲线往下挪的同时，供给曲线因为供给方对政策的反应和供给计划的重新调整而上移。在[0，T]期间，最终的均衡会维持在 pe，d 这一点，比政策出台前的价格 pe 要低，但是比静态分析的均衡价格 pe，s 要高，呈现出"价高量低"的局面。这样一个动态调整的结果是，限购虽然把限购期间的每期的需求曲线往下挪(传统的静态分析就在这里结束了，就会得出有效降低房价的结论)，但是供给方对政策的反应会导致限购期间的供给曲线上移。结果是成交量降低，价格也许会下降，但幅度有限，维持一个“量低价高”的局面。除非限购政策永久化，房价才有可能明显下降。一旦取消限购，甚至会出现一些开发商所说的“报复性反弹”的局面。

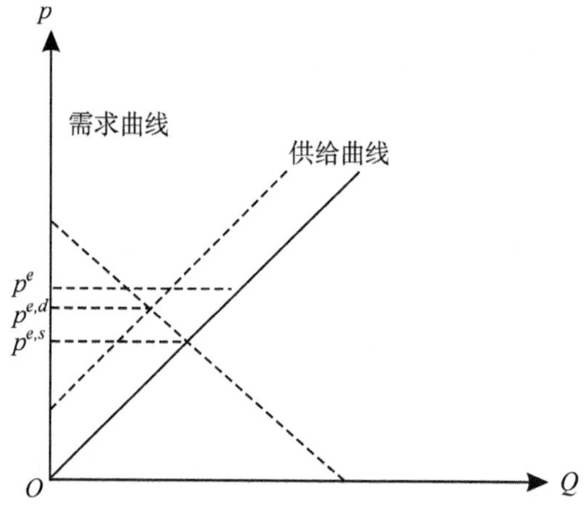

图 7-1　限购政策的动态分析和静态分析比较

Du 等(2017)用了反事实分析方法分析限购对房价的影响，发现，限购对房价的下降有显著的影响。Sun 等(2017)认为限购政策能挤出投机性住房需求，降低了北京的住房交易量和二手房价，降低了房价收入比。Li 等(2017)研究了放松限价管制的结果，以及它对不同类型的住房的影响。该文利用 2014 年 1 月到 2015 年 6 月全国 70 个大中城市的房价数据和随机分析方法(stochastic kernel analyses)，在该阶段绝大多数城市取消了限购政策，发现限购对房价下降有显著的影响，并且用流动性概率分析图(Mobility Probability Plot，MPP)方法发现，如果当前房价的增速不超过 5%，限购将对长期房价有负的影响，而且在限购的影响下，小户型和大户型将比中户型有更大的房价下行趋势。一旦去除了限购政策，房价将快速上涨。

(二)差异性税收政策的效果

从理论上来看，差异性税收政策会增加购房者的成本，从而降低了需求。从静态分析来看，供给不变，则会降低房价。房产税是对资本征税，降低资本所得自然会起到抑制房价的作用。而且房产税增加了房地产开发商囤积土地的成本，可以打击囤地行为。况伟大(2009)构建一个静态模型从需求角度证明房产税会降低房子的自住需求和投资需求，从而降低房价。然而从动态分析来看，差异性税收政策会影响供给，降低供给，供给和需求相互作用，最终的房价走向可能不同。

王敏和黄滢(2011、2013)基于房地产市场的长期动态均衡分析了开征房产税对房价的长期影响，给定需求不变，开征房产税会在短期内降低房价，但是从长期来看会提高房价。直觉上来说，当二手房投资者出售手中的二手房的时候，出售价格不但要保证投资者能获得一般投资收益率，而且要弥补二手房投资者所累积缴纳的房产税。也就是说在房地产市场上的交易中，政府开征或者提高房产税最终会全部或部分转嫁给消费者。而房产税的累积税额会随着时间的推移和房价的上涨，而持续上升。对于二手房投资者而言，房子出售的越晚，所需缴纳的税负越高，其所能得到的价格则越低。因此，当政府开征或者提高房产税时，对于二手房投资者而言，未来的出售价格没有当前价格有吸引力，他们会在政策出台后抛售二手房，使得供给曲线下移，而此时税负还不是那么高，结果就会如图7-2所示，房价会降低，即pe，$b<pe$。但是随着时间的推移，累积的税负会变得越来越高，最终房价会上升，即pe，$b>pe$。

另外，张牧扬等(2016)则对交易环节税率差别对房价的影响进行了实证研究。该文以2014年11月上海市普通住房标准调整所带来的部分二手住宅的交易税率下降作为自然实验，通过双重差分方法分析，估计了上海房地产交易环节的税收资本化程度，同时也测度到这一时期上海二手房市场上供需价格弹性的相对关系。研究发现，这次普通住房标准的调整和交易环节的税负降低，绝大部分为买方所获取，·定程度上起到了降低购房成本和刺激住房需求的效果。这也说明这个时期上海二

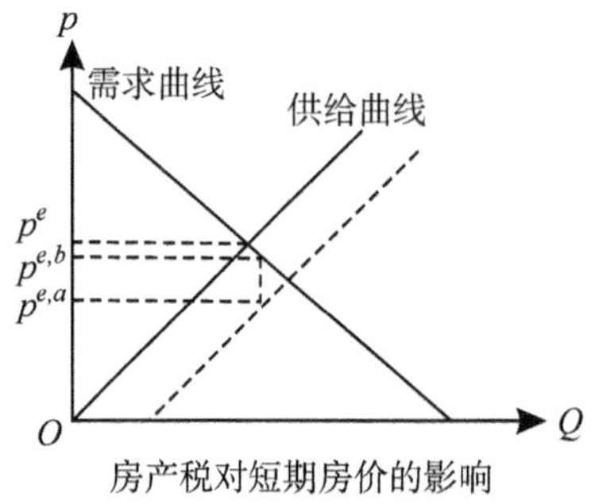

图 7-2　房产税政策对房价的短期和长期影响

手住宅市场总体上供求的价格弹性相当，卖方不容易“捕获”税负节约。然而，在一部分细分二手房市场，卖方会通过提高挂牌价格的方式攫取一部分降低的税负，其比例的高低取决于供求双方的价格弹性。由于对于这部分二手住房，政府减少的税负并不全部转化为买方购房成本的降低，政策的调整效果是打了折扣的。小户型住房如面积不超过 90 平方米的住宅的税收资本化程度较高，说明这部分子市场上需求的价格弹性小于供给的价格弹性，导致卖方议价能力较强，容易捕获较多的税负节约。

Bai 等(2014)则使用 HCW(2012)法测算 2011 年上海和重庆房产税改革对房价的影响，发现此次房产税改革使上海的实际房价比理论估计房价下降了 11%~15%，使重庆实际房价比理论估计房价提高了 10%~12%，并认为后者之所以出现房价上涨的现象主要是因为重庆改革模式引起了高端住房需求向低端住房需求流动的超溢效应。Du 等(2017)用了反事实分析方法分析房地产税对房价的影响，发现，重庆的房地产税对房价的下降有显著的影响，而上海的房地产税对房价没有影响。

李言(2017)则引入 Poterba 模型，探讨房产税与商业用房房价波动之间的关系，发现房产税能够作为房价稳定器，并随着房地产税收改革有逐渐增强的趋势。

(三)限贷政策的效果

从理论上来看，差异性贷款政策会增加购房者的成本，从而降低了需求。从静态分析来看，供给不变，则会降低房价。然而从动态分析来看，差异性贷款政策会影响供给，降低供给，供给和需求相互作用，最终的房价走向可能不同。在需求逐渐释放而供给减少的情况下，打压的房价就像压紧的弹簧，一旦压力被释放，将会反弹到更高的高度。

李昱璇(2015)选取全国29个城市自2008年10月至2014年6月的月度数据建立动态面板模型，用断点回归和偏差校正LSDVC法研究了限贷政策的有效性以及区域异质性。该研究认为限制首付比率的限贷政策基本是无效的，对房价的变动没有影响。苏红(2016)人为限贷政策导致了房地产行业绩效变差，而且稳定率不同的战略群组绩效存在明显的差异。

(四)其他政策的效果

从经济学理论对商品价格管制的影响分析，对商品房进行限价可能造成以下后果。价格管制的好处是，如果价格低于市场均衡价格，则部分支付能力不足的人群受到了保护，可以以较低的价格购买商品。但是由于价格较低，刺激了需求的增加，与此同时，供给减少，实际上造成了更大的供需缺口。供给方会采取各种手段逃避管制和采取捆绑销售的方式，例如现有一些城市出现的毛坯房价格+精装修，还有车库等捆绑销售。另外在分配方面也更加困难，会出现排队、黑市交易、寻租等问题。从长期来看，会造成市场的扭曲和分配的不公，更不利于普通消费者。

从经济学理论对商品房出售管制的影响分析，限制出售会拉长商品房上市交易的转手周期，抑制了短线的投机炒作，增加了投资的风险和不确定性。不利的地方是，它限制了商品的自由流通，会减少供给，降低流通的效率。

从经济学理论对商改住管制的影响分析，一些城市出现了商改住，是因为现有的正式住房(国有土地上的大产权住房)供给满足不了需求，才出现了一些人群购买商业办公类改造的公寓，以及小产权房等非正式住房。限制商改住，它实际上造成了非正式住房供给的减少，如果住房需求不变，它将造成房价的上升。而居住在非正式住房的人群，则因为支付能力不足，只能选择群租等方式，或者离开。

(五)政策的内容设计和执行会影响政策的效果

值得注意的是，政策的实际效果和政策内容的设计和执行有关，可能和理论分析的结果完全不同。

限购限贷只是暂时压制了消费者的需求，随着时间的推移和各种规避限购限贷方法的使用，消费者的需求最终还是会迸发出来。当然，任何企图绕过限购限贷的措施都会增加购房者的交易费用，从而推高购房成本。例如万和证券(2016)分析了投资者规避深圳限购限贷政策的方法(见表7-2)。

表7-2　**深圳规避限购限贷的方法**

深圳限购限贷政策	规避方法
本市户籍居民家庭(含部分家庭成员为本市户籍居民的家庭)继续执行限购2套房的政策	1. 将房产全部转移给夫妻一方，离婚后无房的一方再购房再复婚； 2. 成年子女或是老人的家庭先分家再购房； 3. 亲朋好友代持
本市户籍成年单身人士(含离异)在本市限购1套住房	1. 与无房人结婚后可多购1套； 2. 结婚，转移房产到夫妻一方，离婚，再购房，再结婚； 3. 亲朋好友代持
能提供自购房之日起计算的前5年及以上在本市连续缴纳个人所得税或社会保险证明的非本市户籍居民家庭，限购1套住房	1. 想法获取深圳户口，可立即获得购房资格并可多购1套； 2. 缴纳完5年社保或个人所得税； 3. 离婚、分家和代持可规避限购1套的规定
购房人家庭名下在本市无房但有商业性住房贷款记录或公积金住房贷款记录的，贷款首付款比例不低于50%	若夫妻一方无贷款记录，假离婚后无贷款一方可以享受贷款首付款比例最低30%的政策

续表

深圳限购限贷政策	规 避 方 法
购房人家庭名下在本市拥有1套住房的，贷款首付款比例不低于70%	1. 储蓄到足够支付第2套房首付款的70%（最原始的方法）； 2. 通过转移按揭将第1套房部分价值套出用于购买第2套房； 3. 若夫妻一方无贷款记录，假离婚后的无贷款记录的一方可以享受贷款首付款比例最低30%的政策； 4. 若夫妻双方都有贷款记录，将房产转移给另一方后假离婚，无房有贷款记录一方可以享受贷款首付款比例最低50%的政策

资料来源：万和证券（2016），限购限贷最终只会提高房产价格，凤凰财经综合，2016年10月25日，http：//finance. ifeng. com/a/20161025/14962086_0. shtml

在过去10年，中国政府的房地产调控政策非常多变，并根据经济形势调整。在经济过热时，就对房地产市场进行打压；在经济一旦低迷时，就出台各种政策鼓励购房消费。因此，长期的限购政策并不具有动态一致性（Dynamic Consistency）：如果限购政策永久化，地方政府的卖地收入将因此而下降。给定当前大量的地方政府债务以及卖地收入成为地方政府主要财政来源的现实，政府根本没有长期执行限购政策的动力。因此，很多地方政府采取了变通执行的办法，降低了政策执行的力度，甚至采取了"通知执行"的方法，仅仅是书面传达，实际上并没有严格执行。这样，理论上分析的是严格执行该政策的效果，实际上该政策变相或者没有执行，因此效果将大为不同。

三、中国居民对多套住宅政策的反应

作为多套住宅的集中地和房价上涨比较快的地区，北京从2003年就开始对第二住宅开始进行政策调控，并在"国十条"后出台相应的政策抑制投资性和投机性住房需求。2010 年 4 月 30 日北京市政府发布了《北京市人民政府贯彻落实国务院关于坚决遏制部分城市房价过快上涨文件的通知》，要求严格执行国发〔2010〕10 号文件关于首套及二套房贷首付比例和利率的要求，金融机构可以通过本市房屋交易权属系统数据等认定第二套住房。购买首套自住房且套型建筑面积在 90 平方米以上的家庭，首付款比例不得低于 30%；对贷款购买第二套住房的家庭，首付款不得低于 50%，贷款利率不得低于基准利率的 1.1 倍。要求商业银行根据风险状况，暂停对购买第三套及以上住房，以及不能提供 1 年以上本市纳税证明或社会保险缴纳证明的非本市居民发放贷款。采取临时性措施限定新购房套数。规定自本通知发布之日起，暂定同一购房家庭只能在本市新购买一套商品住房。对于“同一家庭”的认定，需要买房人提供相关证明，如户口本等。“同一购房家庭”是指购房人、配偶及未成年子女，即一对夫妇和其未成年的子女。限购的商品住房既包括新房，也包括二手房。从 5 月 1 日起，购房人在购买房屋时，还需要如实填写一份《家庭成员情况申报表》，附有一项承诺书，购房人要承诺遵守“同一家庭只能新购一套商品住房”的相关规定，并承诺填写的信息真实准确，如有虚假，愿意承担因此造成的法律责任。如果被发现提供虚假信息骗购住房的，将不予办理房产证。

那么城市家庭对多套住房政策的反应如何？这将影响到多套住房政策的效果。2009 年 10 月份到 12 月份北京千份家庭问卷调查结果表明：按照房屋市场价值征收 1%比例物业税导致不会持有第二住宅的比重大约为 19%，会持有的比重为 51%。可见物业税有一定的抑制作用，但是抑制作用不大。提高银行贷款首付，依然有 19%不会放弃第二住宅。提高到 3 成放弃为 11%，提高到 4 成放弃者为 13%。提高首付有一定的抑制作用，但作用有限；提高银行贷款利率，依然有 16%不会放弃第二住宅。提高到 2 成放弃为 13%。这说明提高贷款利率对第二住宅有一定的抑制作用，但作用有限。多套住宅住户对政府是否该鼓励第二住宅问题多数持中立态度，否定的比重略高于肯定。唯一住宅住户对政府是否该限制第二住宅问题多数持否定态度，肯定的比重约为 1/4。

北京实地访谈结果表明：很多人认为市场经济下，住宅是商品，有钱就买第二住宅，政府不应该干预，也有少数认为是少数人占用了更多的住房资源；对于信贷政策，发现很多人第二住宅融资多为家庭或者亲戚朋友融资，利用银行融资的很少，对利率和首付成数不是很敏感。对于多套住房，通常使用公积金融资的很少。认为政府需要干预第二住宅的不是太多。还有人建议应该限制炒房，而不是限制自用目的第二住宅，应限制外地人买房。

第三节　本章小结

中国集体主义的制度环境鼓励住房适度消费，然而人多地少建设高密度高层建筑的格局客观造成了对休闲度假等自住型第二住宅的需求。而中国偏好自有住房的文化在城市化进程中的房价上涨过程中得到了强化，并激发了部分人群投资多套住房的需求。

中国的多套住房政策以差别性税收和信贷政策为主，在土地和规划方面的政策较少，而且，政策服务于宏观经济发展的目标。在经济下滑时候，放松多套住房限制政策，在经济过热的时候，加强多套住房限制政策。而且出现了多种政策，例如限购、限贷、限价、限售、限商改住等。随着城市住房市场的分化，逐渐推行了因城施策。

多套住房政策的理论基础是市场失灵理论及政府失灵理论，以及消费需求和投资需求管制、中央和地方政府调控房价的机制设计等。而反对方的理论基础有商品房市场定价、自由流通，市场无歧视地对待所有人等。因此二者之间存在较大的争议。

很多学者从理论和实证上分析了多套住房政策的效果。限购、限贷、差别化税收政策造成了短期的需求下降和房价下降，从长期来看，会造成供给的减少，一旦放开限制，有可能出现价格上升。

而且，多套住房政策的内容设计和执行力度会造成它实际上部分执行，或者没有执行，因此它的实际效果将和理论分析大为不同。

而从居民对多套住房政策的反应来看，限购、限贷政策对多套住房需求有一定的抑制作用，但不能完全消除。而对政府是否应该限制多套住房，居民的看法也不一致。

第八章　结论和政策建议

第一节　结　　论

中国的多套住房规模庞大，增长迅速，在部分地区产生的社会经济影响凸显，引起了广泛关注，政策调控多变也让人瞩目，然而国际研究对该问题研究较少，国内的研究在概念界定、度量方法、理论分析、实证研究、政策应对等方面存在较多的不足。本书从微观角度分析中国城市家庭第二住宅选择行为，从而来透视住房制度改革、市场发展和家庭住房资源配置之间的复杂关系，以及分析第二住宅的社会经济环境影响，借鉴国际经验来提出相应的政策建议。综前所述，本书可以得出以下结论：

一是居住用途的第二住宅古已有之，仅在20世纪后变成大众的时尚。投资用途的多套住宅在市场经济里面比较常见。中华人民共和国的成立和计划经济体制使住房商品和第二住宅消失。转型经济的住房制度改革和住房市场发展导致住房重新成为商品，并出现了复杂的租买选择格局，既有租赁一套住房，又有租赁一套住房并且自有一套住房，还有自有一套住房，自有多套住房，此外还有其他不便分类，不再是计划经济的租赁公房为主的局面。而且自有产权住房还包括部分产权、完全产权等情况。本书结合中国的国情界定第二住宅，根据国内几大微观调查数据测算了第二住宅的规模，发现第二住宅市场发展迅速，规模较大，不容忽视。与国际上其他国家比较，处于较高的水平。

二是第二住宅的出现有其理论基础，而在中国又有一些特殊的因素。市场经济下的人口的时空间移动带来了休闲度假、工作便利、安置亲属等自住型第二住宅需求，并在收入和财富增加的情况下成为时尚。市场经济下的住房投资的风险和收益特性使其成为家庭资产组合的重要组成部分，并使投资用途的多套住宅流行开来。中国家庭的第二住宅按照持有目的分为投资型、休闲度假型、便利型、安置亲属型、市场障碍型等类型，前面三类目的和西方一样，但是中国的公房补贴(包括租赁公房和房改房销售)是重要的成因，和西方不同；安置亲属类型中的为老人和子女置业比重高，受到了中国代际互助文化的影响，和西方也有不同；市场障碍型中分配的部分产权公房不好上市交易，也和西方不同。

造成中国城市家庭持有多套住宅的因素有市场性因素和制度性因素。在中国，市场性因素，例如生命周期、收入、地区差异、住房市场交易时间等是中国城市家庭持有多套住房的重要影响因素，这与西方类似。家庭规模大，户主收入高、技术职称高的家庭更可能有第二住宅。东部地区的城市家庭比中西部更可能自有多套住宅。在省会和直辖市的城市家庭比中小城市更不可能自有多套住宅。而市场经济下的住房流通性差、交易时间长也迫使部分家庭持有多套住房。制度性因素，例如户口、单位、权力变现、代际互助文化、部分产权交易受限制等因素对中国城市家庭持有多套住房也有重要作用，这是中国独有。户口制度对多套住房的影响明显，在第一住宅里面，本地市民比农村移民更可能自有住宅；在第二住宅里面，农村移民更可能本地租赁一套和流出地自有一套住房，本地居民更可能自有多套住宅；城市居民不太可能在农村拥有第二住宅。单位的住房资源筹集和分配能力在计划经济时期的住房分配影响较大，并转化为市场经济的第一套自有住房——房改公房，在市场经济下的发放住房补贴的能力影响到职工的住房支付能力，成为影响多套住房的重要因素。户主在省以下的垄断国有企业工作的家庭比非国有垄断企业更可能自有多套住宅。权力变现是部分家庭及其后代获得多套住房的重要因素。干部比工人更可能有第二住宅，父母为负责人的家庭更可能有第二住宅。中国的代际互助文化，带来了父母为子女置业，子女为安置父母购房。住房制度改革造成的部分产权住房受到了单位、政府规定的限制，不能上市交易，这也是造成多套住房的原因之一。

三是不同类型的第二住宅的获得模式和使用模式有明显的不同。首要居所与第二住宅相比，更多是从市场获得，多在市区，房子新，设施好，小区好，面积大，价值高，使用时间长；不同类型的第二住宅获得模式和使用模式也有明显的差异。投资型第二住宅从市场渠道获得比重居中，非市场渠道比重居中，继承比例高，公房比例高，自有比例高，约97%；利用中介买房占比约10%；空间分布市区高，郊区和外地低；和首要居所距离短，交通方式开车比例居中，地铁占比约20%和步行占比约19%，私家车数量差别不大；住房较新，设施齐全度高，社区为普通商品房比例高，老街坊和单位社区比例高；面积小；市场价值低；一年内主要住宅使用天数多，出租和空置比例高。休假型住宅从市场渠道获得比重最高，非市场渠道比重低，继承和公房比例低，自有比例最高；利用中介占比约8%；空间分布市区比例低，郊区比例最高和外地比例也高于其他类别；和首要居所的距离最长，交通方式开车比例高，地铁和步行比例低；火车等比例比其他类高；住房新，设施齐全度高，社区为普通商品房比例中，单位社区比例低和别墅比例比其他类别最高；面积大，一年内住宅使用天数多，与其他类相比最少，偶住比例高，出租和空置比例高。便利型住宅从市场渠道获得比重居中，占比约53%，非市场渠道比重高，占比约43%，公房和经济适用房等比例高，自有比例高，占比约90%，相比其他类最低；中介占比约11%；空间分布市区比例高，郊区和外地比例低；和首要居所距离短，交通方式开车比例居中，地铁和步行比例高；住房较老，设施齐全度低，社区为普通商品房比例高，街坊、单位社会区和经济适用房比例高；面积小；市场价值中；一年内主要住宅使用天数多，与他类相比为中，其他住宅自住和偶住、亲属居住比例高，出租比例高。安置亲属型住宅从市场渠道获得比重居中，占比约 52%，非市场渠道比重高，公房、继承、经济适用房比例高，自有比例高，占比约 97%；中介占比约 11%；空间分布市区比例低，郊区比例最高和外地比例低；和首要居所距离长，交通方式开车比例低，地铁和步行比例高；住房较老，设施齐全度高，社区为普通商品房、街坊、单位社区、经济适用房比例高；面积居中，市场价值居中；一年内住宅使用天数中，亲属居住和出租比例高。市场障碍型住宅从市场渠道获得比重低，占比约 37%，非市场渠道比重最高，公房和经济适用房比例高，自有比例高，占比约 100%；利用中介比例低，占比约 5%；空间分布市区高，郊区次之，和外地最少；距离居中，交通方式开车比例居中，地铁比例高，步行比例低，火车等比例高；住房较老，设施齐全度低，社区为普通商品房比例低，经济适用房、单位社区、村转居高；面积居中；市场价值居中；一年内主要住宅使用天数多，闲置和出租比例高。而且，第一套房、第二套房和首要居所、第二住宅并不是直接的对应关系。这实际上反映了家庭按照获得时间先后来分的第一套房、第二套房和按照使用强度来分的首要居所和第二住宅会出现先后顺序的转换。

四是第二住宅的社会经济环境影响因地而异。它是案例城市北京和典型第二住宅社区小汤山的房价上涨，住房可支付力下降的影响因素之一。它还造成了居住隔离，土地资源利用模式的改变和环境影响。不同人群对影响的感知和态度差异很大，对经济影响和社会治安方面的比较敏感，对居住隔离和环境影响方面不敏感。本地拆迁户和中低收入家庭、第二住宅家庭的影响感知差异很大，对第二住宅开发的态度差异也很大。

五是国际第二住宅政策因国而异，因地而异，并且重点是减轻第二住宅的负面影响，发挥它的正面影响，而不是消除第二住宅。总结欧美国家的第二住宅政策的经验和教训，对于严重受影响地区，政府采取政策减少负的社会经济影响有必要，但是完全消除第二住宅是不可能的。采取种种限制手段，只会导致人们想法规避，增加政府管制成本，而富有的住户通过种种方式进入了第一住宅市场，造成第一住宅市场供不应求，房价和租金上涨，加剧了中低收入阶层的住房困难。因此限制手段，包括财政税收、金融和规划、住房交易管理政策，作用有限，应将重点转向利用征收的税费收入用来支持中低收入可支付的住房，改善受影响人群的处境，加强受影响地区的社会住房供应，建立公共基金解决地区发展问题。规划还需要改变传统只考虑静态人口的一户一宅的分配住房、土地及基础设施的模式，需要考虑到人口流动和第二住宅对土地、配套基本生活设施或者旅游设施等需求，适当供应第二住宅。

六是中国集体主义的制度环境鼓励住房适度消费，然而人多地少建设高密度高层建筑的格局客观造成了对休闲度假等自住型第二住宅的需求。而中国偏好自有住房的文化在城市化进程中的房价上涨过程中得到了强化，并激发了部分人群投资性多套住房的需求。中国的多套住房政策以差别性税收和信贷政策为主，在土地和规划方面的政策较少。而且，政策服务于宏观经济发展的目标。在经济下滑时候，放松多套住房限制政策，在经济过热的时候，加强多套住房限制政策。而且出现了多种政策，例如限购、限贷、限价、限售、限商改住等。随着城市住房市场的分化，逐渐推行了因城施策。

多套住房政策的理论基础是市场失灵理论及政府失灵理论，以及消费需求和投资需求管制、中央和地方政府调控房价的机制设计等。而反对方的理论基础有商品房市场定价、自由流通，市场无歧视地对待所有人等。因此二者之间存在较大的争议。从现有的政策评价来看，很多研究认为限制性政策造成了短期的需求下降和价格下降，从长期来看，它也许会造成供给下降和房价的上升。而且，多套住房政策的内容设计和执行力度会造成它实际上部分执行，或者没有执行，因此它的实际效果将和理论分析大为不同。而从居民对多套住房政策的反应来看，限购、限贷政策对多套住房需求有一定的抑制作用，但不能完全消除。而对政府是否应该限制多套住房，居民的看法也不一致。

第二节 完善中国多套住宅的政策建议

一、住房资源配置目标：消费需求实现住有所居，投资需求控制负效应

(一)如何看待多套住房?

在论证中国多套住房政策的目标之前，需要回答三个问题：一是如何看待中国的住房属性？多套住房是消费品还是奢侈品？二是中国的多套住房带来的经济社会环境影响有多大？三是现有的政策方案效果如何？还存在哪些问题。

一是如何看待住房的属性？住房具有消费品和投资品的属性，全世界皆同。衣食住行作为人的基本消费，对于住房的居住属性，各国都认同，住房消费通常被认为是合理的需求和需要，受到政策的鼓励。从国外政策实践来看，很多国家采取政策鼓励自有住房。主要原因是自有住房有利于住房投资，促进经济增长；自有住房有利于社区稳定和社会网络，有利于儿童教育；自有住房能防范房价风险，促进家庭财富的积累。

但是对住房的商品属性或投资品属性方面，不同的福利国家看法不同。在自由福利国家，住房商品是市场定价和主导，而在社会民主福利国家和保守合作福利国家，政府弱化住房作为投资品的属性，对房价有很强的影响，并采取了一系列政策进行干预。例如德国的房价、地价和房租都实行指导价制度。德国的房价由独立的地产评估师评定，评估师对于评估结果负有法律责任。这类指导价具有法律效力，所有房地产交易有义务遵照执行，并在合理范围内浮动。对于从超高房价和房租中牟取暴利的行为，牟利者都要承担高额罚金甚至承担刑事责任。根据德国的《经济犯罪法》，如果房价超过指导价的20%就被认为是超高房价，

如果不立即将价格降至合理范围内，出售者将面临最高 5 万欧元的罚款；如果超过指导价的 50%被认为是房价暴利，除了巨额罚款以外，还有可能被处以三年以下的有期徒刑。在德国，投资房地产获得的收入和出租房屋的租金收入都要按一定的税率纳税。为了限制房地产的投机行为，德国法律规定，购买一套房屋自住 10 年后卖出可以不缴纳所得税，如果购买不到 10 年就卖出需缴纳所得税，如果 5 年内卖出 3 套及以上还要加收资本利得税(盈利额的 25%)。在德国，出租房屋的租金收入也要纳税，目前德国的房屋租金所得税率为 25%。较高的税收和严格的税收监管使得投机者难以从德国的房地产中赢取暴利，也就避免了房地产成为投机者的目标。

如何看待中国的住房属性？在中国，2000 年以前的政策要求对保障房和普通商品房(例如 1997 年北京政策限定为 120 平米)实行政府定价和指导价，非普通商品房实行市场调节价。而 2001 年出台的中华人民共和国建设部令第 88 号《商品房销售管理办法》规定，商品房销售价格由当事人协商议定，国家另有规定的除外。即商品房由市场定价。可以看出，中国政府在住房的属性方面，2000 年以前更加强调住房的消费属性，表现在保障房和普通商品房的定价都受到了政府的管制，2000 年以后，更加强调住房的商品属性或投资品属性，普通商品房和非普通商品房都由市场定价。而在 2017 年，党的十九大会议提出“坚持房子是用来住的，不是用来炒的定位”更强调它的消费属性，而不是投机。相应出台的限购、限贷、限价、限售等政策都是弱化住房的投资品属性，减少投机。从理论上来看，住房具有消费品和投资品的双重属性，是市场经济运行和自我调节的基础。如果没有商品属性，就不存在灵敏的市场调节。同时，市场经济下的投机会发现价格，促进供给，但也会带来市场的急剧波动，因此采取政策限制投机和防范价格大起大落是完全有必要的。因此，必须认识到中国住房既有居住属性，也有投资属性，同时认识到过度投资或投机会有一些负面影响，因此需要加以管控。

如何看待多套住房？它是少数富人的奢侈品和投资品？还是先富起来的中产阶层和富人的生活方式？对多套住房投资，很多国家的态度和政策有明显的不同，如前所述。从本书的研究来看，多套住房基本可以分为两种类型，一是投资性多套住房，用来转卖或者出租谋取投资收益；二是自住用途的第二住宅，用于工作、上学、休闲度假、养老等居住安排。从欧美国家的历史来看，早期的自住用途的第二住宅确实作为少数富人的奢侈品和投资品，但是在经济全球化、流动性增强和人们更加富有的情况下它成为时尚，更多的中产阶级和富人拥有它，成为一种投资渠道和生活方式。因此欧美社会越来越多地采取中性的态度去看待第二住宅。仅有少数国家认为是富人的奢侈性需求，大多数国家认为是个人的生活方式的选择，因此多根据它的影响来进行调控。例如在住房资源供大于求的农村人口流出地区，鼓励购买多套住房来刺激地方经济发展，在住房供不应求和房价飞涨的旅游热点地区，限制购买多套住房来降低它的负面影响。例如禁止提供第二住宅用地，禁止非本地居民购买住宅或第二住宅，或增加第二住宅用地供应、增加保障性住房供给等。对于投资性多套房产，国家间的态度区别较大。一些国家认识到它的负面影响，即住房投资的负外部性，投资者(投机者)进入导致了房价高涨，首次购房者将受损；非自住型住房投资需求和投机需求会利用金融杠杆，导致房价波动，并危及金融体系和导致经济危机。因此，有的国家采取了严厉的行政措施，例如禁止购买多套住宅，禁止购买住宅后在短期内再次出售；有的国家采取了比较温和的市场调控政策，例如加成征收印花税、房地产税等政策；要求银行防范金融风险，调整利率和首付等。而从世界上大多数国家的政策实践来看，多套住房现象是很难消除的。一是作为居住型的第二住宅，满足了人们休闲度假、工作、上学、养老等需求，在富裕的人群中有很大的市场；二是投资性的多套住房，在资金流动性充裕、利率较低、投资渠道狭窄或者其他投资收益较低和风险较高时成为一个现实的选择。甚至在美国等有房地产直接投资的替代产品 Reits 的时候，依然有一些人群投资多套住房。此外，买新房和卖旧房二者并存的一段时间，是应对市场搜寻和匹配的需要。

如何看待中国的多套住房？在我国，在住房还很短缺的情况下，早期将它视为奢侈品，并有人认为它浪费土地资源，加剧了住房资源分配不均。而后来的一些研究认识到多套住宅并不完全是投资性物业，还有一大部分是自住型第二住宅，相应的政策则是一些城市允许自有一套住房的家庭再购买一套，不允许第三套住房。这实际上是认同第二住宅还有必需品的属性，限制它的投资品属性。从前面的学术研究来看，多套住房投资实际上对住房市场也有正向的影响，例如增强市场的流动性，发现市场价格和让价格快速回归到基本面，通过价格信号促进市场的供给。在市场经济里，存在众多的不确定性，因此是允许投资和投机存在的。强调住房的基本消费属性，采取限购手段不允许多套住房投资看似合理，但实际上理论上有些不足。仅从中国的实践来看，以往的基本消费品，例如粮油等，限购政策仅仅解决了短期的极度分配不均问题，而不能解决根本性的供给不足问题，从长期来看，它延缓了部分需求，并导致供给的减少，最终还是靠市场增加供给来解决的。现有的理论研究和实证研究都说明应该认识到住房投资的负面影响，因此应该采取政策调控它的负面影响，防范房价大幅度波动和金融风险等，而不是一味限购。

现有的中国住房制度依然坚持住房的商品属性，需要防范过度投资和房价剧烈波动的风险。在中国的人口增长高峰和城市化高峰到来之前，住房的投资属性依然存在。根据 2015 年中国人口抽样调查资料，中国城镇家庭人均住房建筑面积为 35. 3 平方米，人均面积超过了 20 世纪 90 年代初的中高收入国家的平均水平，住房人均间数为 1. 07 间。从总体来看，城镇住房不再短缺。按照 2015 年中国城镇家庭户总住房面积，假定套均 100 平米计算得到总住房套数 2. 36 亿套，然后除以总城镇家庭户数，计算得到套户比(总套数/总户数)为 1. 04，这也表明中国城镇住房不再短缺。2015 年，全国总人口约 13. 8 亿，城镇总人口约 7. 7 亿，城镇化率为 56. 1%。一些研究预测二孩政策放开后，中国的人口峰值将在2028年，总人口估计在14.4亿左右(王培安等，2016)。顾朝林等(2017)预测中国的城镇化峰值将在2030年，城镇化率估计在70%左右。假定中国住房市场供求均衡，人均达到45平方米左右(按照目前普通住宅140平方米和3口之家测算)，套户比为1.07~1.1左右，这意味着中国住房市场还有上升的空间，房价还有上升的可能，因此住房的投资属性依然会得到追捧。

二是多套住房的影响如何？从欧美国家的实践来看，不同国家、同一国家不同地区的第二住宅影响差异很大，因此应该采用实证研究测度第二住宅的影响程度。从中国的情况来看，政府、社会公众更关注多套住宅的经济影响，例如投资炒房带来的房价飞涨和金融风险等，很少关注它的社会影响和环境影响。实际上，多套住宅的经济影响主要集中在一些热点城市，例如人口流入比较集中的直辖市、省会和副省会城市、经济发达的地级城市、特大城市周边的中小城市、旅游资源丰富的热点城市，而在其他城市则不明显。这也就是中国的2017年出现的一二线防过热，三四线去库存等冰火二重天的情况。而在一些旅游资源丰富的城市，例如海南部分城市，则出现了一些居住隔离和社会冲突、环境破坏等问题。

三是现有政策的效果如何？还存在哪些问题？基于中国人多地少和资源环境压力比较大的国情，中央政府一直倡导发展节能省地型住宅，鼓励住房的适度消费。相应的多套住房调控政策也以经济政策为主，并实施了限购、限价、限售等行政手段。

中国多套住房的经济政策侧重于抑制需求，而不是增加供应。在世界的几次金融危机中，房地产泡沫破灭都起到了重要的作用。因此中央政府对房地产市场是否存在泡沫，是否会存在很大的金融风险和引起金融体系的不稳定和宏观经济的萧条比较关注。从1980年开始的住房制度改革，1998年停止实物分房后的住房市场大发展，住宅一直是作为投资的热门产品。房地产业作为国民经济的支柱产业，带动了很多相关行业的发展，促进了宏观经济的增长。如果房地产市场存在泡沫，不及时抑制，则泡沫会越来越大，危及到金融稳定和宏观经济。

为了抑制第二住宅投资需求，防范第二住房信贷金融风险目的，中央政府出台了一系列金融政策作为调控的核心工具；还出台了差别化的税费政策来变动住宅生产、转让的成本。此外还通过规划和土地政策增加普通商品房和保障性住房的供应。从以上分析可以看出，金融政策有一定的效果，但是由于中国很多购买第二住宅的家庭多是用自有资金、父母资金来全款购买，利用银行存款购买的比例不是很高，而且考虑到住房的高投资收益和提高利率所增长的成本不大，因此金融政策的效果是有限的。至于持有环节的房产税(或物业税)对于第二住宅有一定的抑制作用，但是由于税费可以转嫁，以及住房的高投资收益和较低的税费成本，也不能完全消除第二住宅，国际经验也证明了这一点。

住房公积金作为政策性金融，由于住房保障功能定位不明确，无法阻止居民用来购买第二住宅。住房公积金目前定位为住房储备金，很不明确。《条例》对缴存群体的缴存和使用等适用条件不加区分，使得住房公积金管理存在“一刀切”的现象，势必造成住房公积金的多缴交者与少缴交者以及使用贷款者与不使用贷款者之间存在着住房保障权利享用不均等情况，有“贫帮富”的倾向。而一些家庭提取住房公积金和利用住房公积金贷款购买第二住宅。按照公积金管理条例规定，一个家庭在购买住房的时候，可以提取公积金，无论是购买第二套还是第三套住房。很多家庭第一套住宅来自于公房，还没有使用公积金，第二套住房来自于商品房，可以利用公积金贷款。由于公积金贷款利率低于商业银行贷款利率，因此很多家庭利用公积金支持购买第二住宅。

限购、限价、限售等行政手段使用较多和较频繁，而它的理论基础、法律依据和长期效果也一直受到了质疑。

全国统一的规划和土地政策无法适应中国千差万别的地区。在规划方面和增加第二住宅供应方面的政策还很少。中国多套住房政策的制定权在中央，要求地方贯彻执行，并且用问责制来落实。中央的宏观调控政策和地方政府出于增加房地产消费和投资带动本地经济增长目的出台的房地产业发展政策相互冲突。地方政府热衷于利用地方独特资源发展休闲度假住宅，利用房地产业带动地方经济增长和增加税费收入。地方的情况差异很大，全国一样的政策对地方问题的针对性不强，无法落实下去，遭到了地方政府的拖延和对付。这进一步削弱了中央统一调控政策的效果。这也说明更需要明确地方政府的多套住房调控的责任和政策权限，而不是全国一盘棋。

（二）住房资源配置的目标

基于上述讨论，本书提出“消费需求实现住有所居，投资需求控制负效应”作为住房资源配置的目标。

一是保障人人的住房权利，以公平优先为目标。住房权是基本人权。在市场经济下，有能力从市场购买或者租赁住房的家庭实现了他们的住房权利。而没有能力从市场购买或者租赁住房的家庭无法实现他们的住房权利，这需要政府通过政策手段鼓励政府直属机构、国有企业、非营利组织、私营企业来为他们提供保障房。在多套住房需求旺盛的地区，确实会存在房价飞涨，本地部分人群无法支付住房，甚至被迫迁出。这意味着他们的住房权利没有得到保障，需要政府采取政策来支持他们。

而且，为了保障人们的住房权利，无论是政府提供还是市场供应的住房，都应该达到适宜居住的数量、质量标准。面积指标是住房最为重要的一个技术标准。在“二战”结束后的一个时期，欧洲各国以尽快解决住房短缺为目标，在技术指标方面的干预形式往往是制定一系列下限。例如英国对各类公房提出了最小建筑面积标准，作为住房建设贷款和房租补贴的依据。1958 年，国际家庭组织联盟、国际住房和城市规划联合会联合提出了欧洲国家的住房及其房间统一最小居住面积标准建议。在保障住房权利方面，还应该仿效日本制定住房的基本标准和引导性标准，引导住房的合理消费。日本政府主要通过制定住房发展规划，制定指导性住房标准，增加公共供给，来对住房市场施加导向性影响，但对民间供给并不具有强制力。1966—2005 年，日本政府已经实施了 8 个“住房建设五年规划”。在每个五年住房发展规划中，注重因地制宜，引导目标区分为都市型标准和一般型标准（都市型指大城市中心区及周边地区住宅和公寓住宅，一般型指大城市郊区及中小城镇的独立住宅）。同时，按不同收入阶层分别确定对应的发展目标，分为基本保障性目标和引导性标准。基本保障性目标指同地区最低住房保障目标，引导性目标指政府提倡和预期计划期将达到的目标。如第六个、第七个五年规划和新的《住宅生活基本法》中，4 口之家基本保障型住房使用面积标准都是 50 平方米。《住宅生活基本法》确定的都市居住型和一般型目标分别为 95 平方米和 125 平方米，并根据每年规划的建设量确定每五年能达到基本保障型和引导型标准的比例。通过这种方法，基本有效地保证了市场上符合普通消费者需要的商品房能够保持一定比例，对于防止民间过度开发大户型高档商品住房具有一定积极意义。日本从 1976 年开始的第三个住宅建设五年计划首次提出了最低居住标准。

质量标准也是实现住房权利的重要标准。它必须符合环境、健康等要求。除去面积标准之外，日本的最低居住标准还包括如下规定：确保夫妇有独立的卧室；确保 6 岁以上 17 岁以下的儿童能与父母分室就寝；满 18 岁以上者有属于自己的单独房间；卧室的面积标准为主卧 10 平米、次卧 7.5 平米；原则上所有家庭应有专用的厕所和盥洗室；除单身户外，所有家庭应有专用的浴室。

二是自住型第二住宅和投资型多套住房需求应控制负效应。第二住房政策的目标应是住房公平优先和效率增进，在保护居民首要居所权利的基础上，规范第二住宅市场的发展。住房具有特殊商品和社会福利品的双重属性，决定了政府必须保障居民的居住权利，特别是本地居民的首要居所权利，必须公平优先。而第二住宅存在客观的需求和供应，并且会带来一些经济社会资源环境问题。但完全依靠行政手段无法杜绝第二住宅，并且会产生很多负效应，带来市场的扭曲，因此必须发挥市场机制的作用。在第二住宅占比较大，而保障性住房供给不足的地区，需要通过规划、土地及税收政策加强保障房的供给，满足居民的基本住房需求。对于投资和投机带来的房价波动需要正视。房价并不是调控的根本目的和终极目标，调控房价本身是为了保持房价的相对稳定，防范金融风险。这就要求更密切地关注房价波动，分析投资和投机的影响，并采用税收、金融政策以及必要的行政措施来限制过度投机和防范金融风险。此外，还需要采取政策应对多套住房带来的经济社会环境问题。

二、住房资源配置的原则

实现住房资源的公平和有效的配置需要遵循以下原则。

原则一是在住房资源配置方面，实现公平和效率的结合，发挥市场的基础性作用及其在住房资源初次分配中的效率，政府对市场失灵领域进行必要的干预，追求公平。发挥市场在住房资源配置中的基础作用，坚持市场化改革方向，充分激发市场活力，促进供给，满足多层次住房需求，既包括本地居民的常住居所的需求，也包括自住型第二住宅的需求。在市场经济下，政府起着弥补市场失灵的作用。这就要求，对于部分居民由于房价飞涨、收入水平低等原因而面临住房困难，政府必须"补好位"，为他们提供基本住房保障。政府提供住房保障的途径则有政府或政府所有的国有企事业单位直接供应保障房，或者发放补贴，由市场或者非营利组织供应住房。

从中国房地产调控实践来看，政府干预住房市场较多，并且多采用行政手段，例如限购政策等。自 2003 年实施房地产调控以来，中央政府主要从当时的宏观经济环境和房地产市场环境，针对部分城市出现的房价过快上涨、投机炒房严重、中低收入家庭住房困难长期得不到有效解决等问题，陆续采取了一系列调控措施。特别是 2010 年开始的本轮房地产宏观调控经济手段和行政手段并举，综合运用限购、限贷、差别化税收等多项举措，加大房地产市场调控力度。经历了几轮房地产宏观调控，从支持—谨慎—抑制—再支持到再抑制，调控政策反反复复，同时又反复影响市场预期，在一定程度上容易造成市场大起大落，不利于市场长期稳定。同时，房地产调控政策忙于“头疼医头脚疼医脚”、首尾不能相顾，缺乏远近结合的前瞻性，从而一定程度上导致房价陷入屡调屡涨的“怪圈”。从政策执行效力看，随着时间的推移，调控政策特别是行政性措施效果出现边际效应递减，效力减弱的现象。

因此，在二者的分工方面，应充分发挥市场配置资源的基础性作用，以商品房满足更高层次需求，政府主要负责规划与税收，来促进市场供求平衡，并防范金融风险。政府重点做好住房保障，必须发挥“兜底作用”，托起低端需求，实现他们的住房权利。

原则二是在住房供给和需求关系方面，需要做到总量基本平衡，结构基本合理。无论是单一国家或者某一区域的住房市场，如果实现了总量基本平衡和结构基本合理，则房价相对稳定，投资性多套住房需求相对较少，而自住型第二住房需求不会影响到本地居民的首要居所，则住房问题较少，带来的问题不突出，相应的调控政策需求较少。反之，在住房总量短缺和结构不均衡的情况下，房价快速上涨，带来了更多的投资型多套住房需求，本地居民首要居所的住房困难，需要政策干预。

从中国几轮调控的侧重点看，往往都是重视供求关系的一方，2003—2004 年是调整房地产供给结构，2005—2008 年和 2009 年末到目前以需求调控为主。从政策效果看，需求侧调节见效快，政策出台后，市场交易量都一度萎缩，但同时在抑制需求的同时也会引起开发商放慢开发速度，同期土地购置、新开工面积等供给端先行指标出现下降，引致未来供给下降。而且需求的短期抑制并没有从根本上改变房价上涨预期和未来需求，只是迟滞需求。所以，必须着眼于改善长期供求关系，实现国家(或区域)总量基本平衡，结构基本合理。这需要加强供需双向调节，除综合运用市场、行政手段健全各项需求调控机制外，大力增加住房有效供应。

原则三是坚持节约资源和保护环境，促进经济社会可持续发展。部分地区大量自住型的第二住宅的发展会带来资源利用的变化，以及环境问题，并可能造成居住隔离、社会文化冲突等。因此应以可持续发展为原则，以资源的合理利用、环境不被破坏，族群和谐来指导第二住宅的规划设计、开发和使用。

原则四是因地制宜。各地区资源环境禀赋、经济社会发展条件、住房供求关系都有很大的不同，第二住宅带来的影响也有很大的不同，因此应根据各地方的实际情况来确定第二住宅的规划和发展。

原则五是短期应对和长效机制相结合。住房体系的短期应对主要体现在针对市场供求的波动进行政策调节；长效机制则是完善住房体系，优化住房市场的供求机制，完善住房保障的制度设计，加强市场监管体系。前者要求相对灵活，采取政策措施及时有力；后者要求相对稳定，形成合理的预期。对于快速增长的第二住宅需求带来的房价波动，以及部分群体的住房困难，一些地方采取的短期应对措施包括限制房价涨幅、限制购房资格、限制住房用途转换、限制住房再上市交易、增加土地供应、增加保障房供应等。而从长效机制来看，包括土地政策和规划增加供应，税收政策调节供求，金融政策管控风险，信息披露政策来引导预期，行政监管促进市场运行规范等。

三、住房资源配置总体思路和政策工具

这里提出中国的多套住房政策的总体思路：在住房资源配置方面，应坚持市场配置和政府保障相结合，按照“居住需求有保障、改善需求有支持、投资需求有调控”的总体思路，坚持支持保护自住型需求，适当鼓励自住型第二住宅需求与抑制投机投资性多套住房需求相结合，着力构建覆盖不同群体的住房供应体系；坚持常住居所市场和第二住宅市场协同发展，逐步形成总量基本平衡、结构基本合理、住房消费与居民收入基本适应的住房供需格局；从供给和需求两端加大税收、信贷等经济手段调节力度，引导建立符合国情的住房消费模式，全面实现“住有所居”目标。

一是居住需求有保障、改善需求有支持、投资需求有调控。对于本

地居民中的低收入住房困难家庭，主要通过政府提供保障性住房给予保障，来维护他们的住房权利。而本地居民中的中高收入家庭，则主要是通过市场来实现需求。对于自住型第二住宅需求，能满足特定人群的休闲度假、工作便利和安置亲属等需求，改善他们的生活品质，作为小康生活的一部分，应予以支持。对于投资型多套住宅需求，它能增强市场的流动性和促进价格回归，有一定的积极性，但是它又会带来房价的急剧波动和引发金融风险，因此不宜完全禁止，应该采取政策防范它带来的房价波动和金融风险，并且应该采取政策鼓励它的使用，减少空置闲置。因此，在地方市场，应摸清本地居民唯一居所需求、自住型第二住宅需求和投资型多套住宅需求，构建覆盖相应人群的住房供应体系。

二是坚持常住居所市场和第二住宅市场协同发展，逐步形成总量基本平衡、结构基本合理、住房消费与居民收入基本适应的住房供需格局。第二住宅市场的发展不应造成本地居民常住居所的困难。这取决于在供给端能做到总量基本平衡，结构基本合理，能够满足不同层次人群的不同的住房需求，例如本地中低收入群体的常住居所的保障房需求，本地中高收入群体的常住居所的商品房需求，自住型第二住宅需求以及部分投资性多套住房需求。

三是从供给和需求两端，以法律和经济手段为主，行政手段为辅，加大税收、信贷等经济手段调节力度，引导建立符合国情的住房消费模式，全面实现“住有所居”目标。从目前的限购政策来看，行政手段使用较多，可能会扭曲市场，它是一个短期的应急机制，而不是一个宏观调控的长效机制。如李稻葵认为“地产限购是过渡性的制度安排，在今天的环境下，它比传统的调节手段更为有效，但其成本也十分明显，即它阻碍或推迟了部分消费需求的实现。从长期来看，更应该用法律和经济手段促进市场的供求平衡、结构合理和价格相对稳定。

具体而言，中国多套住房的政策工具设计如下。

（一）依托不动产统一登记制度，建立首要居所和第二住宅登记制度

依托不动产统一登记制度，摸清地方的底细，它有助于判断地方的住房总量和结构是否合理。要对首要居所和第二住宅进行区别记录。房地产税是很多国家的地方税，在稳定地方财政收入和提供地方公共服务方面发挥了重要作用。结合未来普遍征收房地产税的情况下，可以立法明确家庭必须选定唯一的一处常住的住宅（居住 183 天以上）作为唯一居所或首要居所，缴纳地方税收（例如地方个人所得税和房地产税等），其他的住房作为第二住宅。例如通过地方税收（例如地方个人所得税和房地产税等）通知单邮寄地址不在本市县范围登记的常住地的住房地址，就可以作为第二住房。而且征收地方税收的部门有权利检查和处罚错误登记首要居所的业主。这可以统计第二住宅的数量和按照用途等分类的结构，并为未来采取差别性的房地产税收政策来减少它的负面影响做准备。

（二）完善房地产市场监控和信息披露机制

充分利用“互联网+”、“大数据”和“人工智能”等科技手段，完善房地产市场监控，健全信息披露和发布制度，充分整合住房需求、供给、投资、交易、空置、价格等方面的信息，监控市场的波动，并且及时公布相应的信息，做到市场公开透明。在中国住房市场总量供求平衡和结构性短缺和过剩并存的情况下，各地的情况有有很大的不同，这表现在一些一线城市防过热，三四线城市去库存等方面。然而普通的消费者和投资者无法及时了解这些信息，存在着资源错配和投资误判的情况。通过信息的及时公开发布，将减少这些方面的问题。

（三）完善房地产税收征管体系

中国的房地产财政税收政策按照征税发生的环节区分，可分为土地取得、房地产保有和流转三个环节的税收。发生在取得环节的税种有：

土地增值税、耕地占用税、土地使用税、契税；发生在保有环节的税种有两种，分别是房产税和城镇土地使用税；而在流转环节，目前设置的税种主要有营业税(增值税)、土地增值税、城市维护建设税、教育费附加、房产税、企业所得税、个人所得税、印花税、契税。这些税种对普通住宅和非普通住宅以及不同的持有年限有不同的税费减免。而且，在自用环节企业要缴纳房产税和土地使用税，个人经营性住房(出租)缴纳房产税，个人所有的居住房屋及院落用地按照税法规定减免土地使用税和个人自用房屋减免房产税(税法，2003)。十八届三中全会明确改革任务是要加快房地产税立法，适时推进改革工作。

现有的差异性税收政策在房地产调控中发挥了很大的作用。在房地产税政策没有全面出台之前，为了支持自住自用型购房需求，以及提高第二住宅的使用效率，减少多套住房投资和投机，建议现有的税收政策中增加或现有的政策解释为自有自用的唯一一套住房享受政策优惠，而对自住型第二住宅和投资性多套住宅可以根据政策目标进行税收优惠或加成征收。这就要求现有的不动产统一登记系统能清楚地查明单一家庭名下持有多少套住房，并且由家庭向税务部门申报哪一处住房作为首要居所，如果有多套住房的话。而税务部门则要检查是否是首要居所并对滥用首要居所名义进行处罚。这里可以根据地区的实际情况进行税收政策调整。在住房供求关系宽松，并且多套住房对地方影响不大的地区，地方政府可以对非唯一住房全部减免或者部分减免征收上述税收，通过税收成本的下降，促使部分家庭购买或租赁空置闲置的住房作为第二住宅。在住房供求关系紧张、多套住房投资需求过剩的地区，地方政府可以对非唯一住房全部或者加成征收上述税收，通过税收成本的增加，促使部分家庭提高自住型第二住宅的使用效率，或者将它出售出租；降低投资型多套住宅的收益，促使它尽快出租出售。

二是建议总结借鉴上海、重庆两市试点房产税的经验，在全国范围推广房地产税征收制度，合理引导住房消费预期。同时应考虑征收配套的税种，例如遗产税、赠与税，调节住房资产差距，并且用税费资金支持中低收入家庭获得第一住宅。

房地产税(物业税)最根本目的是平衡地方政府的财政收支，同时也起到了提高自有多套住宅的持有成本，降低多套住宅的投资回报，抑制住宅投资的作用。这需要准确有效的不动产登记系统和征税系统。在目前的情况下，还可能面临着很大的阻力。为了顺利建立房地产税收系统，建议可以设立家庭住房面积或者住房价值免征额，超出的部分按照评估价值征收。方案一是征税面积、征税价值的免征可以参照当地的保障房(公租房、经济适用房)的面积和价值来确定。2011年中央政府工作报告曾提出城镇住房保障覆盖率为20%，这样，实际征收范围为80%左右的住房。该方案更符合普遍征收和为公共服务筹集资金的原则。方案二是非普通住房、第二住宅(非唯一住房)征收。这种方案更像是豪宅消费税，征收的范围很小，阻力更小一些。在一些受第二住宅影响严重的地区，可以立法加成征收房地产税(物业税)来抑制，并用征集到的税收用来支持受到影响群体的住房需求，例如建设和筹集保障房等。

与房地产税(物业税)政策配套，遗产税的征收客观上一定程度起到了抑制贫富分化和社会浪费的作用。为防止以生前赠与的手段来逃避遗产税和房地产税，在课征遗产税的同时亦课征赠与税作为配套措施。而这些税费收入可以被地方政府用来给中低收入家庭发放住房补贴或者提供实物公共住房，帮助他们改善居住条件。在没有这些政策之前，在一些受第二住宅影响严重的地区，建议对非唯一住房征收个人所得税、土地增值税和房产税。

(四)完善房地产金融制度，管控金融风险

金融政策应出于防范金融风险目的提高首付比例，由银行根据风险对贷款利率定价。可以借鉴欧美国家对自住唯一住宅、自住型第二住宅、投资型多套住宅进行区别性利率定价和不同的首付比例。中国以前没有欧美国家的刺激住宅自有的住房抵押贷款利息抵扣应税所得从而减

少纳税的法规，但是2018年个人所得税法修正案设立该政策。

国内目前的做法是根据中央调控政策商业银行对购买第二套住宅的家庭贷款提高信贷门槛、首付和利率。从政策调整角度来看，一方面是实行银行利率市场化，减少低成本资金投资到住宅，和银行根据风险对第二住宅的贷款门槛、首付和利率进行提高。另一方面是，商业银行之间激烈的竞争，导致银行为了争夺客户，降低信贷门槛等事情屡有发生。因此银监会应该细化目前的信贷政策，例如对于第一套房、第二套房、第三套房设置不同的利率种类，并对每一类设置不同的浮动幅度。对于保障性住房、普通商品住宅、大户型非普通商品住宅也设立不同的利率和首付比例(赵晓等，2010)。对于第一次购买唯一住宅，90平方米以下的经济适用房，可以执行最低首付20%，利率按照基准利率下浮一定幅度，例如20%折扣。对于90平方米以下的限价商品房和普通商品房，可以执行最低首付30%，利率按照基准利率下浮一定幅度，例如10%折扣。对于第二次购买住宅，改善型并且购买90平方米以下的经济适用房、限价商品房、普通商品房可以参照前款首付执行，但是利率上浮，例如1～1.1倍。对于第二次购买住宅，购买非普通住宅，可以执行最低首付40%，利率上浮，例如1.1～1.2倍。对于第三次及以上购买住宅，则可以参照商业用房贷款政策，首付不低于50%，贷款年限缩短，利率上浮，根据风险情况决定是否发放贷款，在炒房厉害地区禁止贷款。另一方案是对自住唯一住宅、自住型第二住宅、投资型多套住宅进行区别性利率定价和不同的首付比例。可以根据不动产登记系统、税收认定、家庭申报的方式来分清楚自住唯一住宅、自住型第二住宅、投资型多套住宅，并且进行回访核实。通常而言，自住唯一住宅、自住型第二住宅、投资型多套住宅的贷款风险递增，因此首付比例和利率应相应提升。

公积金提取和贷款出于减少政府补贴目的，对公积金用于第二住宅予以限制，也可以通过提高信贷门槛、首付比例和贷款利率。住房公积金其根本性质属于一种住房保障资金，因此，在制度设计上要体现向中低收入群体倾斜的政策导向，突出住房公积金的保障功能。应将住房公积金定义为一种具有金融属性的住房保障资金，从而将住房公积金的本质属性法律化。充分贯彻住房公积金的住房保障功能主旨，做出区分化的立法规定。在缴交、提取、贷款各环节中应视收入群体、缴交群体的不同做出区别对待。如对经济适用房、廉租房所有人或使用人放宽住房公积金提取、贷款等使用条件(刘文杰等，2010)。按照《住房公积金管理条例》的规定，仅限于购买自住住房时候才可以提取住房公积金。因此提取政策应该修改为：购买改善型普通商品房第二住宅可以提取公积金，而在购买大户型非普通住宅的第二住宅、购买第三套及以上住房不允许提取公积金。贷款政策也应该修改为：购买改善型普通商品房第二住宅可以申请和发放公积金贷款，而在购买大户型非普通住宅的第二住宅、购买第三套及以上住房不允许发放公积金贷款，或者提升贷款首付和利率。并且对于90平方米以下的住宅，贷款比例为80%，90~120平方米的住宅，贷款比例不超过70%，120平方米以上的住宅，贷款比例为50%。

(五)发展房地产投资信托基金，鼓励投资房地产并充分利用

一些家庭购买第二住宅或者投资多套住房，很大的动机是看重房价的快速上涨和房地产的投资收益。然而很多人并不懂房地产投资和经营管理，造成了房产的大量空置和闲置，以及投资的失败。这需要发展房地产投资信托基金，让中小投资者能够间接投资房地产，分享房地产投资的收益，同时由专业的机构来投资和经营管理房地产，促进房地产的高效利用。房地产投资信托基金以不动产为基础设计产品，将缺乏流动性的不动产转换为在金融市场上可以流动的证券产品，满足了投资人的多元化需求，为实体经济拓宽了融资渠道，促进房屋租赁市场发展，是成熟资本市场的重要组成部分。

房地产投资信托基金(REITs)是一种以发行收益凭证的方式汇集特定或不特定多数投资者的资金，由专门投资管理机构进行房地产投资经

营管理，并将投资综合收益按比例分配给投资者的一种基金模式。REITs 使得广大中小投资者能够跨过房地产投资在资金和管理经验方面的高门槛，为中小投资者分享房地产业发展收益提供了一条便捷途径。REITs 对投资管理机构的要求比较高，一方面要懂金融，另一方面要懂房地产经营管理。公开募集 REITs 的专业投资管理机构由基金管理公司或者金融机构担任，非公开募集 REITs 的专业投资管理机构可以由依法设立的公司或合伙企业如信贷管理公司、资产管理公司等担任。REITs 就是将房地产资产证券化，并且投资的往往是商业地产(包括出租的公寓)而非住宅，这是因为商业地产有可以产生固定租金收益、盈利性较好的物业作为支撑，提供了持续的现金流。

从投资者角度来讲，投资者直接参与房地产投资面临三大难题：资金投入量大，易资金闲置，通常投资类型单一，风险较大；资金流动性差，出售物业为主要的方式，出售的难度大，时间长和交易成本高；缺乏专业的投资管理能力；投资收益不稳定。而 REITs 将房产投资证券化，它的优势在于，收益凭证的发行面值额较低，可以满足单一投资者的少量资金投入；允许上市交易，具有良好的退出机制，满足了资金流动性需求；投资管理机构具有金融房产等专业知识，降低了投资人的决策风险；采用多房屋产品、多地区的组合，降低投资风险，相应的收益比较稳定。

2014 年 9 月 30 日《中国人民银行、中国银行业监督管理委员会关于进一步做好住房金融服务工作的通知》第四条：继续支持房地产开发企业的合理融资需求：银行业金融机构在防范风险的前提下，合理配置信贷资源，支持资质良好、诚信经营的房地产企业开发建设普通商品住房，积极支持有市场前景的在建、续建项目的合理融资需求。扩大市场化融资渠道，支持符合条件的房地产企业在银行间债券市场发行债务融资工具。积极稳妥开展房地产投资信托基金(REITs)试点。《住房城乡建设部关于加快培育和发展住房租赁市场的指导意见》(建房[2015]4号)第二条第六款：积极推进房地产投资信托基金(REITs)试点。REITs

是一种金融投资产品，推进 REITs 试点，有利于促进住房租赁市场发展，有利于解决企业的融资渠道，有利于增加中小投资者的投资渠道。通过发行 REITs，可充分利用社会资金，进入租赁市场，多渠道增加住房租赁房源供应。积极鼓励投资 REITs 产品。各城市要积极开展 REITs 试点，并逐步推开。2016 年 6 月 3 日国务院发布《国务院办公厅关于加快培育和发展住房租赁市场的若干意见》(国办发【2016】39 号)称，鼓励金融机构按照依法合规、风险可控、商业可持续的原则，向住房租赁企业提供金融支持。支持符合条件的住房租赁企业发行债券、不动产证券化产品。稳步推进房地产投资信托基金(REITs)试点。目前，证监会已着手进行公募 REITs 细则的起草与制定。并且，据住建部的相关人士透露，住建部倾向于首先进行公租房 REITs 的实践。虽然该基金模式还存在无税收优惠政策、投资回报率低等缺陷，但是随着实践案例的成功运行，相关制度的逐步建立，REITs 将会是中国房地产进入良性发展的必由之路，更多的住房投资者可以选择投资 REITs，而不是直接投资住房，提高住房资源的配置效率。

(六)完善城乡规划管理，促进可持续发展

土地和住房规划应在保障本地居民第一住宅供应总量、空间结构、社区规划配套等方面明确定位，并适当开展第二住宅的规模、空间结构和社区规划，并与第一住宅市场在区位、价格和建筑结构上适当区分和空间上的社会融合，实现小范围的混居。借鉴英国、瑞典、美国的经验，采取手段完全抑制第二住宅是不行的，必须要在城市规划方面考虑到第二住宅的需求，在土地利用和空间规划方面予以考虑，并适当引导第二住宅市场，与第一住宅市场有一定的空间区分、社会融合和市场区隔，具体措施可以采取配建的方式，即规划强制要求在商品住宅中配建出租或者出售的中小套型公共住房。

住房交易政策应对本地第一住宅市场进行交易许可、产权转移等管理，优先用于本地居民第一住宅；对第二住宅市场管理则不用限制。然

而具体实施起来难度很大，监管成本很高。这取决于能否建立完善的房地产产权产籍信息系统、税务登记地址信息系统和社会征信系统，并且在全国范围内联网，否则根本无法执行。部分城市的做法是：在本市建委房产产权信息系统和金融房贷系统里查询产权人是否购买第二住宅，但这必须与公安和民政的家庭信息系统联系来确定家庭的多套住宅信息；而对于户口非本地的外地人则可以要求提供迁出地的住房信息，以及要求在本市纳税和缴纳社会保险若干年年以上。要求本地最多拥有两套和非本地居民限购一套住房，这实际上无法消除以往购买多套住宅，以及原来自有一套住宅，现在再购买住宅。建立了全国和地区的房地产产权产籍信息系统、税务登记地址信息系统和社会征信系统，就可以清楚地区分唯一常住住宅或首要居所，自住型第二住宅、投资性多套房产，明晰地方的住房供求关系，根据地方供求关系采取针对性的交易许可、产权管理措施。

环境保护和区域发展政策。必须认识到第二住宅的开发对地方的资源利用和环境有一定的改变，在开发前必须进行环境影响评价，在严重受影响地区可以征收环境影响费。特别是生态脆弱区必须禁止第二住宅开发。还有住宅问题其实是地区社会经济问题的一个方面，甚至是社会经济问题的一个反映，例如失业和贫困问题，因此必须与解决地区社会经济问题和区域发展战略相结合。

除此之外，还需要加强深层次问题的治理。房地产市场出现的问题，与宏观经济环境有很大关系。货币超发、城镇化加速、投资渠道狭窄、财税体制等因素都影响到房地产市场预期，进而影响到房价和市场稳定。

四、中央和地方合理分工，地方负责为主

中央政府和地方政府明确分工，中央政府统一规划和指导监督，地方政府因地制宜和分类决策。不同地区的第二住宅影响差异很大，因此应该采用基于影响程度证据的第二住宅政策。

中央政府在住房市场的统一规划和指导监督方面，主要是对城市和区域规划和保障性住房规划的审批和监管，立法和统一出台背景支持政策，结合宏观经济层面的财政税收政策和金融政策，以及财政转移支付来实现。

我国存在明显的地域差异，住房市场存在明显的地域性，住房需求存在多层次和差异性，区域可持续发展要求本地区人口资源环境承载力和住房供给相匹配，因地制宜和分类指导的区域政策也应是住房政策最重要的指导依据。中央政府的均衡发展和公共服务均等化战略和地方快速发展战略的不同，地方的性质和住房市场发展、区域发展战略应协调。根据住房需求、供给和地方发展、受多套住房影响程度将地方分类，以促进住房市场与地方协调发展为着眼点，按照科学的建设用地和人口规模控制指标进行相应的政策选择。地方政府应根据可持续发展战略因地制宜分析地方性质、发展定位和住房市场协调发展的干预政策，例如城市和区域规划确定地方性质和发展定位，确定人口和用地规模，保障性住房规划明确保障对象和财政保障能力，制定地方税费政策、住房建设标准等。并实行基于第二住宅影响证据的地方战略，将住房问题放在区域可持续发展战略下进行考虑，对于影响很小的地方，不需要制定特定的政策。对于正面影响大于负面影响的地方，可以采取鼓励政策。对于负面影响较大的地方，可以采取限制或者疏导政策。从而促进资源环境的有效利用和保护，促进社区融合和社会多元化，刺激落后地区发展。

五、完善政策的制定、实施、评估和调整网络

在政策实施前鼓励利益多方参与政策制定，促进政策制定部门的协调，采用多政策手段来实现预期目标，并通过建立监控体系和第三方政策评估来动态调整政策。

我国政府存在着中央政府、省级政府以及地方政府(市县政府)等

多级架构。在科层制等级链条中，地方政府的角色是作为中央政府的执行机构而存在的，同时又有一定的地方自主性。其中，中央政府的主要职责体现在顶层设计、规划批复、专项资金和督查等方面。省级政府主要职责体现在制定规章制度、公共政策、行业标准和地区发展规划等方面。市、县级政府的职责体现在政策的贯彻执行、方案的具体落实及与此有关的各项行动计划的制定等方面。

而且，各级政府实行的是集体领导、分工负责的首长责任制。一般而言，住房建设、土地、财政、规划是由不同的行政首长分管，跨部门合作往往是通过上一层级集体会议、座谈会、多部门联合发文的形式来协调。跨部门决策是各个部门对于各自职责权限的联合行动和共同解释，为下级政府做好相关的工作提出了明晰一致的规范标准，避免了政出多门、政令不一。目前，中国房地产政策政出多门，例如国土、规划、建设、发展改革、财政、金融等多个部门，而各个部门政策的初衷并不完全一样，例如金融部门出台的政策除了针对房地产市场，还可能针对整个资本市场，着力的方向也不一样，这样政策效果可能会相互抵消，因此需要加强部门间的网络协同。

再次，目前的政策多是某一个政府部门主导，其他部门联合签署同意就开始实施，很少有其他利益相关方的参与和论证。而多套住房政策涉及的利益主体非常多，包括农村集体经济组织和个人、城镇政府、投资运营企业、第二住宅所有人、唯一住宅的常住居民等。他们的利益诉求不同，有的是个体的经济利益，有的是公共利益。因此他们之间可能会存在冲突，需要通过各方的参与和妥协实现共赢。公共政策的实施将影响利益再分配和价值运行的路径。

此外，对政策的评估和监控十分必要。公共政策的效果是公共政策继续推行或者修正的前提。随着时间的变化，市场形势也会发生变化，公共政策的效果可能会发生变化，产生新的政策需求。这需要加强对公共政策的评估和监控，及时采取相应的措施来提升政策的效果。

第三节 不足和研究展望

本书存在以下不足：由于无法获得房屋存量及其利用状况数据，这里没有做住房用途分类的第二住宅规模测算；在第二住宅的获得模式和使用模式方面，无法获得较长时间序列的跟踪数据，因此无法从住房历史角度分析第二住宅用途的转换；由于无法获得较长时间序列的第二住宅规模、价格和城市房价数据，因而无法定量分析第二住宅的规模对房价的经济影响；由于经费有限和调研的可得性，本书仅仅分析了北京和郊区小汤山的影响，然而不同类型的第二住宅，以及不同的第二住宅规模会对当地的经济、社会、环境影响差别很大；此外，第二住宅会对家庭的资产组合、收入和财富分配产生很大的影响，限于本书的研究目标，本书没有进一步展开；在政策建议部分，还需要有关部门的多方论证，细化政策方案才具有可操作性。

本书认为以下领域值得进一步研究：一是在未来建立了完善的不动产登记系统以后，可以开展房屋存量及其利用状况调查，获得地方的第二住宅规模及不同用途的结构；二是对家庭跟踪调查或者追溯调查，获得更丰富的家庭生命历程和住房历史数据，更深入地分析家庭生命历程和第二住宅的关系；三是获得不同城市第二住宅规模、结构、房价数据来定量测度第二住宅对当地的房价的影响；四是对一些更有特色的第二住宅发生地开展案例调查，例如对休闲度假型第二住宅集中地、养老型第二住宅集中地深入研究，或者不同第二住宅使用人群，例如个人短期休闲、家庭度假、老人退休养老等不同群体展开研究；五是从公共政策制定、实施和监控角度更深入地分析第二住宅的政策及其实施方案。

参考文献

[1] Allen C, Gallent N, Tewdwrjones M. The limits of policy diffusion: comparative experiences in residential tourism in Britain and Sweden[J]. *Environment & Planning C Government & Policy*, 1999, 17(2): 227-244.

[2] André C. A Bird's Eye View of OECD Housing Markets[J]. *OECD Economics Department Working Papers*, 2010, No. 746.

[3] Strandell A, Hall C M. Impact of the residential environment on second home use in Finland-Testing the compensation hypothesis[J]. *Landscape and Urban Planning*, 2015, 133: 12-23.

[4] Anthony R. Reality check: how many people have second homes? [EB/OL] 2015-03-23/2019-07-20. http://www.bbc.com/news/election-2015-32393222.

[5] Armstrong A, Stedman R C. Culture Clash and Second Home Ownership in the U.S. Northern Forest[J]. *Rural Sociology*, 2013, 78(3): 318-345.

[6] Arnott R. Economic theory and housing[J]. *Handbook of Regional & Urban Economics*, 1987, 2: 959-988.

[7] Arrondel L, Lefebvre B. Consumption and Investment Motives in Housing Wealth Accumulation: a French Study[J]. *Journal of Urban Economics*, 2001, 50(1): 112-137.

[8]Badarinza C, Ramadorai T. Home Away from Home? Foreign Demand and London House Prices[J]. *Oxford University Working Paper*, 2015.

[9]Bai C E, Li Q, Ouyang M. Property taxes and home prices: A tale of two cities[J]. *Journal of Econometrics*, 2014, 180(1): 1-15.

[10]Balfe J H. Passing It On: The Inheritance of Summer Houses and Cultural Identity[J]. *American Sociologist*, 1995, 26(4): 29-40.

[11]Ball M. The Second Home Boom[J]. *The Appraisal Journal*, 2005, 73(3): 240-248.

[12]Ball M. *Housing provision and comparative housing research*, *in*: *Ball M*, *Harloe M*, *Martens M. Housing and social change in Europe and the USA*[M]. London; New York: Routledge, 1988.

[13]Barbanel J. New York City Mayor De Blasio Weighs Pied-à-Terre Tax [EB/OL]. 2014-10-23/2019-07-20. http: //www. wsj. com/articles/new-york-city-mayor-de-blasio-weighs-pied-a-terre-tax-1411521158.

[14]Barlow J, Cocks R, Parker M, et al. Planning for affordable housing [J]. *Land Use Policy*, 1994, 11(3): 181-194.

[15]Barnett R. Central and Eastern Europe: Real estate development within the second and holiday home markets[J]. *Journal of Retail and Leisure Property*, 2007, 6(2): 137-142.

[16]Bawedin V., Miossec A. A coastal area: For which population? A political answer between nature and society. Bassin d'Arcachon and coast of Picardie cases[J]. *Espace-Populations-Societes*, 2013, 2: 211-230.

[17]Bieger T, Beritelli P, Weinert R. Understanding second home owners who do not rent—Insights on the proprietors of self-catered accommodation[J]. *International Journal of Hospitality Management*, 2007, 26(2): 263-276.

[18]Bieger T, Beritelli P, Weinert R, Wildmann F. *Demographic and economic change and their impact on second home utilisation in Swiss tourist*

destinations, *in*: *Time Shift*, *Leisure and Tourism*[M]. Berdin: Erich Schmidt Verlag, 2006.

[19]Bonvalet C, Ogg J. The housing situation and residential strategies of older people in France[J]. *Ageing and Society*, 2008, 28(6): 753-777.

[20]Brida J G, Boffa F. Fragmented ownership and second homes in tourism resorts[J]. *Anatolia*, 2010, 21(2): 351-362.

[21]Brida J G, Accinelli E, Carrera E J. Second Homes: The Effects on Social Welfare of a Change on the Valuation of Individual Opportunity Cost[J]. *Anatolia*, 2007, 18(1): 85-96.

[22]Brida J G, Osti L, Santifaller E. Second homes and the need for policy planning[J]. *Tourismos*: *An International Multidisciplinary Journal of Tourism*, 2011, 6(1): 141-163.

[23]Brown L A, Moore E G. The Intra-Urban Migration Process: A Perspective[J]. *Geografiska Annaler*, 1970, 52(1): 1-13.

[24]Buller H, Hoggart K. The social integration of British home owners into French rural communities[J]. *Journal of Rural Studies*, 1994, 10(2): 197-210.

[25]Cabrerizo J A, Lopez-Colas J. Second homes in Spain: Socio-demographic and geographical profiles [J]. *Population*, 2007, 62 (1): 157-171.

[26]Calcagno R, Urzì-Brancati C. Do more financially literate households invest less in housing? [J] *Economics Bullettin*, 2014, 34 (1): 430-445.

[27]Cao Y, Chen J, Zhang Q. Housing Investment in Urban China[J]. *Journal of Comparative Economics*, 2018, 46.

[28] Chaplin D. Consuming work/productive leisure: The consumption patterns of second home environments[J], *Leisure Studies*, 1999, 18 (41): 4261-4367.

[29] Chinco A, Mayer C. Misinformed Speculators and Mispricing in the Housing Market [J]. *Review of Financial Studies*, 2016, 29 (2): 486-522.

[30] Cho S H, Newman D H, Wear D N. Impacts of Second Home Development on Housing Prices in the Southern Appalachian Highlands [J]. *Review of Urban & Regional Development Studies*, 2010, 15(3): 208-225.

[31] Clark G. Housing Policy in the Lake District (UK) [J]. *Transactions, Institute of British Geographers*, 1982, 7(1): 59-70.

[32] Cocco J F. Portfolio Choice in the Presence of Housing[J]. *Review of Financial Studies*, 2005, 18(2): 535-567.

[33] Coppock J T (Ed.). *Second homes: Curse or blessing*[M]. Oxford: Pergamon, 1977.

[34] Coulson N E, Tang M. Institutional and demographic influences on the presence, scale and geographic scope of individual Chinese real estate investment[J]. *Regional Science & Urban Economics*, 2013, 43(2): 187-196.

[35] Second Homes in Rural Areas of England, Cheltenham[J]. *Countryside Agency*, 2002.

[36] Dijst M, Lanzendorf M, Barendregt A, et al. Second homes in Germany and the Netherlands: ownership and travel impact explained[J]. *Tijdschrift Voor Economische En Sociale Geografie*, 2005, 96(2): 14.

[37] Davies R, O'Farrell P. A spatial and temporal analysis of second home-ownership in west Wales[J]. *Geoforum*, 1981, 12(2): 161-178.

[38] Müller, Dieter K, Hoogendoorn G. Second Homes: Curse or Blessing? A Review 36 Years Later[J]. *Scandinavian Journal of Hospitality and Tourism*, 2013, 13(4): 353-369.

[39] Du Z, Zhang L. Home-purchase restriction, property tax and housing price in China: A counterfactual analysis[J]. *Journal of Econometrics*,

2015, 188(2): 558-568.

[40] Hicks A, Esping-Andersen G. The Three Worlds of Welfare Capitalism [J]. *Contemporary Sociology*, 1991, 20(3): 399.

[41] Flavin M and Yamashita T. Owner-occupied housing and the composition of the household portfolio [J]. *American Economic Review*, 2002, 1: 345-362.

[42] Flavin M. Housing and Wealth Portfolios [J]. *International Encyclopedia of Housing & Home*, 2012: 374-379.

[43] Flognfeldt, T, Tjørve, E. The shift from hotels and lodges to second-home villages in mountain-resort accommodation [J]. *Scandinavian Journal of Hospitality and Tourism*, 2013, 13(4): 332-352.

[44] Francese, P. The second home boom [J]. *American Demographics*, 2003, 6.

[45] Gallent N, Dan D, May N, et al. Housing supply, investment demand and money creation: A comment on the drivers of London's housing crisis [J]. *Urban Studies*, 2017, 54(10).

[46] Gallent N, Mace A, Tewdwrjones M, et al. Second homes: European perspectives and UK policies. [J]. *Second Homes European Perspectives & Uk Policies*, 2005.

[47] Gallent N, Mace A, Tewdwr-Jones M. Second Homes: A New Framework for Policy [J]. *Town Planning Review*, 2004, 75(3): 287-308.

[48] Gallent N. Planning and affordable housing: from old values to new Labour [J]. *Town Planning Review*, 2000, 71 (2): 123-147.

[49] Gallent N, Bell P. Planning exceptions in Rural England: past, present and future [J]. *Planning Practice and Research*, 2000, 15 (4): 375-384.

[50] Gallent N, Tewdwr-Jones M. Rural second homes in Europe: Examining housing supply and planning control [J]. *Progress in Human Geography*,

2000, 8(1): 90-90.

[51] Gallent N, Tewdwr-Jones M. Second homes and the UK planning system [J]. *Planning Practice and Research*, 2001, 16 (1): 59-69.

[52] Gallent N, Mace A, Tewdwr-Jones M. Second homes: A new framework for policy[J]. *Town Planning Review*, 2004, 75(3): 287-308.

[53] Gartner W C. Environmental impacts of recreational home developments [J]. *Annals of Tourism Research*, 1987, 14(1): 38-57.

[54] Gattini L, Ganoulis I. House price responsiveness of housing investments across major European economies[J]. *Working Paper Series*, 2012, 42 (4): 551-574.

[55] Girard T C, Gartner W C. Second home second view. Host community perceptions[J]. *Annals of Tourism Research*, 1993, 20(4): 685-700.

[56] Gkartzios M, Scott M. Planning for rural housing in the Republic of Ireland: From national spatial strategies to development plans [J]. *European Planning Studies*, 2009, 17(12): 1751-1780.

[57] Glaeser E L, Luttmer E F P. The Misallocation of Housing Under Rent Control[J]. *American Economic Review*, 2003, 93(4): 1027-1046.

[58] Grahn-Voorneveld S. Sharing costs in Swedish road ownership associations[J]. *Transportation Research Part A: Policy and Practice*, 2012, 46(4): 645-651.

[59] Gross Judah Ari. Bid to make housing affordable sends buyers scrambling, but will it work? The Times of Israel[EB/OL]. http://www.timesofisrael.com/will-kahlons-new-plan-make-housing-affordable/, 2015-06-21/2019-07-20.

[60] Hall C M, Williams A M. (Eds.). Tourism and migration: New relationships between production and consumption[J]. *Dordrecht: Kluwer Academic*, 2002.

[61] Harper J. Singapore gets tough on foreign property buyers[J]. *The Tele-*

graph, 2013, 1(16).

[62] Haughwout A., Lee D., Tracy J, van der Klaauw W. Real Estate Investors, the Leverage Cycle, and the Housing Market Crisis[J]. *Federal Reserve Bank of New York Staff Reports*, 2014, 514.

[63] Henderson J V, Ioannides Y M. A model of housing tenure choice[J]. *The American Economic Review*, 1983, 73(1): 98-113.

[64] Henderson J V, Ioannides Y M. Tenure choice and the demand for housing[J]. *Economica*, 1985, 53: 231-246.

[65] Henderson J V, Ioannides Y M. Owner occupancy: investment vs. consumption demand[J]. *Journal of Urban Economics*, 1987, 21: 228-241.

[66] Hiebl U. Second homes and the real estate market. An analysis contributing to the geography of the real estate market in Austria[J]. *Mitteilungen-Osterreichischen Geographischen Gesellschaft*, 1997, 139: 145-170.

[67] Hiltunen M J, Rehunen A. Second home mobility in Finland: Patterns, practices and relations of leisure oriented mobile lifestyle[J]. *Fennia-International Journal of Geography*, 2014, 192(1): 1-22.

[68] Hiltunen M J, Pitkänen K, Vepsäläinen M, Hall C M. Second home tourism in Finland: Current trends and eco-social impacts[A]. In Z. Roca (Ed.), *Second homes in Europe: From lifestyle to policy issues* [M]. Aldershot: Ashgate, 2013.

[69] Hjalager A M, Staunstrup J K, Ibsen R. Trade and value developments in the Danish second-home sector: Implications for tourism policies. [J]. *Tourism Economics*, 2017: 677-691.

[70] Hoekstra J. *Divergence in European housing and welfare systems*[M]. Amsterdam: IOS Press, 2010.

[71] Hoekstra J S C M. Housing and the Welfare State in the Netherlands: an Application of Esping-Andersen's Typology, Housing[J]. *Theory and Society*, 2003, 20(2): 58-71.

[72] Hoggart K, Buller H. Retired British home owners in rural France[J]. *Ageing & Society*, 1995(a), 15(3): 325-353.

[73] Hoggart K, Buller H. British home owners and housing change in rural France[J]. *Housing Studies*, 1995(b), 10(2): 179-198.

[74] Holliday I. Productivist Welfare Capitalism: Social Policy in East Asia [J]. *Political Studies*, 2000, 48(4): 706-723.

[75] Hoogendoorn G, Visser G. The role of second homes in local economic development in five small South African towns[J]. *Development Southern Africa*, 2010, 27: 547-562.

[76] Hoogendoorn G, Visser G. Economic development through second home development: Evidence from South Africa[J]. *Tijdschrift voor Economische en Sociale Geografie*, 2011, 102(3): 275-289.

[77] Hoogendoorn G, Visser G, Marais L. Changing coutrysides, changing villages: Second homes in Rhodes, South Africa[J]. *South African Geographical Journal*, 2009, 91(2): 75-83.

[78] Huang, Youqin and Yi Chengdong. Consumption and Tenure Choice of Multiple Homes in Transitional Urban China[J]. *International Journal of Housing Policy*, 2010, 26(3).

[79] Huang, Youqin and Yi Chengdong. Second Home Ownership in Transitional Urban China[J]. *Housing Studies*, 2011, 3(1).

[80] Hudson J, Kühner S, Yang N. Productive Welfare, the East Asian 'Model' and Beyond: Placing Welfare Types in Greater China into Context[J]. *Social Policy & Society*, 2014, 13(2): 301-315.

[81] Hudson J, Kühner S. The challenges of classifying welfare state types: capturing the protective and productive dimensions of social policy[J]. *American Biology Teacher*, 2008, 33(4): 237-238.

[82] Hui E C M., Yu K H. Second homes in the Chinese Mainland under "one country, two systems": A cross-border perspective[J]. *Habitat*

International, 2009, 33: 106-113.

[83] John Salazar. Hilton Head Island Second Home Owner Study Report [EB/OL]. www. lriti. org/Economic_Impact_of_Second_Homes_April_16_2012. pdf, 2012-4-16/2019-07-20.

[84] Jones C. Hong Kong, Singapore, South Korea and Taiwan: Oikonomic Welfare States[J]. *Government & Opposition*, 1990, 25(4): 446-462.

[85] Jordan J W. The summer people and the natives some effects of tourism in a Vermont vacation village[J]. *Annals of Tourism Research*, 1980, 7(1): 34-55.

[86] Josh Shbarbanel. London Has Mansion-Tax Lesson for New York[EB/OL]. http: //www. wsj. com/articles/london-has-mansion-tax-lessons-for-new-york-1412384346, 2014-9-23/2019-07-20.

[87] Julian Wolpert. The Decision Process in Spatial Context[J]. *Annals of the Association of American Geographers*, 1964, 54(4): 537-558.

[88] Justo Manrique, Kalu Ojah. The demand for housing in Spain: an endogenous switching regression analysis[J]. *Applied Economics*, 2003, 35(3): 323-336.

[89] Kaltenborn B P. The alternate home: motives for recreation home use [J]. *Norsk Geografisk Tidsskrift*, 1998, 52: 121-134.

[90] Kelly G, Hosking K. Nonpermanent residents, place attachment, and "sea change" communities[J]. *Environment and Behavior*, 2008, 40(4): 575-594.

[91] Kraft H, Munk C. Optimal Housing, Consumption, and Investment Decisions over the Life Cycle[J]. *Management Science*, 2011, 57(6): 1025-1041.

[92] Li V J, Cheng A W W, Cheong T S. Home Purchase Restriction and Housing Price: A Distribution Dynamics Analysis[J]. *Regional Science & Urban Economics*, 2017, 67.

[93] Litvin S W, Xu G, Ferguson A C, Smith W W. Too attractive for its own good? South of broad, second/vacation-homes and resident attitudes [J]. *Tourism Management Perspectives*, 2013, 7: 89-98.

[94] Ljungdahl S. Sommar-Stockholm[J]. *Ymer*, 1938, 58: 218-242.

[95] Marjavaara R. The displacement myth: Second home tourism in the Stockholm Archipelago [J]. *Tourism Geographies*, 2007, 9 (3): 296-317.

[96] Mayer C, Sinai T. Assessing High House Prices: Bubbles, Fundamentals and Misperceptions [J]. *Journal of Economic Perspectives*, 2005, 19(4): 67-92.

[97] McLeod B, Busser J A. Second-home ownership and place attachment: Drivers of visitation, word-of-mouth promotion, and hosting [J]. *Tourism Analysis*, 2012, 17(5): 601-616.

[98] Midgley J. Industrialization and Welfare: The Case of the Four Little Tigers[J]. *Social Policy & Administration*, 1986, 20(3): 225-238.

[99] Milbourne P. Housing conflict and domestic property classes in rural Wales[J]. *Environment and Planning A*, 1997, 29: 43-62.

[100] Miletić G M. Attitudes of the local community on some social-environmental consequences of building second homes on the Island of Vir[J]. *Društvena istraživanja*, 2006, 15(1-2): 43-60.

[101] Miletić G M, Mišetić A. Why have a second home? Analysis of motivation through the example of second home owners on the Croatian coast [J]. *Društvena istraživanja*, 2006, 15(1-2): 61-78.

[102] Milstead T. Housing and heritage: Perceptions of culture and its influence among policy-makers and housing professionals in southern and central Appalachia. Housing[J]. *Theory and Society*, 2012, 29(1): 92-113.

[103] Müller D K, Hoogendoorn G. Second Homes: Curse or Blessing? A

Review 36 Years Later[J]. *Scandinavian Journal of Hospitality & Tourism*, 2013, 13(4): 353-369.

[104]Müller D K. Mobility, tourism, and second homes. In A. A. Lew, C. M. Hall, & A. M. Williams (Eds.), A companion to tourism[M]. Oxford: Blackwell, 2004.

[105]Norris M, Winston N. Rising second home numbers in rural Ireland: Distribution, drivers and implications[J]. *European Planning Studies*, 2009, 17: 1303-1322.

[106]Norris M, Winston N. Second-home owners: Escaping, investing or retiring[J]. *Tourism Geographies*, 2010, 12(4): 546-567.

[107]Norris M, Paris C, Winston N. Second homes within Irish housing booms and busts: North-south comparisons, contrasts, and debates [J]. *Environment and Planning C: Government and Policy*, 2010, 28: 666-680.

[108]Nystrom, J. From the city to the city's countryside[J]. *Geografiska Annaler*, Series B, 1989, 71(3): 183-200.

[109]Paris C. Re-positioning second homes within housing studies: household investment, gentrification, multiple residence, mobility and hyper-consumption, Housing[J]. *Theory and Society*, 2008, 25(4): 1-19.

[110] Paris C. Affluence, Mobility and Second Home Ownership [J]. *Housing Studies*, 2011, 26(6): 322-324.

[111]Perkins H C, Thorns D C, Mcintyre N, et al. Home away from home: the primary/second-home relationship. [J]. *Multiple Dwelling & Tourism Negotiating Place Home & Identity*, 2006, 67(1-2): 46-47.

[112]Pitkänen, K., Puhakka, R., Semi, J. and Hall, C. M. Generation Y and Second Homes: Continuity and Change in Finnish Outdoor Recreation[J]. *Tourism Review International*, 2014, 18(3): 207-221.

[113] Richetto J P. The breakdown in rural communities—Can we stop it [J]? *Long Range Planning*, 1983, 16(1): 97-105.

[114] Selwood J, May A. Resolving contested notions of tourism sustainability on Western Australia's 'Turquoise Coast': The squatter settlements [J]. *Current Issues in Tourism*, 2001, 4: 381-391.

[115] Selwood J, Curry G, Jones R. From the turnaround to the backlash: tourism and rural change in the Shire of Denmark, Western Australia [J]. *Urban Policy & Research*, 1996, 14(3): 215-225.

[116] Shuck smith D M. Second homes. A framework for policy. [J]. *Town Planning Review*, 1983, 54(2): 174-193.

[117] Sinai T, Souleles N S. Owner-Occupied Housing as a Hedge Against Rent Risk[J]. *The Quarterly Journal of Economics*, 2005, 120 (2): 763-789.

[118] Stedman R C. Understanding Place Attachment Among Second Home Owners[J]. *American Behavioral Scientist*, 2006, 50(2): 187-205.

[119] Sun W, Zheng S, Geltner D M, et al. The Housing Market Effects of Local Home Purchase Restrictions: Evidence from Beijing [J]. *Journal of Real Estate Finance & Economics*, 2017: 1-25.

[120] Sund T, Sommer-Bergen. Avisenes adresseforandringer som vitnesbyrd om bergensernes landopphold sommeren 1947 [J]. *Norsk Geografisk Tidsskrift*, 1948, 12(2): 92-103.

[121] Talbot Edward G. Cabins on the Lake: a Case Against Second Home Mortgage Deductions[J]. *Journal of Housing & Community Development*, 1998, 2.

[122] Tewdwr-Jones M, Gallent N. Planning Strategically for Housing Growth [A]. In R. Smith, T. Stirling, P. Williams (Eds.), Housing in Wales: The Policy Agenda in an Era of Devolution [M]. Cardiff: Chartered Institute of Housing, 2000.

[123] Second homes Stay away[EB/OL]. http://www.economist.com/news/leaders/21698651-theres-new-villain-townat-weekends-and-during-summer-stay-away, 2016-05/2019-07-20.

[124] Second homes To the lighthouse[EB/OL]. http://www.economist.com/news/britain/21696553-one-seaside-town-cornwall-taking-out-towners-lighthouse, 2016-04/2019-07-20.

[125] The Fed - 2013 Survey of Consumer Finances[EB/OL]. https://www.federalreserve.gov/econres/scf_2013.htm, 2013/2019-07-20.

[126] The Guardian. St Ives backs residents-only home ownership plan in referendum [EB/OL]. https://www.theguardian.com/society/2016/may/01/st-ives-residents-to-vote-in-referendum-on-second-home-ownership, 2016-05/2019-07-20.

[127] Tress G. Development of second home tourism in Denmark[J]. Scandinavian Journal of Hospitality and Tourism, 2002, 2(2): 109-121.

[128] Velvin J, Kvikstad T M, Drag E, Krogh E. The impact of second home tourism on local economic development in rural areas in Norway[J]. *Tourism Economics*, 2013, 19: 689-705.

[120] Visser G, Hoogendoorn G, Hoogendoorn G, et al. A decade of second home tourism research in South Africa: research prospects for the developing world? [J]. *South African Geographical Journal*, 2015, 97(2): 111-122.

[130] Wang X. The Second Home Phenomenon in Haikou, China[J]. *University of Waterloo*, 2006.

[131] Weitzman M L. Prices vs. Quantities[J]. *Review of Economic Studies*, 1974, 41(4): 477-491.

[132] Williams A, Hall C M. Tourism and migration: New relationships between production and consumption[J]. *Tourism Geographies*, 2000, 2: 5-27.

[133] Williams A M, King R, Warnes A, Patterson G. Tourism and international retirement migration: New forms of an old relationship in southern Europe[J]. *Tourism Geographies*, 2000, 2(1): 28-49.

[134] Williams N J, Twine F E. Locals, incomers and second homes—the role of resold public sector dwellings in rural Scotland[J]. *Scandinavian Housing & Planning Research*, 1994, 11(4): 193-209.

[135] Wolfe R I. Summer cottagers in Ontario[J]. *Economic Geography*, 1951, 27(1): 10-32.

[136] Zhu Xiao Di, Nancy McArdle, George S. Masnick, Second Homes: What, How Many, Where and Who[EB/OL]. http://www.jchs.harvard.edu/research/publications/second-homes-what-how-many-where-and-who, 2001-02-15/2019-07-20.

[137] 2003 全国综合社会调查(CGSS2003)数据开放使用公告[J]. 社会学研究, 2007(2): 242.

[138] 财政部注册会计师考试委员会办公室编. 税法[M]. 北京: 经济科学出版社, 2003.

[139] 陈鑫, 方意. 房地产调控政策的实施和退出效果研究——基于VECM 和 DSGE 模型相结合的分析[J]. 当代经济科学, 2016, 38(3): 31-43.

[140] 仇志群. 各地楼市数字化链接[N]. 房地产时报, 2003-01-20.

[141] 丹尼斯·迪帕斯奎尔, 威廉·C. 惠顿, 等. 城市经济学与房地产市场[M]. 北京: 经济科学出版社, 2002.

[142] 段枚焱等. 休闲地产的理论与实践[M]. 北京: 中国书店, 2009.

[143] 冯健, 刘之浩. 中国第二住宅发展的研究——动力机制、特征、效应与规划展望[J]. 地理学与国土研究, 2000, 16(1): 30-351.

[144] 冯健, 周一星. 郊区化进程中北京城市内部迁居及相关空间行为——基于千份问卷调查的分析[J]. 地埋研究, 2004, 23(2): 227-242.

[145]顾朝林，管卫华，刘合林．中国城镇化 2050：SD 模型与过程模拟[J]．中国科学：地球科学，2017，7(47)：818-832.

[146]顾昕．中国福利国家的重建：增进市场、激活社会、创新政府[J]．中国公共政策评论，2016(2).

[147]韩康．中国市场经济模式探讨——纪念改革开放 30 周年[J]．国家行政学院学报，2008(6)：10-14.

[148]霍尔．旅游休闲地理学[M]．北京：旅游教育出版社，2007.

[149]李稻葵．论限购[J]．新财富，2011(3).

[150]李伦，小阁．厉以宁为“第二套住房”理论辩护[J]．党建文汇月刊，2002(13)：24-24.

[151]李言，毛丰付．房产税能够抑制房价波动吗[J]．财经科学，2017(8)：53-66.

[152]李昱璇．限购以及限贷政策的退出合理吗？——基于 29 个城市动态面板数据的实证分析[J]．科学决策，2015(7)：24-36.

[153]平新乔．谈房子“限购”[J]．资本市场，2011(9).

[154]戚名琛．“第二套住宅”的言论与反响[J]．中外房地产导报，2002(19)：19.

[155]戚名琛．第二套住宅的不可行性研究[J]．城市开发，2003(1)：20-23.

[156]宋金平等．北京住宅郊区化和就业空间错位[J]．地理学报，2007，62(4)：391.

[157]仝德，冯长春，王建华．旅游住宅的概念特点及市场定位分析[J]．中国房地产，2006(3)：35-37.

[158]王敏，黄滢．限购和房产税对房价的影响：基于长期动态均衡的分析[J]．世界经济，2013(1)：141-159.

[159]辛宏，周之懋．厉以宁称：两套住房是今后小康标准[J]．党建文汇月刊，2002：45.

[160]徐文雄，保继刚. 度假地型第二居所空间分布和影响研究[J]. 云南师范大学学报(哲学社会科学版)，2006，38(5)：63-67.

[161]徐文雄，保继刚. 对郊区型第二住宅空间分布的初步研究——以广东省佛山市为例[J]. 规划师，2006(10)：71-74.

[162]薛帅. 第二居所消费者购买行为影响因素、特点及模式探究——以海南省、山西省两地人群为例[J]. 中山大学研究生学刊：自然科学与医学版，2010(4)：57-67.

[163]杨继瑞. 第二住宅现象的分析与思考[J]. 资源与人居环境，2001(6)：19-21.

[164]易成栋，黄友琴. 家外有宅：北京市家庭多套住宅的空间关系研究[J]. 经济地理，2011，31(3)：396-403.

[165]易成栋，黄友琴. 中国城市自有多套住宅家庭的空间模式实证研究[J]. 经济地理，2010，30(4)：585-590.

[166]易成栋. 中国城市家庭住房选择的时空变动和社会分化研究[M]. 北京：北京大学出版社，2012.

[167]张牧扬，陈杰，石薇. 交易环节税率差别对房价的影响——来自上海二手房数据的实证研究证据[J]. 财政研究，2016(2)：79-93.

[168]张昕，瞿辉. 浅谈别墅的休闲性表达[J]. 建材发展导向，2009，2：46-52.

[169]张宇. 关于中国市场经济模式的再思考[J]. 教学与研究，1997，4：5-13.

[170]张展新. 劳动力市场的产业分割与劳动人口流动[J]. 中国人口科学，2004，2：46-47.

[171]张仲伍，孙桂平，赵志超. 我国第二住宅空间分布特征的初步研究[J]. 河北师范大学学报(自然科学版)，2005，29(3)：309-312.

[172]赵晓，岳安时. 论严格差别化住房信贷的政策选择及其效应[J]. 中国住房，2010，5(6)：78-81.

[173]朱晨．中国城镇指向型第二住宅研究[M]．北京：北京理工大学出版社，2008.
[174]朱晨．中国中心城市第二住宅的地理空间分布特征[J]．经济地理，2006，26(6)：945-948.

附录：调查问卷和访谈问题

北京城市家庭住房状况和住房政策倾向调查问卷 B

介　绍　语

尊敬的住户：

您好！

我们正在进行一项关于北京家庭户住房状况和住房政策倾向的学术研究，需要了解您的一些情况，希望您能在百忙之中抽出一点时间，配合我们完成此次调研。我们保证此次调研不用于商业目的，而且本次调研工作采取无记名的方式进行。您的回答不涉及是非对错，但务必请您按照您的实际情况逐一回答每个问题。对您的回答我们将按照《统计法》予以保密。

对您的合作和支持，我们表示衷心的感谢！谨送上一份精美礼品以表谢意！

中央财经大学研究小组

问 卷 编 号：______________________________

访问员姓名：______不填______　督导员姓名：______不填______

访 问 地 址：______区______街道______社区(居委会)

被访问地的社区类型：

1）普通商品房小区

2）未经改造的老城区（街坊型社区）

3）单一或混合的单位社区

4）别墅区或高级住宅区

5）经济适用房或限价商品房住宅区

6）新近由农村社区转变过来的城市社区（村改居、村居合并或“城中村”）

7）其他（请注明）____________________

访问时间：＿月＿日＿时＿分＿至＿月＿日＿时＿分＿

提示：您家是北京户籍家庭吗？您家庭的住房状态是租赁或自有一套，并且另外还有其他住房吗？如果是，请填报此表 A1，如果不是，请填报另一张表 A2。

本问卷调查对象是：北京本地家庭，即具有北京户口的家庭；在北京具有一套及以上的住房，无论购买还是租赁。在北京有一套，在外地还有一套，也填写此表。

*** 请您按要求填写答案，谢谢合作！

A1. 唯一住房调查(唯一租赁或自有全部/部分产权)

A1-1. 您现在住房的建筑面积____________平方米。

A1-2. 您现在住房是否为独立使用厨房，独立使用厕所，有自来水，通燃气和电？

①是　　②不全是　　③全不是

A1-3. 您现在住房的来源是____________________

①自建住房　　②购买商品房

③购买经济适用房、限价商品房　　④购买原公有住房

⑤租用公有住房　　⑥租用房　　⑦其他

A1-4. 如果您的房屋为自有，您估计现在住房的市场价值____万元，最早____年购买价格____万元。

A1-5. 如果您的房屋用抵押贷款购买，首付____万元，每月贷款还本付息额是____元。(租赁住房不填)

A1-6. 如果您的房屋为租赁，您现在住房的租赁价格为____元/月。(自有住房不填)

A1-7. 如果有住户主要居住房屋在别地，还在您社区持有住房空置或出租，您是否知道？

①知道　　②不知道

A1-8. 您和在您社区持有第二住宅的邻居之间的相熟程度如何？

①不认识　　②认识，不熟　　③不太熟

④比较熟　　⑤非常熟

A1-9. 大多数人时常会和他人讨论重要的问题。您与您的在本社区持有第二住宅邻居主要讨论哪些问题？

①有具体事情要办

②情感方面的问题，或生活、工作以及其他方面的社会问题

③两者都有

④都无

A1-10. 您觉得有住户在您社区持有第二套房，他们参加社区活动吗？

①不参加　　②偶尔　　③经常参加

A1-11. 您觉得有住户在您社区持有第二套房，他们的身份、社会经济地位和您相比

①较高　　②差不多　　③较低

④不好说

您觉得有住户在您社区持有第二套房，会对您社区造成哪些影响？(请在相应表格里打勾)

问题＼答案	不清楚	肯定不会影响	会，但影响很小	会，有一定影响	会，有很大的影响
A1-12. 社区和周边房地产价格上涨？					
A1-13. 周边地区食品等生活用品价格上涨？					
A1-14. 社区和周边地区交通拥挤？					
A1-15. 社区周边社会治安和公共安全变差？					
A1-16. 增加社区和周边地区就业？					
A1-17. 社区和周边地区污染加重？					

提示：如果该户主要使用新住宅，请访问员针对新房社区再提问上述问题，并记录。

A1-18. 如果有可能，您是否今后愿意购买第二套房？

①肯定不会　　②可能　　③肯定会

④不知道

A1-19. 如果您今后愿意购买第二套房，它的用途是什么？

①投资(未来转卖或出租)　　②休闲度假居住

③安置老人或为子女置业　　④小孩上学方便

⑤平时上班暂时休息　　⑥其他

⑦改善居住环境　　⑧不考虑

A1-20. 您觉得政府应该限制人们获得第二套房吗？

①不应该　　②中立　　③应该

A2. 一套以上住房调查(租赁+自有,自有两套以上)

请填写您现在持有和使用的主要居住的房屋(第一住宅)和您所拥有的其他住宅的一些基本状况:[请依次填表]

住宅编号:	A2-1. 住宅位置: 1. 北京2环内 2. 北京2到3环 3. 北京3到4环 4. 北京4到5环 5. 北京5环外 6. 外地(请说明省市县)	A2-2. 住宅建筑面积__平方米	A2-3. 该住宅与主要居住的房屋(第一住宅)的距离(单位:公里):	A2-4. 住宅来源: 1. 自建住房 2. 通过中介购买新建商品房 3. 通过中介购买二手商品房 4. 自己寻找购买的新建商品房 5. 自己寻找购买的二手商品房 6. 购买经济适用房、限价商品房 7. 购买原公有住房 8. 租用公有住房 9. 租商品房 10. 继承或馈赠 11. 其他 12. 回迁房	A2-5. 如果是租赁住房,该住宅上月租金(单位:元):	A2-6. 如果自有,请估计该住宅现在市场价值(单位:万元):	A2-7. 如果是全部或者部分产权,请回答最早哪年购买或持有产权:
1. 主要居住			不填				
2. 第二套							
3. 第三套							
4. 第四套							
5. 第五套							
6. 第六套							

A2-8. 如果是全部或者部分产权，请回答最早购买或持有产权的价格（万元）：	A2-9. 若房屋是购买所得，房款来源（可多选）： 1. 自有资金 2. 父母资金支持 3. 其他亲戚和朋友借款 4. 银行或其他金融组织贷款 5. 提取公积金 6. 公积金贷款 7. 其他（说明）	A2-10. 该住宅的建筑年份： 1. 中华人民共和国成立以前 2. 1950—1969年 3. 1970—1979年 4. 1980—1989年 5. 1990—1999年 6. 2000年以来 7. 不清楚	A2-11. 该住宅现在使用状态： 1. 自住 2. 偶尔去住，您家一年内大概住多少__天？ 3. 闲置、基本不住 4. 无偿提供给父母/亲属居住 5. 出租 6. 其他（请说明）	A2-12. 您拥有该住宅的目的： 1. 自住（__天） 2. 转卖或出租投资 3. 休闲度假 4. 便于上班 5. 方便小孩上学 6. 退休养老 7. 安置老人 8. 为子女置业 9. 正在卖，还没有卖出 10. 房改分了两套房，部分产权不好卖 11. 其他（请说明）	A2-13. 您的住宅是独立厨房、独立厕所，通自来水、燃气和电吗？ 1. 都是 2. 不全是 3. 都不是	A2-14. 您的住宅所在社区类型是？ 1. 普通商品房小区 2. 未经改造的老城区（街坊型社区） 3. 单一或混合的单位社区 4. 别墅区或高级住宅区 5. 经济适用房和限价商品房住宅区 6. 新近由农村社区转变来的城市社区（村改居、村居合并或“城中村” 7. 其他（请说明）

A2-15. 您通常从主要居住的第一套房到其他的第二套房或多套房的主要交通方式是什么？

①自己开私人汽车　②由自己或司机开单位公车
③乘坐地铁、公共汽车　④火车、飞机、轮船
⑤步行、骑自行车、其他　⑥子女开私人汽车

A2-16. 您家有多少辆私人所有的小汽车？

①无　②1 辆　③2 辆　④3 辆及以上

A2-17. 大多数人时常会和他人讨论重要的问题。您在您持有的第二套房社区里与本地常住邻居主要讨论哪些问题呢？

①有具体事情要办
②情感方面的问题，或生活、工作以及其他方面的社会问题
③两者都有
④都无

A2-18. 您觉得和您第二套房或多套房所在地的本地常住邻居相熟程度如何？

①不认识　②不太熟　③比较熟
④非常熟　⑤不知道，不清楚

A2-19. 您在您持有的第二套房社区购买等方式拥有住房，您参与社区活动吗？

①不参加　②偶尔参加　③经常参加

A2-20. 您在您持有的第二套房社区以购买等方式拥有住房，您与本地常住邻居的身份、社会经济地位相比____。

①较高　②差不多　③较低
④不好说

您觉得您持有的第二套房，会对该第二套房所在社区造成哪些影响？（请在相应表格里打勾）

问题 \ 答案	不清楚	肯定不会影响	会，但影响很小	会，有一定影响	会，有很大的影响
A2-21. 社区和周边房地产价格上涨？					
A2-22. 周边地区食品等生活用品价格上涨？					
A2-23. 社区和周边地区交通拥挤？					
A2-24. 社区周边社会治安和公共安全变差？					
A2-25. 增加社区和周边地区就业？					
A2-26. 社区和周边地区污染加重？					

A2-27. 如果每年按照房屋市场价值的1%征收物业税，您是否还会继续持有第二套房或多套住房？

①肯定不会　②不会　③可能

④会　⑤肯定会

A2-28. 您觉得更多人持有第二套房或多套房会导致房价上涨吗？

①肯定不会　②不会　③可能

④会　⑤肯定会

A2-29. 如果以贷款方式买房，政策规定唯一住房最低首付为2成，第二套房贷款首付提高到几成，您会放弃购买第二套房或多套房？

①多少都不会　②3成　③4成

④5成　⑤6成以上　⑥没考虑

A2-30. 如果以贷款方式买房，政策规定第二套房利率比唯一住宅贷款利率最高加几个百分点(如原来5%，加1个百分点，为6%)您会放弃购买第二套房或多套房？

①多少都不会　②1个　③2个

④3个　⑤5个　⑥6个以上

⑦没考虑

A2-31. 您觉得政府是否应该采取政策鼓励人们持有第二套房或多套房？

①不应该　②中立　③应该

B. 家庭基本情况

B1. 户主家庭总人数为____人，全职就业总人数为____人，上学阶段(幼儿园到高中)小孩____人。

B2. 户主出生年(阳历)为____年。

B3. 户主常住户口所在地为____年。(非本街道请选择和填写具体区/街道)

①本地址　②非本地址，在本区/县/县级市

③北京市内其他区县　④外省/自治区/直辖市

⑤外国

B4. 户主现在的婚姻状况是：

①未婚　②已婚有配偶　③离婚或丧偶

④其他

B5. 户主的最高受教育程度：

①未受过正式教育　②小学　③初中

④高中、职高、技校、中专　⑤大专

⑥本科　⑦研究生及以上　⑧其他(请说明)

B6. 请告诉我关于户主的政治面貌的一些情况：

①中国共产党党员　②民主党派　③一般群众

下面 B7—B12，如果户主是"在职"，则填答目前的情况；如果户主是"离退休人员"，则填答离退休前的职业及所在单位情况；如果户主是失业、下岗人员，则填答失业、下岗前的职业及所在单位的情况；如果户主从未工作过、在学，则 B7—B12 不用询问，直接从 B13 题开始。

B7. 户主所在单位(或公司)的所有制性质：

①党政机关　②国有企业　③国有事业

④股份制、三资企业　⑤私营企业、个体非农经营

⑥乡镇，村集体企业(包括已实行改制的集体企业)

⑦农户家庭经营(农林牧渔业)　⑧其他单位

⑨军队

B8. 户主所在单位(或公司)的行政级别：

①不适用　②无　③科级及以下

④处级　⑤厅级　⑥省部级及以上

B9. 户主工作单位(或公司)所在行业：　(请选择具体行业)

①农、林、牧、渔业　②采掘业　③重工机械制造业

④轻工机械制造业　⑤耐久消费品制造业　⑥汽车、机车制造业

⑦塑料制品加工业　⑧电子产品制造业　⑨化学工业

⑩服装加工业　⑪日用消费品加工业　⑫其他制造业

⑬电力、煤气及水的生产和供给业　⑭建筑业

⑮地质勘查业、水利管理业

⑯交通运输、仓储及邮电通信业

⑰批发和零售贸易、餐饮业　⑱金融保险业

⑲房地产业　⑳社会服务业

㉑卫生、体育和社会福利业

㉒教育、文化艺术和广播电影、电视业

㉓科学研究和综合技术服务业

㉔国家机关、党政机关和社会团体

㉕其他行业　㉖军队

B10. 请填写户主所从事的具体职业________：

(请填写具体职业，例如会计等)

B11. 户主的行政级别是________。

①不适用　②无　③科级及以下

④处级　⑤厅级　⑥省部级及以上

B12. 户主的专业技术职称：________

①不适用　②无　③初级

④中级　⑤高级

B13. 请大致说说户主 2008 年全年的总收入是________元，2008 年全年家庭各种收入总和________元。(包括工资、各种奖金、补贴、分

红、股息、经营性纯收入、银行利息、馈赠等所有收入）

①1.99 万元以下　②2 万～4.49 万元　③4.5 万～8.79 万元

④8.8 万～9.99 万元　⑤10 万～14.99 万元　⑥15 万～19.99 万元

⑦20 万～29.99 万元　⑧30 万～49.99 万元　⑨50 万元以上

B14. 请估计户主上月个人住房公积金：________元，除住房公积金外的其他住房补贴有：________元。

B15. 请估计家庭除房屋以外的其他财产总和为________元。（包括所有成员的金融资产、实物资产等）

①5 万元以上　②5 万～10 万元　③10 万～20 万元

④20 万～30 万元　⑤30 万～40 万元　⑥40 万～50 万元

⑦50 万～100 万元　⑧100 万元以上

B16. 户主的父母是否其中之一为党政机关企事业负责人？

①两个都不是　②其中 1 个是　③两个都是

B17. 如果户主是购买住房，在购房时候得到了父母的资金支持吗？

①得到了支持　②没有得到支持

问卷结束，再次感谢您的支持与合作！祝您一帆风顺！

访谈问题：

[1]在问卷调查时针对典型对象就问卷中问题开展深度访谈。

[2]对政府官员、第一住宅居民和第二住宅居民、开发商、中介、物业管理、企业周边地区的小餐馆、商店、出租车、社区服务机构访谈如何看待一些家庭持有第二住宅？第二住宅对就业、地方产品和服务有什么影响？对政策有什么想法？